女性健身全书

[美]亚当·坎贝尔（Adam Campbell） 著

王雄 译

人民邮电出版社

北 京

图书在版编目（CIP）数据

女性健身全书 / （美）亚当·坎贝尔
（Adam Campbell）著 ；王雄译. -- 北京 ：人民邮电出
版社，2017.10
ISBN 978-7-115-46114-8

Ⅰ．①女… Ⅱ．①亚… ②王… Ⅲ．①女性－健身运
动－基本知识 Ⅳ．①G883

中国版本图书馆CIP数据核字(2017)第210880号

版权声明

免责声明

本书内容旨在为大众提供有用的信息。所有材料（包括文本、图形和图像）仅供参考，不能替代医疗诊断、建议、治疗或来自专业人士的意见。所有读者在需要医疗或其他专业协助时，均应向专业的医疗保健机构或医生进行咨询。作者和出版商都已尽可能确保本书技术上的准确性以及合理性，并特别声明，不会承担由于使用本出版物中的材料而遭受的任何损伤所直接或间接产生的与个人或团体相关的一切责任、损失或风险。

内 容 提 要

对所有希望体形更好的女性来说，本书将是一本不可或缺的健身指南！本书提供了数百个实用性技巧，619个针对全身各个部位的训练动作，世界各地职业教练屡试不爽的健身方案，以及一些针对健身需求的营养知识。对于初学者和健身达人来说，本书都堪称一个塑造体形的强大工具。所有这一切都是为了教会你如何让自己的胸部、背部、腹部、臀部、手臂、腿部及全身都变得更加紧致有型，塑造出你一直梦寐以求的好身材！

◆ 著 ［美］亚当·坎贝尔（Adam Campbell）

  译 王 雄

  责任编辑 李 璇

  责任印制 周昇亮

◆ 人民邮电出版社出版发行 北京市丰台区成寿寺路 11 号

  邮编 100164 电子邮件 315@ptpress.com.cn

  网址 http://www.ptpress.com.cn

  北京九天鸿程印刷有限责任公司印刷

◆ 开本：889×1194 1/20

  印张：23 2017 年 10 月第 1 版

  字数：654 千字 2025 年 8 月北京第 29 次印刷

  著作权合同登记号 图字：01-2016-7719 号

定价：118.00 元

读者服务热线：(010)81055296 印装质量热线：(010)81055316
反盗版热线：(010)81055315

目 录

译者序

对所有希望拥有更好体型的女性朋友来说，本书是一本必不可少的训练指南。《女性健身全书》是目前市面上最全面、最系统的一本女性健身指导手册，也是一本动作辞典式的实用工具书。在深入阅读本书并亲身实践尝试后，你会掌握所有关于人体肌肉结构、力量练习、心肺功能和营养膳食等方面的基本知识，逐渐成为你自己的健身专家。

本书英文原版由美国著名的罗代尔集团（Rodale Group）组织出版。罗代尔旗下有诸如《男士健康》（*Men's Health*）和《健康女性》（*Women's Health*）等全球知名健身类杂志，本书集合了这些健康杂志多年来关于健身领域知识传播的精华部分。作者亚当·坎贝尔（Adam Campbell）是《男士健康》杂志的健身总监，美国国家杂志奖（National Magazine Award）的获奖作家，也是美国知名的体能训练师和健身指导专家。自首版以来，本书广受赞誉，成为美国《健康女性》杂志强力推荐的全球畅销书，长期占据亚马逊图书女性健身类畅销榜第一名。本书还被评为"史上最全面、丰富的动作训练手册"，全球无数健身教练人手一册，是一本名副其实的畅销书。

全书结构明晰，清楚易懂。第1章介绍了重训（即力量训练）的功效；第2章解答了关于重训的常见问题；第3章为了方便读者快速进行锻炼，直接前置了一个4周的饮食和锻炼计划，提供了一个全面瘦身的快捷方式。从第4章到第10章分别介绍了胸部、背部、肩部、手臂、股四头肌、小腿、臀肌、腘绳肌和核心的具体练习方法；第11章介绍了涉及多个身体部位的全身练习；第12章介绍了常见的热身练习和动作选择；第13章介绍了14个根据不同需求而精心设计的健身解决方案；第14章则跳出重训，专门介绍了提升心肺功能的各类有氧及无氧训练计划；最后，第15章介绍了配合健身练习的营养补剂和配餐方案。在每一个章节，对于人体解剖学的基本常识，练习动作的规范化描述和细节提示，动作由易到难的进阶，基于不同目标的训练计划的均衡组合等各方面，都详细尽致，学即可用。

如原书所说，《女性健身全书》将是你需要的最后一本健身指南。全书共有619种动作练习指导，超过30种顶级训练方案设计，和数百个实用性技巧提示。书中的完美训练方案都是由世界级权威专家和顶级教练融合当前运动科学前沿研究，精心设计出的。本书对于初学者和长期健身爱好者来说，都是一个强大工具：如果你只是一个健身小白，本书的知识会让你更专业；如果你是一名健身教练，本书的教案会让你更成功。而且，大量的动作都是徒手练习、自重练习或使用简单器械，让你除了在健身房之外，在家或在办公室都可以随时随地的健身，让你用数百种新方法来让自己的腹部、手臂、腿部及全身变得更加紧致有型，塑造出一直梦寐以求的好身材。

尽管本书堪称"动作辞典"，但正如作者在前言的开端所说："本书关注的并不是训练动作，而是结果，快速的成果。"原书封面提到的"四周让你更苗条、更性感、更健康"并非夸大其词。在身体训练领域，四周时间属于一个小周期，在科学训练指导和营养膳食配合下，足以让身体结构、功能和形态，产生出比较明显的变化。

本书主体内容，综合了多位训练大师之作。全书专家阵容可谓豪华，不仅有乔•多戴尔（Joe Dowdell）、瓦莱丽•沃特斯（Valerie Waters）、克雷格•拉斯穆森（Craig Rasmussen）、瑞秋•科斯格罗夫（Rachel Cosgrove）和珍•希斯（Jen Heath）、托尼•甄图科尔（Tony Gentilcore）这些大众健身领域的明星训练师、减肥专家和职业体能师，甚至还有杰夫•沃莱克（Jeff Volek）这样的知名营养专家和斯图尔特•麦吉尔（Stuart McGill）这样世界级的脊柱物理治疗专家。更让我惊讶的是，书中还专门选取了在世界体能领域广为大家熟悉的两位大师马克•沃斯特根（Mark Verstergen）和迈克•鲍伊尔（Mike Boyle）的经典训练动作和训练计划。因为工作关系，我很荣幸能够和这两位大师成为朋友，在书中看到他们的名字，让我更感亲切。这么多顶级专家的精华之作，为本书的权威性、全面性和前沿性做了最好的诠释。

我的本职工作，是为国家队精英运动员进行专业体能训练指导，让他们更高、更快、更强，提升运动表现，走向职业巅峰。大众健身练习和专业体能训练的对象都是我们的人体，而身体训练领域的知识大都是共性的，二者本质上是一个领域，只是运动员要求更精细，身主要目的是提升专项的运动表现。比如，美国体能协会（NSCA）是目前这个行业最为权威的协会之一，其有领域内广为人知的两个认证：私人训练师（CPT，Certified Personal Trainer）和体能训练师（CSCS，Certified Strength & Conditioning Specialist），逻辑分类上就是针对大众健身指导和专业体能训练指导。目前，在国内，这两个领域的融合在进一步加深，体制内外的界限也逐渐被打破。相互取长补短，共促行业发展，对于所有人来说，都是一件利在千秋的好事。

一直以来，我在各种场合碰到的很多女性朋友，无论年龄大小，在得知我的工作领域之后，一般都会问我："我应该怎么减肥呀，应该怎么健身？"我很愿意帮助她们，但时间精力有限，且三言两语也并不能有效解决问题。还有我的一些同事，虽然在体育系统上班，但大多数都是非专业出身的行政工作人员，对于健身知识的了解，相较于社会上一般的健身爱好者都差之甚远。而现在，她们只要有了这本书，我想至少入门和初阶的健身指导问题，应该可以解决了。这也是我在和出版社翻译合作的过程中，反复提及、大力推荐这本大众健身指导读本的重要初衷。

　　本书的翻译工作是在2016~2017年的春节前后完成的。虽然书中内容以动作练习和训练计划为主，与许多专业学术类书籍相比，要简单很多，但对于近600多个动作名称的精确到位和整体把握，还是让我绞尽脑汁，经过反复权衡，多方问询、查阅和参考才最终确定下来。很多动作名称术语的科学化、规范化和标准化，同样是这个领域须引起重视的一项重要工作。期望这本书的动作术语，能够对于国内训练动作名称术语的规范化使用，起到一定的推动作用。

　　最后，向作者及所有为本书付出努力的人致以敬意！感谢人民邮电出版社的远见卓识，在国人对健身日益重视的当下，引进了一大批最优秀的图书。期待每个读者都可以从中获益，拥有科学健身、终身锻炼的习惯。

　　自律给你自由，愿所有健身者都永葆健康活力，拥有更完美的身材！

致 谢

我永远感谢所有为本书做出贡献的人。在此特别感谢史蒂夫·墨菲和罗代尔家族，为他们给予我的这次良机致以最深厚的谢意。

大卫·辛振可：谢谢你的指导、鼓励和支持。但最重要的，感谢你提出这个想法。

米歇尔·普罗马雷科和《健康女性》的工作人员：我很荣幸能够为如此伟大的品牌做出贡献。

才华横溢且不知疲倦的乔治·卡拉博特索斯，快速理解并和我分享对这本书的构想和激情。

斯蒂芬·珀赖恩和《健康女性》图书团队，特别感谢设计师约翰·西格·吉尔曼、劳拉·怀特、伊丽莎白·尼尔、贺兰·厄特利和马克·迈克尔森。你们付出了极大的努力。

乔·赫劳恩：封面非常出色。

卡伦里·纳尔迪、克里斯·克罗杰梅尔、玛丽莲·豪特利、布鲁克·迈尔斯和珍妮弗·詹多梅尼科，以及在罗代尔书业努力工作并成就本项目的其他人。

贝丝·比肖夫、迈克尔·特德斯科和丹尼尔·曼德希。全书的摄影都很棒。

马克·哈达德和黛比·麦休：你们做的已经远远超过自己的职责。

彼得·摩尔、比尔·菲利普斯、马特·马里昂、比尔·斯泰格、马特·古尔丁、杰夫·查塔里、娄·舒勒和汤姆·麦格拉思：你们对我的影响和启发无可估量。

比尔·哈特曼：你在训练和解剖方面的知识无与伦比。你提供的专业知识让我感激不尽。

瑞秋·科斯格罗夫：谢谢你对运动技术的指导。这本书因为你而变得更好。

致谢

阿尔文·科斯格罗夫：每次与你交流都让我变得更聪明。在这里希望你永远都会接我的电话。

《男士健康》编辑团队的所有人：我很幸运能够与如此有才华和勤奋的一群人一起工作。

我的朋友和导师：克雷格·巴兰坦、迈克尔·梅希亚、罗伯特多斯·雷梅迪奥斯、乔·多戴尔、瓦莱丽·沃特斯、迈克·鲍伊尔、盖莉亚·塔金顿、麦克·文施、克雷格·拉斯穆森、阿兰·阿拉贡、斯图尔特·麦吉尔博士和杰夫·沃莱克博士。感谢所有建议，我感激你们每一个人。

特别感谢珍·亚特、亚当·伯恩斯坦、玛丽亚·马斯特斯、凯尔·威斯登、卡罗琳·凯尔斯特拉、艾莉森·法肯贝里、夏琳·卢茨、玛丽·林弗雷特、爱丽丝·麦基、罗伊·列文森和贾克琳·科莱蒂。

没有你们的幕后工作，就不会有这本书。

当然，还有我的妻子，杰西：你仍然是我的最爱。

——A.C

你全新的身体将从这里开始

这本书关注的
并不是训练动作

而是结果。

快速获得的结果。

你想在元旦，

在婚礼前，

以及还有2个星期就到夏天的时候

想要展示出来的那种结果。

当然，我们都知道，你不可能在一夜之间改造自己的身体。但是，如果你坚持使用本书中的原则和计划，就可以改造你余生的生活。但是，你不需要花一辈子才开始看到成效。甚至不需要几个月的时间。不，在短短14天里就能发现差异。

你需要的只是这本书。书中介绍了最适合你目标的锻炼，还有今天就可以开始的简单营养计划。

你想要的结果是自己说了算的。例如，假设你想减肚腩。采用"大概是世界上最好的4周饮食和锻炼计划"，可以预期一周减掉1~2千克纯脂肪。也就是说，每14天减3厘米的腹部脂肪。那些8码的牛仔裤？你只要一个月就能穿6码了。

这些数字并非捏造。美国康涅狄格大学一项新的实证研究显示，一个人每月可以减掉约4.5千克（10磅）的脂肪，并且无需感到饥饿或严苛克制食物。

在这项研究中，科学家们发现了正确的饮食与正确的锻炼相结合后真正可能实现的结果。事实上，本书中所有的营养和锻炼计划正是以这一原则为基础的。

何况，好处并不仅是减脂。研究人员还发现，遵循该实践计划的同时可以减少患心脏疾病和糖尿病的风险。当然，结果因人而异，但最终结果是，本书中的饮食和锻炼计划才是强大的工具。两者的配合让你在每个练习中每一秒所产生的影响都比以往任何时候更多。积累出来的成果之迅速，你之前一定不曾见过。

也许重要的并不是说服你需要这些锻炼，也许你只是没有时间。毕竟，我们大多数人都非常忙碌，不太可能长时间锻炼。本书考虑到了这点。因此，本书中的每个锻炼方案都可以在一小时之内完成，大多数只需30~40分钟。你还可以找到10组训练项目，每次花15分钟就可以完成其中任何一个，每周坚持3次。然而，这些15分钟锻炼的效果并不等于30分钟锻炼课的一半，它们是科学分析后，设计出的最有效率的训练方式。所以，你可以在最短时间内实现最好的结果。正如健身界业内所说的："练得勤不如练得巧"。

你可能会惊讶于自己在15分钟内可以完成这么多练习。堪萨斯州大学的研究人员发现，这些短时间的日常练习可以让初学者的力量翻倍。并且它们可能会带来心理上的好处：一般人在一个月内就会放弃重量训练计划，与之不同，96%的受试者在为期6个月的研究中都能够坚持该计划。更重要的是，该办法还带动参与者在非锻炼时间也努力甩掉赘肉。这是因为他们的身体在一天中剩下的23小时45分钟里都在燃烧更多的脂肪——甚至在他们睡觉时也是如此。

但是，这些15分钟的锻炼只是一个开始。为了使本书更有用，世界顶级教练提供了数十种最前沿的计划，适用于几乎所有的目标、生活方式和经验水平的参与者。它们都能保证让你快速实现想要的结果。

例如，如果从来没有参加过重量训练，你可能会想尝试著名体能训练师乔·多戴尔的"12周新手预热形体恢复健身方案"。乔训练过各种社会名流、模特和职业运动员，与他合作过的名人包括安妮·海瑟薇、克莱尔·丹尼斯、莫莉·西姆斯和凯特·哈德森，还有维多利亚的秘密和《体育画报》（*Sports Illustrated*）的泳装模特。在他为其知名客户群设计训练时所使用的策略也可以帮助你快速燃烧脂肪，让身体更加紧实，并提高整体身体素质。

如果你的目标是在沙滩上（或裸体！）时更加迷人，"6周性感比基尼训练方案"会让你的腹部变平，并紧致臀部。它是由明星教练瓦莱丽·沃特斯设计的，她为包括詹妮弗·加纳、瑞秋·尼科尔斯、凯特·贝金赛尔和杰西卡·贝尔在内的几十位好莱坞明星设计了针对性的塑身训练计划。将自己的名字加入到瓦莱丽的客户名单中吧，调试你的全身，并比以往任何时候都更自信。准备好升级到更高水平时，你可以遵循来自加州圣塔克拉利塔的著名身体运动表现教练克雷格·拉斯穆森所提供的指引，"创建你自己的减脂计划"。他的计划让你可以选择最适合自己的个性化减脂练习。

想在穿7码的裤子时看起来更性感？尝试来自畅销书《女性身体突破》（*The Female Body Breakthrough*）的作者，瑞秋·科斯格罗夫的"12周紧身牛仔裤挑战训练方案"。在瑞秋的健身房所进行的试点研究中，尝试该计划的客户在短短8周内就让牛仔裤小了两个码。最棒的是，对于任何一个女人都是完美计划，不管是初学者还是长期健身者。

在"6周全身紧致训练方案"中，健身模特兼教练珍·希斯介绍了如何让臀部、腿部和腹部变得更紧致有型，并让你的健身水平达到历史新高。

别急，还有更精彩的！你还会发现"8周减脂训练方案""8周完美婚礼训练方案""10分钟燃脂情侣训练方案""3练习燃脂训练方案""超简单徒手自重训练方案"——这些锻炼可以让你随时随地消耗脂肪，让自己身体变得更加结实紧致。

你可以将本书作为一本让你不断有所收获的书。要不断获得结果，而且，快速地获得结果。

第1章
重训的智慧

20种重训方法帮你变得更美，更健康，更长寿

"**你** 看起来不像是做过重训的。"

　　我在生活中不止一次听到这句话，而说这话的人总是身材魁梧，穿着无袖衫的家伙，看起来的确是练习重训的。而且毫无疑问，他的观察依据就是这人是典型的大块头。

　　就是这样。但是，和你们大多数人一样，我从来没有期待成为一个满身肌肉的人，或者一个力量型选手，或者一个大力士参赛者。所以，我看起来会像其中的任何一种人吗？当然不会。

　　但我看起来像是做重训的吗？绝对是。我苗条且体型匀称，我的肌肉线条清晰，但它们并不会让我的衬衫爆裂。

　　所以，重训不仅仅是为了练出20英寸（约50厘米）围度的二头肌。事实上，对于大多数女性来说，这绝对不是练习重训的目的，因为阻力训练可能是让你减少脂肪，并且在穿上泳衣后显得好看的唯一的最有效途径。更重要的是，重训的好处几乎会延伸到健康的每个方面。正因如此，通过近12年来对健康和健身领域的报道，我得出了一个坚如磐石的结论：就算你不在乎什么更大的二头肌，但如果你不进行重训，你就真是疯了！

重训带来的益处

消除腹部脂肪；

战胜压力；

远离心脏疾病、糖尿病和癌症。

重训甚至让你更聪明，更快乐。

　　不过就是举起重物，再把它放下，重复几次而已，如此简单的行为如何能带来这么多好处呢？这一切都要从肌纤维的微观层面说起。

　　基础快速入门：当举起重物时，会导致肌纤维轻微撕裂。加速了被称为"肌肉蛋白质合成"的过程，即使用氨基酸修复和加强纤维，使它们对抗未来的损伤。因此，当肌纤维频繁地受到挑战时，特别是当你有规律的进行重训的时候，它就会做出结构性调整，以更好地应对这一挑战。例如，肌肉会变得更大更强壮，或变得更加耐疲劳，从而适应这种挑战。

　　这些调整是为了减少对身体的压力，这就是为什么你可以毫不费力地完成日常的功能动作，比如上楼梯或拿起较轻的物体。也正是这个原因，如果经常练习重训，就会发现，即使是最困难的体能任务也会变得更加容易。运动科学界称之为训练效果。事实证明，这种训练效果不仅可以增强肌肉，还可以提升生活质量。其实，这也就为你提供了更多优势。

　　想看到证据？下面有20个原因，告诉你为什么一天不进行重训就白活了。

1. 抛开40%以上的脂肪

　　这可能是减脂最大的秘密。你无疑曾被告知，有氧运动是减肥的关键，但其实重训更加重要。

　　案例分析：宾夕法尼亚州立大学的研究人员让一群坚持低热量饮食的肥胖者作为受试者，并把他们分成三组。一组不运动，另一组每周3天进行有氧运动，第三组每周3天既做有氧运动也做重训训练。每一组减掉的体重都几乎相同：大约21磅（约10.5千克）。但重训组甩掉的脂肪比那些没有练习重训的人多了大约6磅（约3千克）。为什么呢？由于重训组减掉的重量几乎都是纯脂肪，而其他两组减掉的只是15磅（约6.8千克）肥膏，加上几磅肌肉。用这些重量算算看，就会知道，重训让你多减了40%的脂肪。

　　这并不是特例。研究指出，对不重训的节食者平均而言，他们所减掉的重量中，75%来自脂肪，25%来自肌肉。这25%可能会让体重秤上的读数降低，但它不会让你在镜子中的影像有很大变化，也使得你减掉的赘肉更容易出现反弹。但是，如果在节食时进行重训训练，就可以保护自己辛苦练出来的肌肉，并且燃烧更多的脂肪。

　　从吸脂术的角度来考虑：重点只是移去毫无吸引力的赘肉，对不对？这正是你对自己锻炼应该提出的要求。

2. 燃烧更多的卡路里

只要你做重训，每天你坐在沙发上时所燃烧代谢的热量都会增加。理由很简单，在每次阻力训练后，肌肉都需要能量来修复和增强肌肉纤维。例如，美国威斯康星大学一项研究发现，一般人进行全身三大肌群的重训后，他们的代谢水平在之后的39个小时内都会加速。与那些没有进行重训的人相比，练习者在这段时间内燃烧的热量会有更大的比例来自于脂肪。

但是，在重训锻炼的过程中又如何呢？毕竟，许多专家说慢跑比重训燃烧的热量更多。结果，当美国南缅因大学的科学家使用先进的技术来计算能量消耗时，他们发现，重训燃烧的热量比原先预想的水平超出71%。研究人员计算出，仅仅以8项运动为1次循环，约花费8分钟时间，就可以消耗159~231卡路里的热量。这相当于在8分钟内跑两公里所燃烧的热量。

3. 衣服会更合身

如果不重训，就向紧实的手臂说再见了。研究指出，在30~50岁之间，你的身体可能会失去全身10%的肌肉。而到60岁的时候，这一衰退的比例会翻番。

更糟的不仅如此，根据《美国临床营养学》（*American Journal of Clinical Nutrition*）的研究，随着岁月流逝，失去的肌肉就会被脂肪所取代。科学家们发现，即使是保持均衡体重长达38年的人，每10年就会失去1.5千克的肌肉，并增加1.5千克的脂肪。这不仅让人看起来松弛，腰围也会增加。这是因为1磅（约0.5千克）的

脂肪比1磅的肌肉在身体中占用的空间多18%。值得庆幸的是，有规律的阻力训练让你避免如此命运。

4. 保持身体年轻

重要的不仅是所失去的肌肉的数量，而是其质量。研究表明，随着年龄的增长，快肌纤维减少高达50%，而慢肌纤维减少则不到25%。这是非常重要的，因为快肌纤维是主要负责产生动力的肌肉，包括力量和速度。快肌纤维不仅对于运动表现起关键作用，而且是你可以从客厅椅子站起来的原因。是否注意到老年人常常站不起来？这是因为快肌纤维使用不足而萎缩了。

让时间回春倒流的秘诀？当然是重训！较重的力量训练会特别有效，或者较快地举起较轻的重量。（提示：在本书中，其名称中带有"爆发力"或"跳跃"的练习都非常适合锻炼快肌纤维。）

5. 让骨骼更强壮

随着年龄的增长，骨量会逐渐流失，这增加了髋部或椎骨发生骨质疏松性骨折的风险。实际情况甚至比听起来更糟糕，英国的研究人员发现，在因摔倒而髋部骨折的老年妇女中，超过50%再也不能走路了。此外，脊椎中的大量骨质流失会导致可怕的"老妇驼背症"，或驼背。好消息是：在《应用生理学》（*Journal of Applied Physiology*）中的一项研究发现，16周的阻力训练可以增加髋部骨密度，并且使血液中的骨钙素

水平（骨质增长的标志物）升高19%。

6. 更好的柔韧性

人随着年龄增长，柔韧性会减少高达50%。这使得下蹲、弯腰和向后伸手变得更加困难。但在《国际运动医学》（*International Journal of Sports Medicine*）的一项研究报告中，科学家发现，每周进行3次全身重训，坚持16周，可以增加髋部和肩部的柔韧性，并让坐位体前屈测试的分数提高了11%。不相信重训训练会让你身体柔软吗？研究表明，奥运会的举重选手的整体柔韧性分数仅次于体操运动员。

7. 让心脏更健康

重训肯定会加速血液循环。美国密歇根大学的研究人员发现，每周3次全身重训锻炼并坚持2个月的人，舒张压（低压）平均降低8个点。这就足以将中风的风险减少40%，以及将心脏病发作的风险减少15%。

8. 远离糖尿病

这可以称之为肌肉药物疗法。在一项为期4个月的研究中，奥地利的科学家发现，患有2型糖尿病的人在开始重训之后，其血糖水平明显降低，健康状况得到改善。同样重要的是，重训可能本来就是预防糖尿病的最佳方法之一。这是因为，它不仅打击了增加这种疾病风险的脂肪，还提高了人体对胰岛素的敏感度，从而有助于控制血糖，减少患糖尿病的可能性。

9. 减少癌症风险

不要满足于简单的预防，重训可以提供十倍的效果。美国佛罗里达大学的一项研究发现，每周进行3次抗阻训练并坚持6个月的人所经历的氧化细胞损伤远低于没有进行过重训的人。这不容忽视，因为受损细胞可能导致癌症和其他疾病。并且，在刊登于《运动医学与科学》（*Medicine and Science in Sports and Exercise*）的一项研究中，科学家们发现，抗阻训练将食物在大肠中移动的速率增加了56%，这种作用被认为可以降低结肠癌的风险。

10. 更好的贯彻节食计划

重训的作用一石二鸟：除了消耗热量，还可以帮助你的大脑坚持节食。美国匹兹堡大学的研究人员对169名体重超重的成年人进行了2年研究后发现，没有遵循每周3个小时重训计划的参加者，食量超过其额定的每天1 500卡路里。反之亦然，一天吃超量的人，也不会参与重训。这项研究报告的作者说，重训和节食，都是会提醒自己坚持运动计划，增强减肥效果的目标和动力。

11. 更好地处理压力

在健身房重训时汗流浃背，会让你在压力下更能泰然自若。美国得克萨斯A&M大学的科学家发现，体态好的人比体态差的人分泌的"压力激素"要少。美国乔治亚医学院的一项研究发现，与肌肉少的人相比，肌肉多的人在紧张情况后能更快地让血压恢复正常水平。

12. 摆脱时差反应

下一次海外旅行的时候，在打开行李之前先去酒店的健身房。当美国西北大学和加州大学旧金山分校的研究人员在对进行抗阻训练的人的肌肉活体组织切片进行研究时，他们发现了负责调节昼夜节律的蛋白质的变化。研究结论是什么呢？力量训练可以帮助身体更快适应时区改变或轮班工作。

13. 人生更快乐

瑜伽并不是唯一的舒缓性锻炼。在美国伯明翰的阿拉巴马大学研究人员发现，每周进行3次重训训练并坚持6个月的人，愤怒和整体情绪的测评得分有了明显的改善。

14. 睡得更好

努力重训有助于更放松地休息。澳大利亚研究人员发现，每周进行3次全身重训并坚持8周的人，其睡眠质量提升了23%。而且，受试者比他们开始重训前更快入睡，也能睡得更久、更安稳。

15. 更快塑造身材

术语"心肺功能"（cardio）不应该仅仅描述有氧运动。在美国夏威夷大学的一项研究发现，带有负重的循环训练让心率比以60%~70%的最高心率跑步时，每分钟提高了15次。据研究人员介绍，这种做法不仅可以增强肌肉，还

和有氧运动一样地有益于心血管。重训节省了时间，却获得更多的效果。

16. 对抗忧郁

深蹲可能是新的"百忧解"（Prozac，一种抗抑郁药）。澳大利亚悉尼大学的科学家发现，有规律的重训可以明显减轻中度抑郁的症状。事实上，研究人员报告说，在60%的临床确诊患者中都可以看到有重大改善效果，这相当于抗抑郁药物的效用率，而且没有副作用。

17. 工作效率更高

多花时间去做哑铃练习，这可以帮助你获得更高的薪酬。英国研究人员发现，工人安排出时间锻炼的日子与他们不去锻炼的日子相比，前一种情况的工作效率高15%。现在考虑一下这些数字对你意味着什么：在你去锻炼的日子里，至少从理论上说，你可以在一个8小时的工作日里，完成通常需要9小时12分钟才完成的工作。或者，你还是选择工作9个小时，但完成了更多的工作，让你感到压力减轻，并对自己的工作更满意，这就是上班族参与重训锻炼的另一项好处。

18. 延长寿命

强健的身心有益于长寿。美国南卡罗来纳大学的研究人员确定，全身的肌肉力量与降低因心血管疾病、癌症及所有原因的死亡风险均有关联。同样地，夏威夷大学的科学家发现，在中年时身体强壮与"超常生存"有关，该术

语的定义为：到了85岁仍没有重大疾病。

19. 保持清醒敏锐

永远不要忘记重训的重要性。美国弗吉尼亚大学的科学家发现，一周三次重训并连续坚持6个月的人，可以明显降低其血液中高半胱氨酸的浓度，高半胱氨酸是与形成痴呆症和阿尔茨海默氏病有关的蛋白质。

20. 甚至会更聪明

谈到思维与肌肉的关联：巴西的研究人员发现，6个月的抗阻训练提高了锻炼者的认知功能。事实上，这种锻炼导致更好的短期记忆和长期记忆、更强的语言推理能力，以及更长的注意力集中时间。

第2章
所有关于重训问题的解答

塑造完美身材所需的基本知识

若对健身有足够的了解后，你会发现每一个关于重训的问题的回答都会用同一句话开始：看情况。毕竟，每个人每种情况都是独一无二的，要达成大部分目标，实现的方法也不止一种。因此，本章为你提供一些基本原则和建议，而不是必须遵守的命令。此处只是列举这么多年我被问得最多的问题和解答，来供你参考。你可以把它看成是这本训练书最基础的学习指南。最好是："告诫"这个词这里我只用一次而已。

"应该重复做多少次"？

当涉及训练时，这始终是应该提出的第一个问题。为什么？因为它迫使你决定自己的主要目标。例如，你想更快地减掉脂肪，还是增加更多肌肉？答案将决定要完成的重复次数。首先做出选择，然后根据下面的指引，找到自己需要的重复次数范围。

想要快速减脂

这很简单：我认识的所有顶级训练师都发现做8~15次重复对于减脂最有效。答案并不意外，因为研究表明，在该范围内执行多组练习，相比于更多或更少的重复次数来说，可以刺激燃烧脂肪的荷尔蒙产生最大的增幅。当然，重复8~15次是一个相当笼统的建议。所以，你需要进一步分解。有一个很好的方法：用三个小的重复次数范围来改变自己的训练，但仍然保持在8~15次之间。

例如：

12~15次重复

10~12次重复

8~10次重复

所有这些重复次数范围对于燃烧脂肪来说都是有效的。因此，选择其中一个范围（12~15次是一个不错的起点，特别适合初学者），然后每2~4周更换为另一个范围。

想增加更多肌肉

在健身房中有一个流行概念：做8~12次是增加肌肉的最佳方式。然而，这一建议的起源可能会让你大吃一惊：它来自一位英国的外科医生兼健美运动员，医学博士伊恩·麦奎，他发表了一篇科学论文，其中建议通过适度的多次重复来刺激肌肉生长。哪一年？1954年。这种方法大部分时候的确有效，但是，我们在过去的半个世纪已经对肌肉科学有了更多的了解。其实更合理的情况是，使用各种重复次数范围（低、中、高）会导致更好的肌肉生长（要理解其中的原因，请参阅第14页的"不存在不好的重复次数"）。为了达到最佳效果，可以每2~4周改变一次重复次数范围，或甚至在每一次锻炼时都改变。

我喜欢来自《男士健康》的长期健身顾问，力量教练和体能训练专家阿尔文·科斯格罗夫设计的这个"每周3天全身训练计划"：

周一：重复5次

周三：重复15次

周五：重复10次

这个简单的方法得到了21世纪科学的验证。美国亚利桑那州立大学的研究人员发现，在每周3次的训练计划中，每一次都改变重复次数（"波动周期"训练）的人与每次训练都使用相同重复次数范围的人相比，前者可获得的力量两倍于后者。

"应该使用多少重量"？

这个问题在我的电子邮件中出现了很多次。我曾经回答说："我怎么会知道呢？我在网上看不到你有多强壮！"但我想出了一个更好的答案：选择让你可以完成规定的所有重复次数的最大重量。即，重复次数越少，你使用的重量越大。反之亦然。举例来说，如果你能举起某个重量15次，但你只做5次的话，对你的肌肉不会带来多大的好处。如果你选择很难举起5次的重量，你是不可能重复举15次的。

那么，如何找出适当的重量？反复试验。你只需要根据经验进行猜测并试验。这是有经验重训者的第二天性，但如果你是初学者，不需要为此感到有压力；你很快就可以掌握。关键是要进入重训房，并开始重训。如果你选择的重量太重或太轻，只需要在下一组练习中进行相应的调整。

当然，你很快就会发现所使用的重量做不到你想要的重复次数。但判断重量是否过轻则有点棘手。有一个简单的方法：注意自己开始感觉到吃力的时间点。

比方说，你在做10次重复。如果这10次都感觉很轻松，那么你使用的重量过轻。但是，如果你在第10次时开始感觉很吃力，那么，你已选择了正确的重量。"开始感觉吃力"是什么意思？意思就是，举起重物时的速度明显减慢。虽然你还可以再举起一两次，但这种吃力的感觉表明你的肌肉已经快到达极限了。大多数人也会在此时开始"作弊"，通过改变身体姿势，代偿性来帮助自己举起重物。

记住，目标是要以完美的姿势完成每一组里的所有重复次数，同时要挑战自己的肌肉去尽最大努力完成练习。使用"开始感觉吃力"的方法会帮助你做到这一点。尽力去做，当开始感觉吃力的时候，你已经完成了这一组练习。这也是俯卧撑、引体向上和臀桥等自重练习的最佳策略，教练会要求你完成尽可能多的重复次数。（你会在第13章的许多训练计划中找到这条说明。）

"一个动作应该做几组练习"？

有一条很好的经验法则：做尽可能多组，相同的肌肉群至少累计做到25次重复次数。如果你打算一个练习重复5次，那么，你要做5组这个动作。如果你在做15次，那么只需要做2组就可以。一个练习的重复次数越多，所需要执行的组数越少。反之亦然。不管使用什么重复次数范围，这都有助于肌肉在适当的时间中保持紧张。

如果你的状态足够好，当然可以做到每个肌群超过25次重复，但要将练习上限定在50次。例如，常见的健美建议是一个肌肉群做的3个或4个不同的练习，每个练习做3组，每组10次。所锻炼的这个肌肉群的总重复次数就多达120次了。问题是，如果任何肌肉群的练习都能完成接近100次重复，那么就代表你训练的强度不够。不妨这样想：训练的强度越大，那种强度水平可维持的时间就越短。例如，如果慢慢地跑，很多人都可以跑一个小时，但很难找

不存在不好的重复次数

体能训练师并不是随机选择一个重复次数，至少好的训练专家不是这样。那是因为，你使用的重复次数范围就决定了你的肌肉如何适应你的训练程序。事实上，通过了解三个关键重复次数范围的益处，就可以针对自己想要的结果来选择最适合的策略。记住，这些重复次数范围的工作原理并不像开关按钮，它们更像一个调光器开关。当你调整重复次数时，就相当于减少其中一个范围的好处，而强调另一个范围的好处。以下是每一个范围的简介。

1. 低重复次数（1~5次）： 该重复次数范围允许你使用最大的重量，使肌肉承受最大的张力。这样做会增加在肌肉中的肌原纤维的数量。

到底什么是肌原纤维？它是其中包含收缩蛋白的肌纤维部分。不妨这样想：收缩蛋白增多时，肌肉就能产生更大的力量。因此，1~5次对于提升力量是理想的重复次数范围。当然，更多的肌原纤维可以增大纤维，使肌肉变得更大块。（肌肉小知识#1：这种类型的肌肉增长方式被称为肌原纤维肥大）。

到任何人可以在这么长时间里做高强度的冲刺，并且速度没有大幅度下降。而一旦速度开始下降，就表明之前的冲刺已经实现了对肌肉群必要的锻炼。那么，为什么还要浪费时间呢？

"重训需要多长时间"？

当然，它需要多长时间就多久。最好的判断方法是你做的总组数。我在多年前第一次从澳大利亚著名体能教练伊恩·金那里学到这个方法，我觉得在今天仍然适用。他建议每堂训练课做12~25组。也就是说，将每个练习的组数加起来，总数应该落在这个范围之内（不包括热身）。所以，如果休息时间较长，锻炼时间会更长；如果休息时间较短，就会更快地完成。初学者可能觉得12组就足够了，而有经验的重训者也许能够达到这个范围的上限。当然，这个总组数规则并非一成不变，但它对于增肌和减脂的效果非常好。对于大多数人来说，在一节训练课中完成超出该范围的练习量，其时间投资的收益将会大幅锐减。这也增加了在两轮练习之间肌肉恢复所需的时间。如果忽略这个重要的因素，最终可能会使身体过度运用，欲速则不达。

"两组之间的间歇应该休息多久"？

大概不够有时间去饮水处附近闲聊。在大多数锻炼中，组间间歇时间是一个关键。但往往被忽略的因素。要理解其中的原因，就必须来个运动科学速成课程：重复次数越少，并且

重量越大，所需要的组间休息时间就越长；重复次数越多，并且重量越小，休息时间越短。为什么？在举起重物时，要募集到快肌纤维，这种纤维产生最主要的力量，但疲劳得最快，并且最需要长时间的休息。所以，给它们足够的恢复时间，有助于确保在每一组练习中充分训练它们。当你使用较轻的重量并且做更多次重复时，训练的主要目的是慢肌纤维。这种纤维不仅比快肌纤维更耐疲劳，而且它们恢复速度也更快。因此，即使在完成重复次数挑战性较高的一组练习之后，它们也可以在短时间内恢复，并准备好再重复一次的表现。

这对于你的秒表有什么指导作用？我采用以下基本原则。

重复1~3次：休息3~5分钟。

重复4~7次：休息2~3分钟。

重复8~12次：休息1~2分钟。

重复13次或以上：休息1分钟。

但真正的诀窍在这里：这些数字只是说明在同一肌肉群训练中间所需的休息时间。也就是说，如果策略性地思考，你可以训练另一个肌肉群，而不是在空等时间一分一秒地耗费过去。我最喜欢的两种方法是交替组和循环训练。它们可以在不牺牲结果的前提下缩短锻炼时间。因为，一个肌肉群休息时，另一个肌肉群在训练。以下介绍了两种方法，你会发现在第13章中的训练计划中会广泛使用这些策略。

交替组： 做一组练习，休息一下，然后做一组对侧肌肉群的练习。（你也可以用上半身练

习与下半身练习来配对。）再休息一次，然后重复训练，直到完成规定的组数。例如，如果做6次卧推，你可能只休息1分钟，而不是2分钟。然后，做一组哑铃划船，休息1分钟。算上完成哑铃划船所花的时间，现在，你在再次做卧推之前已经休息了超过2分钟。要点：间歇时间可以轻易缩减一半。

循环训练： 连续做3种或以上（可以是4种、5种甚至10种）练习，没有组间休息。最常见的方法是上半身练习和下半身练习交替。举个例子，可以一个接一个做下面的练习：深蹲、卧推、臀桥、哑铃划船等。这样一来，上半身在休息的时候，下半身就在锻炼。你也可以在每组之间加入休息时间。

准备好尝试这些技巧了吗？可以参考下表的指导。

选择	搭配
股四头肌	臀肌和腘绳肌
胸部	上背部
肩部	背阔肌
肱二头肌	肱三头肌
上半身	下半身
上半身	核心肌群
下半身	核心肌群

"每周应该重训多少天"？

至少2天。事实已证明，2天的阻力训练可以提供许多有益健康的好处。所以视两天为最低限度。但理想的情况是，每周有3天或4天去

力量房进行全身锻炼，或采用上下半身分别练习的方式。我会分别解释这两种方法。

全身重训正如其名。在每一节训练课中会对全身进行锻炼。接着休息一天，隔天再重复。这种方法是有科学原理的。在多项研究中，位于美国加尔维斯敦地区得克萨斯大学医学院的研究人员在多项研究中指出，肌肉蛋白的合成是肌肉修复的指标，阻力训练之后的48小时内肌肉蛋白的合成会升高。所以，如果在周一下午7时重训，那么直到周三下午7时，身体都在肌肉增长的模式中。但是，48小时后，身体所受的生长新肌肉的生物刺激就会恢复正常。这意味着是时候进行另一次重训了。

事实证明，重训后的新陈代谢水平加速的时间长度也差不多是48小时。因此，无论想增肌还是减脂，全身重训都是非常有效的。事实上，我相信这就是燃烧肥膏的最佳锻炼模式。因为，参加锻炼的肌肉越多，所消耗的热量就越多——无论是在锻炼的过程中还是在锻炼之后。

另一个行之有效的策略是上下半身分别练习。这主要用于增加肌肉的大小和力量，并且提升运动表现。这种方法就是在不同日子分别锻炼上半身和下半身。其原因是：它让你在上下两部分的肌肉群的训练强度都比在全身训练程序中的强度更高。然而，这也意味着，你需要给肌肉多一点时间来完全恢复。例如，一个每周4天的计划，其中周一做上半身锻炼，周二做下半身锻炼，然后休息一两天，再重复

2. 高重复次数（11次或以上）：当使用较高的重复次数时，肌肉必须收缩较长的时间。这会增加在肌肉纤维中的线粒体数量。线粒体是产生能量的结构，它不仅燃烧脂肪（燃烧越多越好），而且还增加肌肉耐力和促进心血管健康。更重要的是，这些结构变化会增加在纤维中的肌浆量，因而使肌肉变大。（肌肉小知识#2：这种肌肉增长方式被称为肌浆肥大。）

3. 中重复次数（6~10次）：使用这种方法时，肌肉在中等时间量内承受中等的张力。不要将它想得太复杂：它就是低重复次数和高重复次数的组合重训方式。因此，它可以帮助你同时提高肌肉力量和肌肉耐力。你可能会说，它在两者之间取得了良好的平衡。但是，如果你总是使用这种重复次数范围，就会错过高、低重复次数范围带来的更大力量和肌耐力的机会。因此，三种范围方式都要使用。

（也许是周四和周五）。如此的话，上下半身的重训之间都间隔2~3天。或者，你可以上下半身轮流重训，中间隔一天，每周重训3次。

记住，如果你通过全身训练可以增加肌肉和力量，就没有理由使用上下半身分别练习。但是，如果到了无法在一次全身训练中安排完成所有自己想做的练习组数时，就是时候更换为分别练习的方法。或者，你可能只是想尝试不同的方法，以确定哪一种最适合自己的肌肉和生活方式。在本书中，你可以找到很多种重训方案供自己选择。

"每个肌肉群应该做多少种练习"？

一种。这是最简单、最有效的方式。实际上，重训带来大部分的好处都来自你做的第一个练习，因为肌肉在当时是精力充沛的。例如，假设哑铃卧推、倾斜哑铃卧推的和哑铃仰卧飞鸟都分别完成了3组。在最后一个练习的时候，你支撑的重量已远远低于第一次了。如果你以相反的顺序做这些练习，就会明白了：你会发现，在哑铃卧推练习中，可以举起的重量远不如第一次做这个练习的时候大，并且只能推得动你平常觉得很轻的重量，这样推举对肌肉的刺激就大大减少了。因此，大部分时候，坚持同一肌群做一个练习最合理，尤其是在锻炼时间有限的时候。

不过，有很好理由的话，打破"一个练习"规则是没有问题的。例如，如果某个肌肉群的水平相对落后，你可能想在为期4周的时间里提高其训练强度，将该区域的总练习组数增加一倍。这被称为优先训练肌肉群。因此，不是在一个练习中完成所有组数，而是使用两种或三种不同的练习，例如，哑铃卧推、上斜哑铃卧推和哑铃飞鸟。（现成方案请参阅第4章中的"塑造完美胸部"的重训计划。）虽然你在后两个练习中将无法使用与肌肉精力充沛时同样多的重量，但你仍会增加肌肉总练习量。这可以帮助你突破瓶颈，并刺激新的肌肉增长。

警告：如果你尝试了这个方法，但觉得自己越来越虚弱，则说明运动负荷过高了。需要将重量减回去，让肌肉可以在两次锻炼之间更好地恢复。更重要的是，优先训练一个肌肉群可能意味着不得不削减对其他肌肉群的训练，重训建议总量在此仍然适用。（请参阅第14页上的"重训需要多长时间"？）

"举重的速度应该有多快"？

简单来说，就是快起慢放。研究表明，用更长的时间来放下重量有助于更快提升肌力，而迅速举起重物可以激活最多数量的肌纤维。对于大多数练习来说，用2~3秒慢慢放下重量，在"重量低点"的位置停顿1秒，然后以尽可能快的速度举起，同时在全过程中控制好动作。唯一的例外是：如果练习是锻炼爆发力，动作从头到尾都必须维持最快的速度。

记住，在拉力器下拉等练习中，虽然姿势是下拉，但比较像举起重量的动作，因为肌肉会收缩。要意识到，当你将横杆拉下来的时候，配重片实际在上升，依然是同种模式的重训。

"需要有人在旁边保护吗"？

标准答案是需要的。毕竟，杠铃可能会卡在你的脖子上。这可不是开玩笑，因为这类意外每年都会发生。而且这是致命的。但是，这里有一个更大的教训：不要试图举起对自己来说太沉重的重量，尤其是附加在杠铃杠上的重物。尽管我跟许多人一样，在家中自己一个人锻炼，所以没有保护者，然而，我无助地被压在杠铃下的几率为零。那是因为我使用哑铃来做大重量的推举，如果必要时，我可以放手让哑铃掉到地上。

我每一组训练都会采用"感到吃力"的方法评估。（请参阅第13页"应该使用多少重量"？）如果我选择的重量太重，做6次就非常吃力，我完全失败之前就会感觉得到，可以在发生麻烦之前就直接结束这组练习。那么，我如何确定自己只能举起一次的最大重量呢？我不确定。但这对我来说真的不重要。如果你觉得这很重要，我的建议很简单：若想测试自己的极限，请确保始终有一位保护者。

"我需要哪些器材"？

你已经具备与生俱来的开始练习条件：你的身体。请查阅在本书第13章中的"超简单徒手自重训练方案"，事实上，这些就是你今天就可以做的锻炼。但是，如果你想建立自己的家庭健身房，以下清单中的一切都值得拥有，包括基本器材和补充器材。

基本器材

哑铃

如果我只能有一种训练工具，我会选择哑铃。它很简单、用途多样且耐用。如果你有充足的空间，任何类型的哑铃都可以。最便宜的是基本铸铁六角哑铃。货比三家，你也许可以找到一整套特价哑铃。如果空间比较紧张，则可以考虑购买一对 PowerBlocks。这一套全功能哑铃可以快速找到你想使用的重量，并且它需要的存放空间很小。

训练椅

一张基本的水平训练椅是相当便宜的，但如果你准备在器材上投资，可以考虑购买可调节式训练椅，这样就可以做上斜和下斜的练习了。这可以立即为你多提供十几种练习的变化。

单杠

如果你喜欢自己动手DRY，可以使用一根2.5厘米直径的钢管自己安装一条单杠。或购买预制的安装在横梁、墙壁或天花板上。你也可以买那种挂在门上的单杠。我喜欢一款名称为 Perfect Pullup 的产品，因为可以调节单杠的高度，进行悬垂双臂划船，这是一个真正提高其实用性的独特功能。其缺点是：你必须用螺丝将单杠安装到门框内侧，并且比较昂贵。

瑞士球

也被称为稳定球、治疗球和健身球。（为

什么我写瑞士球？习惯而已。）瑞士球非常适合做核心练习，但它也兼作训练椅的一种廉价替代品。事实上，一套哑铃、一个瑞士球和一条单杠会组成一个完整的家庭健身房。你几乎在任何大商场或者网络商店都可以买到基本款瑞士球。

杠铃和配重片

杠铃有标准杠铃和奥林匹克杠铃。标准杆重10千克，比较便宜，但奥林匹克杆重约22.5千克，在大多数健身房中都能看到。奥林匹克杆也属于加强型器械。我的建议是：如果你已经有标准杆，肌肉并不会知道其中的差别。但是，如果你刚开始建造家庭健身房或进行升级，请选择7英尺（约2.1米）长的奥林匹克杠铃。货比三家，你可以找到300美元一套的配重300磅（约136千克）的奥林匹克杠铃。

力量练习架

如果你想要做杠铃深蹲，就绝对需要一个力量练习架或深蹲架。一个良好的练习架也可以极大地扩展你的家庭健身房，因为，你可以购买配有单杠和高低滑轮系统的练习架来做拉力器下拉、绳索划船，以及几乎所用的绳索或拉力器练习。

补充器材

绳索拉力器（滑轮机）

该工具为你提供几百种练习的变化方式。从费用和空间的角度来看，最经济的都是买一套带有绳索拉力器系统的力量练习架。但如果你有足够的钱和地方，Free Motion EXT 复合式训练机是最佳选择，它的臂架可旋转到108个不同的角度位置，让你可以从各个可能的角度训练每一块肌肉。

曲杆杠铃（EZ-curl bar）

当你做弯举时，这种有角度的杠就比直杆更容易靠在手腕上。它比一般杠铃要短，使得它更容易移动到健身房的空位。

壶铃

这些来自俄罗斯的产品（看起来像带把手的保龄球）已经面市多年，但只是近年才开始在美国健身房重训计划中风行。你可以将壶铃当做哑铃用，但是你会发现做同样的练习会比哑铃更具挑战性。这是因为，其重心偏离中心，这迫使稳定肌要更加用力。请参考本书第268页的"单臂壶铃摆举"，并可以将本书中几乎所有用哑铃的练习用壶铃来代替。

药球

有些器械永不过时。使用药球来做核心练习、专项运动训练，甚至可以做高难的俯卧撑（将每只手放在一个球上）。最通用的版本是有弹性的药球，可以把它投掷到墙上，接球，并多次重复。

Valslides滑垫（肢贴）

国内体能房叫做滑垫，又叫肢贴。这种垫着泡沫的塑料滑垫能让硬地板和地毯变成像溜冰场一样，在整个移动过程中降低你的稳定性，并使肌肉在整个过程中受到张力，从而增加弓步等练习的强度。更重要的是，滑垫对于核心练习也许是最有用的工具，因为它们提供了一种全新的腹肌锻炼方式，第10章有详细介绍。

TRX悬吊训练器

这套尼龙带让你可以在任何地方锻炼。你可以将这些轻便的尼龙带绑到任何坚固的高点上（单杠、门或树枝），然后就立刻可以做上百个上下半身及核心的练习，这些练习可以针对任何健身水平进行调整。所以这非常适合于四处旅行或出差的人，或者想增添重训法宝的人也可以选择。健身行业充斥着大量华而不实的产品，但TRX却是名副其实的。

爆炸带

只需要将这种带子缠在任何稳固的横杆上，在健身房、在自己的房子里。甚至在公园里，调整带子的长度，你可以做悬臂俯卧撑、引体向上和反向划船等练习。因为带子不够稳定，它们让你可以挑战身体在三个平面中的运动：前后、上下和左右。这为重训增添了全新的维度，有助于消除薄弱环节，矫正肌肉不平衡的情况。

踏板或跳箱

你可以在训练椅上做上下台阶，但跳箱或踏板的效果会更好，因为可以调节高度。锐步（Reebok）的踏板或者有立板的通用有氧踏板都可以。它提供了一个稳固、防滑的表面，并且你可以快速地调节箱子的高低，适合于做提步向上、单腿深蹲、箱式弓步、分腿蹲、跳深和抬高式俯卧撑等练习。

超级弹力带

这是大尺寸的橡皮胶带，让你无需专用的机器进行辅助式引体向上。（关于如何做弹力带辅助式引体向上的详细信息，请参见第5章。）弹力带越宽，它们对动作的辅助性就越高。

迷你带

也被称为治疗弹力带，这些小型弹力带对于锻炼臀肌和大腿内侧特别有用。全书中有大量的练习会用到这种弹力带，例如，迷你带横向走、迷你带髋关节外展以及自重深蹲加膝外推等。

Bosu 球

国内也叫博苏球或波速球，Bosu的含义是"两面都可以使用"。该训练工具可以让俯卧撑和臀桥等练习变得更加困难。在几乎任何健身器材店或网络商城都可以找到。

沙袋

在你举起沙袋时，沙会流动移位，并改变你的重心。这迫使你的核心需要更加努力，避免翻倒。你可能会说这些沙包有点奇怪或笨拙，但从某个角度来看，它对身体是非常有益的。此外，与杠铃或哑铃相比，沙包的尺寸是不规则的，所以它更接近地模仿在现实生活中必须拿起的物品，例如，婴儿车、电视机或行李箱等。

平衡垫

　　AIREX牌的平衡垫非常流行。站在这块柔软的泡沫垫上做下半身练习，可以迫使那些稳定踝、膝和髋关节的肌肉更加用力。这只是其中一个用途。但你也可以在本书中看到我以其他方式来使用这块垫子，例如，将软垫放在双膝中间，做臀桥抬起练习（参考第9章）。

第3章
大概是世界上最好的 4周饮食和锻炼计划

全面瘦身的快捷方式

如果你想快速看到成果，并且希望从今天开始，没有比这个4周饮食和重训计划更简单的方法了。它是以世界顶级营养科学专家杰夫·沃莱克博士的科学研究成果为依据所设计的计划。

在美国康涅狄格大学最近的一项研究中，沃莱克和他的同事发现，低碳水化合物的饮食、运动营养和力量训练相结合是令人难以置信的强大配方，可以高效减脂，并迅速改善健康状况。研究参与者每月减掉了多达5千克纯脂肪，许多人报告说，只是坚持计划一两周之后，他们就获得了更高的能量代谢水平，并且睡得更香。

更重要的是，研究对象大幅降低了患心脏疾病和糖尿病的风险——甚至比那些遵循低脂肪饮食的人的效果更明显。低碳水化合物重训练习者的总胆固醇降低了12%，甘油三酯降低了32%，胰岛素降低了32%，并且将C反应蛋白（CRP，炎症的指标）降低了21%。所有受试者唯一做的，就是他们本章中所介绍的饮食和锻炼计划。

饮食计划

这项饮食计划的原理很简单：减少碳水化合物，可以降低卡路里摄入，达到减肥效果。同时，这也触发身体使用其脂肪储备（而不是糖）来作为主要能量来源。研究表明，这可以帮助人们更好地控制血糖，抵御饥饿和食欲。因此，你可以吃得更少，但又不会感到备受节制。结果就是你能更快减肥，并体验前所未有的轻松感受。

吃什么

在第 25 页的表格中列出了三类食物，吃其中的任意组合，直到自己感到满足，但不要吃撑。如此简单的方式会使你的饮食更为规律。结果是你会自动吃得更少，降低体脂，并且无需计算卡路里。

指导原则

每顿都食用优质蛋白： 吃蛋白质可以确保身体总有原料来源和维持肌肉生长，同时在减掉脂肪的时候。有助于产生饱腹感，更快达到目标。

要吃脂肪： 膳食脂肪是帮助控制身体渴望的卡路里总量的关键因素。这是因为它非常有效地在你吃过之后让你容易感到饱足。所以，记住这一点：只要正在减少脂肪，你就不算吃太多。

放开吃蔬菜： 美国纽约市的纽约州立大学下州分校医学中心研究人员测试了超过 2 000 名低碳水化合物节食者后发现，平均而言，那些最成功的人每天至少吃 4 份低淀粉的蔬菜。

避免含糖和淀粉的食物： 这些食物富含大量的高碳水化合物。这份清单包括面包、意大利面、土豆、大米、豆类、糖果、碳酸饮料和烘焙食品，以及包含谷物、面粉或糖做的其他食物。有一个简单的方法可以判断：阅读产品的成分标签。如果每份食物中含有 5 克以上碳水化合物，不要吃。但也不要过度在意，当在餐厅点菜时，只需要考虑这顿饭的主要成分。当然，某道菜中也有可能存在看不见的糖或淀粉，但如果桌上的主要食物是我们推荐的食物，就没有问题。自己判断就好。

限制水果和牛奶的摄入量： 研究中，受试者被告知，同时也要避免这两种食物，这样他们可以将每天的总碳水化合物的摄入量降低每天 50~75 克，并且不必计算卡路里。但是，你还是可以喝牛奶和吃低热量的水果，尤其是浆果和瓜类，只要不过量，并且控制自己的碳水化合物的摄入总量，就没有问题。

一般的规则是，限制水果和牛奶的总份数。一份水果是半杯；一份牛奶是 1 杯（约 240 克）。每一份都含有 10 克左右的碳水化合物。所以，在一天里，你可以享用约 120 克的草莓和 1 杯牛奶，或者吃一份 240 克的草莓。

每一餐的安排

不要让饮食计划太复杂。只是把它看作是肉加蔬菜的食谱。以下是你一天中饮食的参考范例。

早餐：任何类型的蛋，烹调方法随意。炒、煎、煮、炖或者做成蛋卷（加上内馅或配菜）。当然，你可以添加芝士，以及任何类型的肉，甚至培根和香肠。

零食点心：几乎任何类型的芝士都是很好的零食，坚果和核果也是——杏仁、花生、葵花子和南瓜子都是理想选择。新鲜蔬菜加田园沙拉酱也很好。当然，全天任何时间都可以来一杯高蛋白奶昔。

午餐：一个很好的选择是有鸡肉、火鸡肉或鲔鱼的一大碗沙拉，例如，有鸡肉的凯撒沙拉或科布沙拉。但是，也可以吃一个汉堡（去掉面包），或者可以吃前一天晚饭剩下的菜。

晚餐：这应该是一天中最简单的一顿。只要从菜单中选任何肉类配上任何指定的蔬菜，就算是按照计划用餐。一顿美味的大餐可能是一块牛里脊肉配番茄，加上拌有芝士的沙拉，或是烤鸡配蒸的西兰花。

喝什么

你可以饮用每份的热量不超过5卡路里的任何饮料。首先就是水。还有未加糖的咖啡或茶（可以加一点鲜奶油），以及无糖饮料。

至于酒精类饮品，可以适量饮用。一天不超过两杯葡萄酒、淡啤酒或烈性酒。但是确保喝进去的任何酒类都没有混合含有热量的调酒饮料，比如果汁或碳酸饮料。

重训前后营养安排

每次重训时，就像该研究的受试者一样，将这些建议标准付诸实践：在锻炼前1小时和锻炼后30分钟的这段时间内，至少摄入20克蛋白质。高蛋白饮品是非常理想的选择。尽量选

关于专家

杰夫·沃莱克博士，注册营养师，是康涅狄格大学的副教授，已发表超过185篇关于饮食和运动科学的论文。

2007年，沃莱克博士和我合作撰写了《男士健康TNT膳食》（*Men's Health TNT Diet*）。这本书详细介绍了你在此看到的饮食计划背后的所有科学原理，并附有分步建议、食谱，甚至还有更多的锻炼方式。

优质蛋白	低淀粉蔬菜*		天然脂肪
牛肉	洋蓟	蘑菇	牛油果
芝士	芦笋	洋葱	黄油
蛋	西兰花	胡椒	椰子
鱼	球芽甘蓝	菠菜	奶油
猪肉	花椰菜	番茄	坚果和核果**
禽肉	芹菜	芜菁甘蓝	橄榄、橄榄油和菜籽油
乳清蛋白和酪蛋白	黄瓜	西葫芦	全脂酸奶油和沙拉酱

*这些只是一些常见的低淀粉蔬菜，其实你可以考虑各式其他蔬菜，只要不是土豆、豆类和玉米。

**限制为每天两份（每份大约就是一把可以抓起的量）。

用成分为蛋白质的饮品，碳水化合物和脂肪能少则少。当然，你也可以吃普通的食物。以下是一些简单的选择。

- 1个金枪鱼小罐头（约100克）。
- 90~120克（3~4片）的肉类熟食，如火鸡肉或鸡肉。
- 1份瘦肉，大约是一副扑克牌的大小。
- 3个鸡蛋：水煮蛋、炒蛋或煎蛋。

疑难解答

1. 如果没有实现自己想要的结果，请注意监控自己的热量摄入。简单地将目标体重乘以10~12。所得结果就是每天卡路里的额定摄入量。

2. 如果在前三四天感到烦躁或疲倦，请不要惊讶。身体通常需要几天来调整。如果到了5天以后还是觉得累，就要确保自己摄入足够的盐，并喝足够的水。有一个良好的经验法则：在清醒状态时，每2个小时饮用250~350毫升的水。然后不要避开脂肪。饮食计划就是增加身体脂肪消耗，所以你一定要吃一些脂肪以获得能量。

3. 如果你感到胃肠不适，尝试每天服用一次纤维补剂或补充纤维类食品。

扫描右侧二维码添加企业微信：

1. 回复关键词【46114】即可免费观看真人实拍动作视频精讲。

2. 加入体育爱好者交流群。

3. 不定期获取更多图书、课程、讲座等知识服务产品信息，以及参与直播互动、在线答疑和与专业导师直接对话的机会。

健身练习方案

现在，你可以按照自己的方式减脂了，感谢体能训练师克雷格·拉斯穆森设计了最先进的脂肪燃烧训练计划，让你可以选择不同的练习。我们可以把它看成是一种自己DIY的减脂方法：只需拿来采用，看着你的肥肉和肚腩消失。

如何执行这个锻炼

- 根据之前提供的指导来选择自己的训练动作。然后，参照第28页和第29页上的表格选择自己的训练组数、重复次数和休息间歇时间。

- 每周3天，训练计划A和训练计划B交替，每次训练课之后至少休息1天。所以，如果你打算在周一、周三和周五重训，就在周一做计划A，周三做计划B，然后周五再做计划A。接下来的一周，则在周一和周五做计划B，在周三做计划A。

- 按表格列出的动作顺序训练。在每一个练习中，使用让你可以完成规定的所有重复次数的最大重量。（详细说明请参阅第2章"应该使用多少重量"。）

- 以连续组的方式执行练习1。也就是说，完成这个动作的所有组，然后再执行下一项练习。每组之后休息1分钟。

- 将练习2A和2B作为一对组合执行。做一组练习2A，休息1分钟，然后做一组练习2B。再休息1分钟，然后重复，直到完成这两个练习的所有3组。然后换到练习3A。

- 将练习3A和3B作为一对组合执行。做一组练习3A，休息1分钟，然后做一组练习3B。再休息1分钟，然后重复，直到完成这两个练习的所有3组。然后换到心肺有氧锻炼。

- 在每次重量锻炼后立即执行心肺锻炼。

- 在每次锻炼之前，先完成5~10分钟的热身。使用在第12章中的"打造属于自己的热身练习计划"指引来设计一套自己喜欢的程序。

关于专家
克雷格·拉斯穆森，美国体能协会体能认证专家，是美国加州圣塔克拉利塔Results Fitness健身中心的体能教练。他8年多以来一直在帮助客户减脂并提升运动表现。

锻炼 A

练习	组数	重复次数	休息
1. 核心肌群（第10章）	3	12	1分钟
2A. 臀肌和腘绳肌（第9章）	3	12	1分钟
2B. 上背部（第5章）	3	12	1分钟
3A. 股四头肌（第8章）	3	12	1分钟
3B. 胸部（第4章）	3	12	1分钟

- **练习1：核心肌群**　从"稳定性练习"部分（第278页）中选择任何核心练习（第10章）。平板支撑（第278页）、侧平板支撑（第284页）、登山式（第288页）以及瑞士球屈腿卷体（第290页），都是不错的选择。

小贴士： 如果一项练习——例如平板支撑或侧平板支撑——是"计时"而非"计数"，只需遵循动作指导中的时间建议，那即是一组练习。

- **练习2A：臀肌和腘绳肌**　选择每次只练习一条腿的任意臀肌或腘绳肌练习（第9章）。这可能是单腿杠铃直腿硬拉（第254页）、单腿臀桥（第240页）或哑铃登阶（第262页）等动作。

- **练习2B：上背部**　选择"上背部"部分（第72~95页）的任何背部练习（第5章）。这可以是哑铃划船（第78~82页）、杠铃划船（第76~77页）或绳索划船（第92~95页）的任何版本动作。

- **练习3A：股四头肌**　选择同时锻炼两条腿的任意股四头肌练习（第8章）。这将是某个版本的深蹲，例如，哑铃深蹲（第203页）、高脚杯深蹲（第204页）或杠铃前蹲（第199页）等动作。

- **练习3B：胸部**　选择任意胸部练习（第4章）。例如，你可以选择俯卧撑（第34~43页）、哑铃卧推（第52~53页）或瑞士球哑铃胸部推举（第56~57页）等动作及任何一种变化动作。

心肺锻炼

- 从"随时可做的快捷心肺功能锻炼"中选择任何"收尾程序"（第14章，第424~425页）或从第13章的训练程序中选择任何心肺锻炼方案。

锻炼 B

练习	组数	重复次数	休息
1. 核心肌群（第10章）	3	12	1分钟
2A. 股四头肌（第8章）	3	12	1分钟
2B. 背阔肌（第5章）	3	12	1分钟
3A. 臀肌和腘绳肌（第9章）	3	12	1分钟
3B. 肩部（第6章）	3	12	1分钟

- **练习1：核心肌群** 从"稳定性练习"部分（第278页）中选择任何核心练习（第10章）。平板支撑（第278页）、侧平板支撑（第284页）、登山式（第288页）以及瑞士球屈腿卷体（第290页），都是不错的选择。

小贴士： 如果一项练习——例如平板支撑或侧平板支撑——是"计时"而非"计数"，只需遵循动作指导中的时间建议，那即是一组练习。

- **练习2A：股四头肌** 选择每次只练习一条腿的任意股四头肌练习（第8章）。这将是哑铃或杠铃弓步蹲（第206~211页）、哑铃或杠铃弓步（第212~221页）或单腿蹲（第196~197页）等动作。

- **练习2B：背阔肌** 选择"背阔肌"部分（第96~109页）的任意背部练习（第5章）。例如，你可以选择任何版本的引体向上（第96~100页）、拉力器下拉（第102~105页）或直臂拉（第106~107页）等动作。

- **练习3A：臀肌和腘绳肌** 选择同时锻炼两条腿的任意臀肌/腘绳肌练习（第9章）。这可能是杠铃硬拉（第248页）、哑铃直腿硬拉（第256页）或瑞士球臀桥加屈腿（第243页）等动作。

- **练习3B：肩部** 选择任意肩部练习（第6章），比如，哑铃肩上推举（第120~123页）、侧平举（第126~128页）或肩胛面30度平举和耸肩（第142页）等动作。

心肺锻炼

- 从"随时可做的快捷心肺功能锻炼"中选择任何"收尾程序"（第14章，第424~425页），或从第13章的训练程序中选择任何心肺锻炼方案。

第4章　胸部

展示完美的身体正面形象

胸部

真正来讲，大多数女性并不想让自己的胸肌太突出。但仍有太多理由去锻炼胸部。首先，针对胸部肌肉的最佳练习也有助于塑造和紧致三角肌和肱三头肌。

因此，本章中的动作可被视为塑造肩部和手臂以及胸部的雕塑工具。这使得这些练习成为增强上半身力量的一种最佳途径。（嘿，谁说不可以是既苗条又有力的？）

更重要的是，所有这些肌肉的锻炼都会消耗大量的热量。或者你应该这样想：略过胸部的练习，就会错过那种消耗热量的机会。关键信息：定期训练胸部还可以有助于消除腹部脂肪。

额外的好处

更自信的胸部！ 若结合完美的姿势，定期锻炼胸部肌肉甚至可以托起乳房。总是保持胸部的姿态挺拔，抵抗地心引力，像有一根细绳将它拉向天花板那样。

更有力的挥拍！ 在网球和其他球拍类运动中，正手击球的速度除了要依靠核心肌肉之外，还要依靠胸部肌肉。

更强壮的核心！ 比如俯卧撑不仅是胸部练习；它们也非常锻炼腹肌。

认识你的肌肉

锁骨部分的肌纤维
构成了上胸部。

胸大肌的纤维起源于胸部的三
个部位：锁骨[2]、胸骨[3]以
及就在你胸骨下面的肋骨[4]。

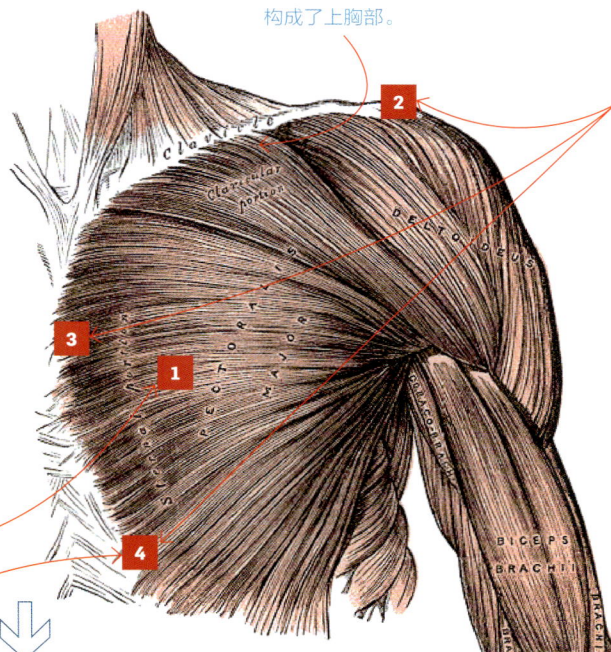

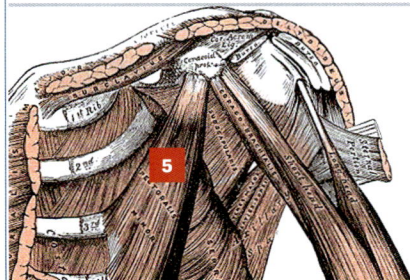

胸大肌

胸大肌是最主要的胸部肌肉[1]。
胸大肌把上臂拉向身体中间。以卧推为
例。当把杠铃推离躯干时，上臂在拉直
时会更靠近胸部。这是因为胸大肌附着
在上臂骨的内侧。所以当胸肌收缩时，
肌肉纤维缩短，将上臂拉向肌肉起点，
即胸的中部。

这就是为什么俯卧撑和卧推等练习
是锻炼胸肌的最佳方法。例如，在做卧
推时，通过双手握住重物，可以增加上
臂的重量，从而迫使胸肌更用力，最终
得到更大、更强壮的胸部。

胸骨部分的全部肌肉被统
称为下胸部。

胸小肌

胸小肌[5]是一块比较薄的三角
形肌肉，位于胸大肌下面。它从第
三、第四和第五节肋骨开始，附着
在靠近肩关节的地方。虽然严格来
讲，这块肌肉也是"胸肌"，但它的
主要职责是帮助将肩膀拉向前——
这个动作发生在如哑铃上拉等背部
练习中。

胸部 | 俯卧撑

在本章中，你将找到针对胸部肌肉的63个练习。在整个过程中，你将会注意到某些练习被指定为"主要动作"。掌握这种动作的基本版本，就能以完美的姿势完成所有变式。

俯卧撑和双杠臂屈伸

这些练习的目标是胸大肌。然而，它们也会锻炼到前三角肌和肱三头肌，因为这些肌肉在做每种动作时，都属于辅助肌群。而且，在做这些动作时，旋转肌、斜方肌、前锯肌和腹肌都会收缩，以保持肩部、核心和髋部的稳定。

主要动作
俯卧撑

A

● 四肢着地，双手放在地板上，距离稍大于肩宽，并与肩呈一条直线。

收紧臀肌，并在整个动作过程中保持收紧。这有助于保持髋部稳定，并使其与上半身呈一条直线。

双臂应该伸直。

身体应该从脚踝到头部形成一条直线。

伸直双腿，将重量放在脚趾上。

双脚紧紧并拢。

绷紧腹部（好像腹部准备被拳击打一样），并且在整个练习过程中都保持这种收缩状态。这有助于保持身体固定，并兼做核心训练。

75

根据美国体能协会（NSCA）的研究，在做标准的俯卧撑时，相当于撑起自己的体重的75%。

B

- 整个身体下沉，直到胸部几乎触及地板。
- 在最低位置停顿一下，然后尽快将自己推回到起始位置。
- 如果在练习过程中的任何时刻出现髋部塌下的情况，就已不是正确姿势。出现这种情况时，将这视为最后一次重复，并结束这一组练习。

保护手腕

如果双手直接放在地板上会让手腕感到疼痛，可以在放置双手的地方放置一对六角哑铃。然后抓住哑铃手柄，并在执行练习时保持手腕伸直。这会起到很好的保护作用。

为什么俯卧撑是王道

虽然俯卧撑和卧推都可以锻炼胸部、肩部和肱三头肌，但俯卧撑还可以训练腹部、下背部、上背部和臀肌。所以它带来了一大堆有益全身的好处。更重要的是，与卧推不同，以完美的姿势执行俯卧撑实际上有助于让肩部更健康。

底线： 俯卧撑不仅锻炼身体的正面，基本上还会锻炼到所有其他身体部位。

在降低身体时双肘弯曲，使得身体在该动作的最低位置时，上臂与躯干呈45度角。

头部必须由始至终保持在相同的位置。

髋部不要塌下。

核心保持固定不动。

胸部 | 俯卧撑

变式 1
上斜俯卧撑

- 将双手放在箱子、训练椅或台阶上，而不是地板上。这减少了必须撑起的体重，使练习更容易。

平面越高，身体越垂直，这个练习就越容易。

你可以在楼梯上做这个练习，随着力量的增强，便可一级一级移到更低的台阶。

变式 2
跪姿俯卧撑

- 执行练习时不要伸直双腿，而是弯曲膝盖，并在身后让脚踝交叉。这是使经典俯卧撑更容易的另一种方式。

65

在做跪姿俯卧撑时，撑起全身体重的65%。

身体应该从头部到膝盖呈一条直线。

不要让髋部塌下。

变式 3
下斜俯卧撑

- 在执行俯卧撑时，将双脚放在箱子或训练椅上。这增加了需要撑起的体重比例，使练习更难。

增强肩部力量
得克萨斯州的研究人员发现，下斜俯卧撑可以比传统的俯卧撑更好地锻炼那些稳定肩部的肌肉群。

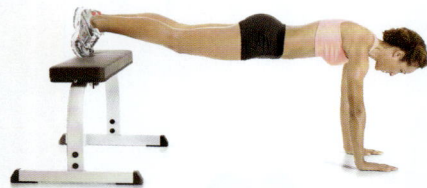

变式 4
单脚下斜俯卧撑

- 将一只脚放在箱子或训练椅上，而另一只脚悬空。

如果下背部感到紧张，表示核心没有发力保持收紧。

变式 5
双脚放瑞士球上俯卧撑

A

● 执行该动作时将双脚放在瑞士球上。

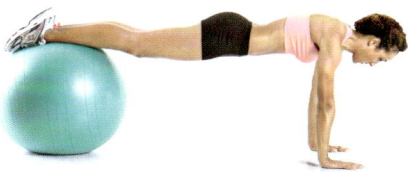

B

● 尽可能降低身体，不要让髋部塌下。

球的不稳定性迫使核心更用力，增加了练习的难度。

推开脂肪

加拿大的一项研究显示，俯卧撑是一个良好指标，可以衡量现在的锻炼是否足以避免以后产生脂肪。研究人员发现，在俯卧撑测试中表现不佳的人在接下来的20年里增加20磅（约9千克）赘肉的可能性比表现正常的人高78%。

变式 6
叠脚俯卧撑

● 将一只脚放在另一只脚的上面，这样就只有下面的脚在支撑身体。

变式 7
负重俯卧撑

● 让锻炼伙伴在你的背部放一块配重片，约位于肩胛骨的位置。

你也可以通过穿负重背心或在背上放一条沉重的链子来增加要撑起的重量。

俯卧撑难度表

最难

— 9.瑞士球俯卧撑

— 8.Bosu 球俯卧撑

— 7.单脚下斜俯卧撑

— 6.双脚放瑞士球上俯卧撑

— 5.下斜俯卧撑

— 4.叠脚俯卧撑

— 3.俯卧撑

— 2.上斜俯卧撑

— 1.跪姿俯卧撑

最容易

胸部 | 俯卧撑

变式 8
三站式俯卧撑

A

- 做标准俯卧撑，但在以下所示的位置分别停顿2秒。

B

当胸部刚刚下降时，停顿。

C

胸部离地面最低点时停顿。

D

在身体下降或上升的中途点停顿。

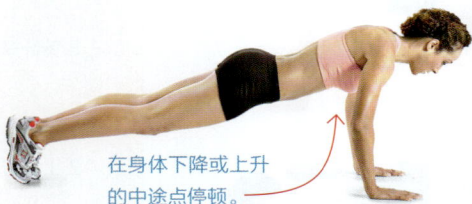

花时间做这个动作

在每个点处短暂停顿，可以增加在该关节角度和上下10度范围内的力量。所以这个方法可以消除可能存在的任何弱点，同时也增加了肌肉承受张力的时间，从而刺激生长。

变式 9
宽距俯卧撑

- 双手距离约两倍肩宽。

让双手距离更宽可以更强调胸部的锻炼。缺点：它也增加了对肩部的压力。

变式 10
窄距俯卧撑

- 将双手放在肩部的正下方。

双手放得更近可以对肱三头肌产生更强的锻炼效果。

在降低身体时，保持双肘靠近身体两侧。

变式 11

交错俯卧撑

- 将一只手放在标准俯卧撑位置上，另一只手向前移动几十厘米。

交错双手增加了对核心和肩部肌肉的挑战。

每一组都换一只手放在前面。

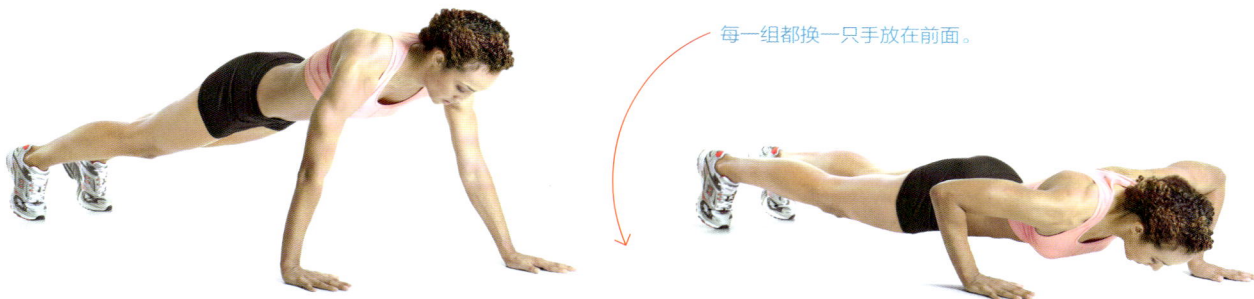

变式 12

蜘蛛侠俯卧撑

A

- 采用标准俯卧撑姿势。

B

- 在向着地板降低身体时，右脚抬起，离开地板，右腿向右侧摆动，并尝试让膝盖触到同侧肘部。
- 反转动作，然后将身体推回到起始位置。重复，但在下一次重复时，让左膝盖触到左肘。持续来回交替训练。

胸部 | 俯卧撑

变式13
瑞士球俯卧撑

• 双手放在瑞士球上，而不是地板上。

针对肱三头肌
与标准俯卧撑相比，此练习对肱三头肌的训练强度提高了30%。原因：瑞士球迫使肱三头肌稳定肘和肩关节，这导致要用到更多的肌肉纤维。

保持核心撑紧。

用双手挤压球，几乎像要抓住它那样。

胸部应该几乎触到球。

变式14
药球俯卧撑

• 将双手放在同一个药球上。

雕塑腹部
新西兰研究人员报告指出，当双手放在瑞士球或药球上时，不稳定性会使核心肌肉的锻炼强度比在地板上做俯卧撑时高20%。

变式15
单臂药球俯卧撑

• 将一只手放在药球上。

如果没有药球，可以使用篮球来代替。

每只手在球上做同样的次数。

变式16
双臂药球俯卧撑

• 将每只手各放在一个药球上。

不要让髋部塌下。

变式 17
T形俯卧撑

A

- 在放手的地方放置一对六角哑铃。
- 抓住哑铃的手柄，并将自己保持俯卧撑姿势。

双脚与髋同宽。

哑铃之间的距离应该略大于肩宽。

B

- 让身体下沉靠近地面。

C

- 在把自己向上撑起来时，将身体的右侧向上旋转，同时弯曲右臂，并将右侧的哑铃拉向自己的躯干。然后伸直手臂，将哑铃举到右肩上方。
- 将哑铃放下，并重复动作，接着左侧执行动作。

举起哑铃，并以流畅的动作旋转身体。

旋转身体时，以脚趾为支点，然后将脚跟放到地板上进行支撑。

双臂应该与躯干形成一个T形。

变式 18
柔道俯卧撑

A

- 从标准俯卧撑姿势开始，但向前移动双脚，提高髋部，让身体几乎形成一个颠倒的∨形。

B

- 保持髋部提高，降低身体，直到下巴几乎触及地板。

C

- 降低髋部，直到髋部几乎触及地板，同时抬头让肩部朝天花板上升。将动作反过来继续，回到起始位置，然后重复。

逐步提升你的俯卧撑水准

如果做标准俯卧撑会感到吃力，那么使用变式1的上斜俯卧撑。按图示执行，但如果这仍然太难，则使用这个技巧。在力量练习架上大约胸部高度的位置放上杠铃杆。现在，把双手放在杠上，并进入俯卧撑位置——身体将更偏向于垂直，而不是水平。尝试以完美的姿势做12个俯卧撑。如果能做更多，则将杠铃杠降低一格，重复，直到感觉有难度。如果不能完成12次重复，则将杠铃升高一格，并再次测试自己。

胸部 | 俯卧撑

变式 19
爆发式俯卧撑

- 在降低身体后，快速用全力将自己向上推，让双手垂直升离地板。

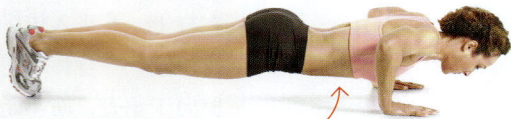

胸部应该几乎接触地板。

变式 20
分离爆发式俯卧撑

- 这个动作与爆发式俯卧撑相似，但首先在低位暂停5秒。这个暂停技巧是为了消除肌肉的所有弹性势能，以激活最大数量的快肌纤维。从肌肉的大小和力量增长的角度而言，快肌纤维都具有最大潜力。

变式 21
爆发式交叉俯卧撑

A
- 将左手放在地板上，右手放在杠铃配重片的平滑的一侧。

B
- 身体下沉，接近地面。

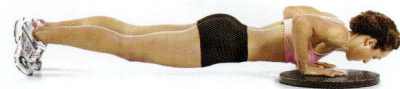

C
- 向右全力进行爆发力俯卧撑，双手垂直离开地面。

D
- 落下时左手放在配重片上，右手落于地板。

E
- 然后降低并重复，在每次重复时来回交替双手。

这个动作的换手过程中，迫使前臂朝身体中心用力，可以更好地锻炼胸大肌。

变式22
Bosu球俯卧撑

● 将Bosu球反过来，使不稳定的半球部分在地板支撑，并将双手放在平台的那一侧。

核心和臀肌收紧。

胸部应该几乎触碰到Bosu球的表面。

变式23
悬臂俯卧撑

A

● 将一对带有手柄的悬吊带固定到一条安全的单杠上，使手柄离地面30厘米左右。

B

● 降低身体，直到上臂落在肘部下方。

身体保持从脚踝到头部呈一条直线。

变式24
俯卧撑加划船

A

● 在放手的地方放一对六角哑铃。
● 抓住哑铃手柄，呈俯卧撑准备姿势。

B

● 让身体下降到地板，停顿，然后将自己撑回起始姿势。

C

● 一旦回到起始位置，快速将右手哑铃向上拉起并弯曲手臂，从而完成向胸部一侧的划船动作。
● 短暂停顿，然后重新放下哑铃，并用左臂重复相同的动作。这算完成一套动作。

多功能的上半身练习
俯卧撑加划船对背部的中上部和对胸部有同样的锻炼效果。

哑铃间距应该略大于肩宽。

在划船时，躯干不要旋转。

悬吊训练会获得更大力量

根据加拿大研究人员的一项成果，用带子以悬臂形式执行俯卧撑会激活更多腹部和上背部的肌肉参与。同时，这个练习也可以对下背部施加更多的压力。为了保护脊椎，请确保核心和臀肌始终保持收紧，其实这是做任何版本的俯卧撑时都应遵守的。只需有力地收紧腹部和臀肌，并在身体升降时均保持紧张，就能有效避免受伤。

胸部 | 双杠臂屈伸

主要动作
双杠臂屈伸

A

- 抓住双杠练习器的手把，撑起身体，双臂完全伸直。

B

- 慢慢将身体下降，弯曲肘部，直到上臂低于手肘。
- 停顿，然后推回到起始位置。

双肘保持靠近自己的身体。

躯干应该是挺直的。

保持手腕伸直。

核心收紧。

脚踝在身后交叉。

变式 1
倾斜双杠臂屈伸

保护肩部

这个版本的双杠臂屈伸会重新分配身体负荷重量，在降低身体时让躯干前倾，将更多的压力施加在胸部而不是肩部。如果觉得标准双杠臂屈伸会导致肩部疼痛，便可采取这个变式动作。因为它可以减少对肩关节的压力，大多数人最好还是直接使用这种变式。

变式 2
负重双杠臂屈伸

- 执行该练习时在腰部挂上加重垂吊带。

下背部不要弓起来。

大腿应该平行于地板。

上臂应落在肘部下方。

允许躯干向前倾斜。

双膝应该弯曲90度。

B

- 降低身体，直到上臂刚好倾斜低于地板的平行线。

在降低身体时，不要让双腿放下。

A

- 抬起臀部和大腿，并在整个动作中让它们保持同样的姿势。

胸部 | 推举

这些练习的目标是胸大肌，即最大的胸部肌肉。大多数动作也会锻炼到三角肌前部和肱三头肌，因为这些肌肉在几乎每一种训练中，都属于辅助肌群。做这些动作时，肩部旋转肌群和斜方肌也会收缩，协助肩部稳定。

主要动作
杠铃卧推

A

- 正握杠铃，双手距离略大于肩宽，并将杠铃举到胸骨正上方，双臂完全伸直。

在把杠铃推离胸部时，双手向外挤压杠铃，就好像试图把它撕开一样。这样做会使得更多的肌肉纤维参与动作。

教练提示
想象自己是在把身体推离杠铃，而不是把杠铃推离身体。这个简单的心智技巧会激发身体自动采用良好的姿势。

将杠铃举到胸骨正上方。

手腕应该伸直。

肩胛骨向后夹紧，并在每一组练习中让它们保持尽可能地紧绷。这为推举创造了一个更坚实的基础，让你可以产生更大的力量。

将脚跟贴紧地板。

为什么姿势很重要

仔细感受训练的过程，你可能会注意到一些事情：美国贝瑞大学的研究者指出，在卧推前，检查姿势是否正确的人，可以将杠铃的速度增加183%。

益处： 更快的杠铃速度有助于你突破瓶颈，让你可以举起更重的负载。

B

- 垂直降低杠铃，停顿，然后以直线将杠铃推回到起始位置。
- 双肘保持夹紧，使上臂在低位时与身体呈45度角。这可以减少对肩关节的压力。

确保杠铃始终位于肘部的正上方。

把杠铃降低到胸骨处。

把头、上背部和肩用力靠向训练椅。

将双肘拉向身体两侧。

不要让臀部或髋部抬起，离开训练椅。

变式 1
窄握杠铃卧推

- 正握杠铃，双手距离大约与肩同宽。

肱三头肌！

使用窄握可以迫使肱三头肌更加用力。事实上，窄握式卧推对于增加肱三头肌的大小和力量都是最好的练习之一。

保持手腕伸直。

肩胛骨应该向后拉并夹紧。

保持双肘尽可能贴近身体两侧。

胸部 | 推举

变式2
反握杠铃卧推

- 反握杠铃，双手距离大约与肩同宽。

塑造上胸部
加拿大研究人员发现，反握卧推能够比水平卧推的其他版本更好地激活上胸部的肌肉。

手掌应该面向身后。

双臂应该完全伸直。

当降低杠铃时，双肘靠近身体两侧。

变式3
毛巾杠铃卧推

- 卷起一条毛巾，把它放在胸部中间。现在，执行卧推，将杠铃降低到毛巾处，而不是胸部。

在这项练习中要使用一条厚毛巾。

将杠铃停在毛巾上，然后将杠铃推回到起始位置。

将杠铃降低到毛巾处有助于增加推举中间部分肌肉的负担，大多数人都会在这个位置遭遇瓶颈。所以这个练习可以帮助你克服这个常见的薄弱环节，增加标准卧推的完成次数。

变式 4
三站式杠铃卧推

A

- 执行标准卧推，但在每一站停顿 10 秒钟。

B

- 第一站：在起始位置下方几厘米的地方。

C

- 第二站：下降到一半处。

D

- 第三站：刚好在胸部上方。
- 然后将杠铃推回到起始位置。这是一套动作。

变式 5
等长式杠铃卧推

- 直线向上举起杠铃，然后降低到离胸部约 10 厘米处。在这个位置保持 40 秒，以增加更多的肌肉量；若在该位置保持 6 至 8 秒，可以获得更大的力量增长。此为一组动作。
- 警告：切勿在有经验的教练不在场的情况下执行等长式杠铃卧推。

多少重量？

尽可能选择身体能负荷的，且能在目标时间内完成的最重的重量。所以如果你要增加力量，你就选择重一些，如果你要快速增加肌肉，则选轻一些的重量。

在这里托住杠铃。

变式 6
保险撑架杠铃卧推

- 将训练椅放在力量训练架中间。然后将保险撑架调节到自己认为的瓶颈所在高度。将杠铃放在保险撑架上。躺在训练椅上，向上推起杠铃，然后慢慢将其放回保险撑架上。停顿 1 秒钟，然后再重复动作。

变式 7
木板杠铃卧推

- 该练习的执行方式与毛巾杠铃卧推相同，但不是使用毛巾，而是使用两块堆叠的 12 英寸（约 30 厘米）长的小木块（厚 5 厘米 × 宽 10 厘米）。要确保用螺丝或松紧带将它们固定在一起。

找到自己的瓶颈

瓶颈是在肌肉已出尽全力却不能完成动作时杠铃所在的位置。你不必等到完全失败才找到这个位置；它也是你在你肌肉变得疲劳时开始感觉吃力的第一个位置。

强壮的胸部可以带来健康的双眼？

美国密西西比州立大学的研究人员报告说，卧推有助于降低青光眼的风险。在研究中，执行 3 组卧推的 30 个人将其眼内的压力降低了 15%。科学家表示，这会导致视神经压力下降，从而减少神经损伤和青光眼的可能性。用到全身大肌肉群的练习（如卧推或深蹲）等，能在这方面提供最多益处。

胸部 | 推举

上斜杠铃卧推

A

- 将可调式训练椅调至其上斜坡度大约15到30度。
- 仰卧在训练椅上，正握杠铃，双手距离略微超过肩宽。

将杠铃举在肩部上方。

双臂应该完全伸直。

B

- 把杠铃降低到上胸部。
- 停顿，然后将杠铃推回到起始位置。

保持手腕伸直。

双脚应该平放在地板上。

下斜杠铃卧推

A

- 仰卧在下斜的训练椅上，正握杠铃，双手距离略微超过肩宽。
- 将杠铃举在胸部上方，双臂伸直。

手掌应该朝前。

双腿固定在固定器下。

B

- 把杠铃降低到下胸部。
- 停顿，然后将杠铃推回到起始位置。

杠铃应该几乎触及下胸部。

地板杠铃卧推

A

- 躺在地板上，而不是在训练椅上，正握杠铃。

膝盖应该弯曲。

双手距离应该略微超过肩宽。

B

- 降低杠铃，直到上臂触到地板。
- 在降低杠铃时，保持将肘部拉向身体两侧。
- 停顿，然后将杠铃推回到起始位置。

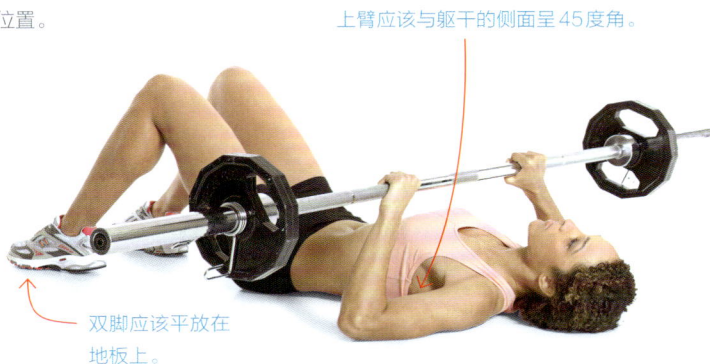

上臂应该与躯干的侧面呈45度角。

双脚应该平放在地板上。

更多地板练习！
地板让上臂不会下降到平行线以下，这限制了动作范围，并集中锻炼了卧推的最后也是最困难部分所使用的肌肉。

酸痛的秘密

本章中的所有胸部练习都能锻炼整块胸大肌。但你会注意到，在练习完上斜卧推的第二天，上胸部是最酸痛的区域。而下斜卧推则是下胸部。这是因为改变身体的角度会对胸肌的特定部分施加更大的压力。这导致对这些纤维造成更大量的肌肉损伤，产生更严重的酸痛。

胸部 | 推举

主要动作
哑铃卧推

A

- 手握一对哑铃，仰卧在水平训练椅上，把哑铃举在胸部上方，哑铃几乎碰在一起。
- 掌心朝外，但微微向内转。
- 在开始之前，两侧肩胛骨向下拉并夹紧，且在整个练习过程中尽量绷紧。

双手掌心略向对方转动。

不要让哑铃碰撞。（这很烦人。）

夹紧肩胛骨可以稳定肩关节，降低受伤的风险，并有助于举起更大的重量。

B

- 不改变双手的角度，把哑铃降低到胸部的两侧。
- 停顿，然后尽可能快地将哑铃推回到起始位置。
- 哑铃推至最高点时双臂完全伸直。

在低位，上臂和哑铃应该与躯干呈45度角。

手腕应该伸直。

今天要举起更大的重量！
英国研究人员发现，在重训之前做好心理准备的人，卧推重量比分心时增加了12%。在该研究中，科学家让有经验的重训者做20秒钟的心理准备。关键信息：在走近训练椅之前，不要和别人闲聊，要专注于眼前的训练。

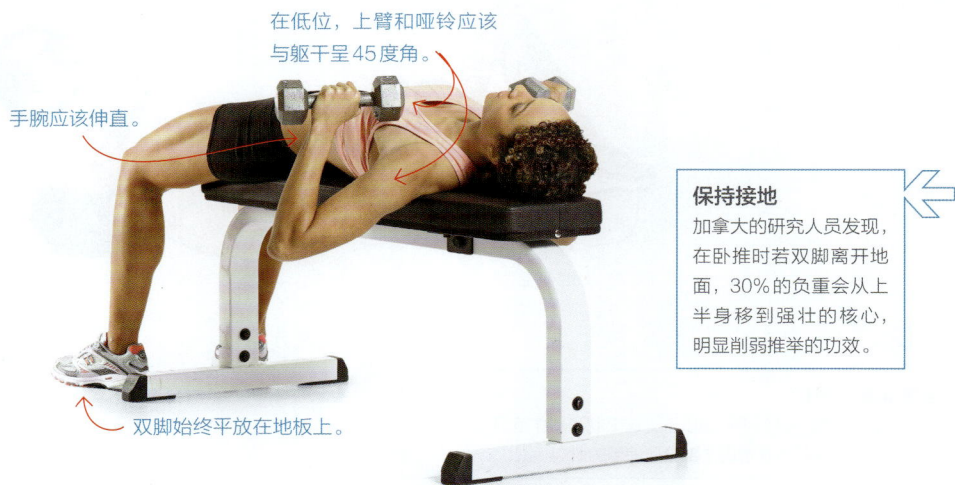

保持接地
加拿大的研究人员发现，在卧推时若双脚离开地面，30%的负重会从上半身移到强壮的核心，明显削弱推举的功效。

双脚始终平放在地板上。

变式 1
交替哑铃卧推

- 不是同时举起两个哑铃，而是以交替的方式每次举起一个。

当放下一个哑铃时，举起另一个哑铃。

变式 2
交替直握哑铃卧推

- 不是同时举起两个哑铃，而是以交替的方式每次举起一个。所以当降低一个哑铃时，举起另一个哑铃。

哑铃几乎相碰。

双手掌心向内相对。

交替哑铃卧推增加核心的活动，因为要不断地改变身体两侧的重量分布。

变式 3
直握哑铃卧推

- 握住哑铃，让双手掌心彼此相对。

强化上胸部
像上斜卧推一样，直握卧推将更多的重点放在上胸部。如果没有可调节的训练椅，这就是一个针对胸大肌上部的有效方法。

在降低哑铃时，让肘部靠近身体两侧。

变式 4
单臂哑铃卧推

- 在这个练习中，只需使用与哑铃卧推相同的姿势，但只用一只手臂完成规定的重复次数，然后立即用另一只手臂执行相同的次数。

把没有拿哑铃的手放在腹部。

用训练椅练习腹肌
每次只用一个哑铃做任何练习都会使核心得到更大的锻炼效果。

胸部 | 推举

主要动作
上斜哑铃卧推

A

- 将可调节式训练椅调节到其上斜坡度至 15~30 度。
- 仰卧在训练椅上,将哑铃举在肩部上方,双臂伸直。

双臂应该伸直。

B

- 把哑铃降低到胸部。
- 停顿,然后将哑铃推回至起始位置。

把哑铃降低到上胸部的两侧。

变式1
直握上斜哑铃卧推

- 握住哑铃,双手掌心彼此相对。

训练椅的坡度越陡,肩部需要做的工作就越多。

双肘尽量收于身侧。

变式2
交替上斜哑铃卧推

- 不是同时举起两个哑铃,而是以交替的方式每次举起一个。

降低一个哑铃的同时,举起另一个哑铃。

下斜哑铃卧推

A

- 握住一对哑铃，仰卧在一张下斜的训练椅上。
- 将哑铃举在胸部上方。

双臂伸直。

B

- 把哑铃降低到下胸部的两侧。
- 停顿，然后将哑铃推回至起始位置。

掌心应稍微向内。

地板哑铃卧推

A

- 握住一对哑铃，仰卧在地板上。
- 将哑铃举在胸部上方，双臂伸直。

膝盖弯曲。

B

- 降低哑铃，直到上臂触到地板。
- 停顿，然后将哑铃推回至起始位置。

上臂与躯干侧面呈45度角。

双脚始终平放在地板上。

主要动作
瑞士球哑铃胸部推举

哑铃与躯干呈45度角。

核心收紧。

上背部和中背部应该稳稳靠在球上。

A

- 握住一对哑铃，背躺在瑞士球上。
- 挺起髋部，身体从膝盖到肩部呈一条直线。
- 掌心朝外，但微微向内转。

保持手腕尽可能伸直。

髋部不要塌下。

双脚始终平放在地板上。

B

- 双手角度不变，把哑铃降低到胸部的两侧。
- 停顿，然后尽可能快地将哑铃推回到起始位置。
- 在每次动作的最高位置，双臂要完全伸直。

一个困难的核心胸部练习

根据澳大利亚的一项研究，在瑞士球上执行胸部推举使得核心的锻炼强度比在训练椅上进行锻炼时高54%。然而，它也减少了可以举起的重量，降低了对胸肌的要求。

变式
交替瑞士球哑铃胸部推举

A

- 握住一对哑铃，仰卧在一个瑞士球上。

身体从膝盖到肩部保持一条直线。

B

- 不是同时举起两个哑铃，而是以交替的方式每次举起一个。

降低一个哑铃同时，举起另一个哑铃。

主要动作
上斜瑞士球哑铃胸部推举

A

- 背靠瑞士球，让躯干与地面呈 45 度角。
- 将哑铃举在下巴的正上方，双臂伸直。

保持核心收紧。

双脚平放在地板上。

B

- 降低哑铃，使它们停在上胸部的外侧。
- 停顿，然后将哑铃推回至起始位置。

髋部不要塌下。

胸部 | 推举

单臂绳索胸前推

A

- 用右手抓住绳索练习器的高滑轮手柄，并背对配重架。
- 双脚前后错开，手柄保持在肩部高度，右手臂弯曲并平行于地板。

B

- 向前推手柄，右臂在身前伸直。
- 然后慢慢弯曲右肘，回到起始位置。
- 用右臂完成规定的重复次数，然后换手，并用左臂完成同样的次数。

弯曲右臂，把它向后拉。

左臂保持在身前伸直。

双臂保持平行于地板。

向前推右臂，同时将左臂向后拉向肩部。

不要移动躯干或放下肘部。

20

在执行站姿绳索胸前推时，核心的锻炼强度比标准杠铃卧推时高出20%。

药球胸前传递

A

- 抓住药球，站在水泥墙（或砸球墙）前约1米处。
- 双手在胸部持球。
- 双脚与肩同宽。

B

- 双手用力将球推砸到墙上，好像在打篮球时做胸前传球的动作。
- 当球弹离墙面时，接住球，并重复动作。

扔球时，用力完全伸直手臂。

膝盖应该稍微弯曲。

"玩球"更健身

你还可以与搭档一起执行药球胸前传递，而不是一个人对着墙传球。只需要来回接球。如果没有墙，也没有搭档，你可以身体前倾，直到躯干几乎平行于地板。直接朝地板用力传球就可以了，不过要注意接球，不要受伤。

胸部 | 飞鸟

这些练习的目标是胸大肌。前三角肌在这些动作中属于辅助肌群。

主要动作
哑铃仰卧飞鸟

A

- 抓住一对哑铃，仰卧在训练椅上。
- 将哑铃举在胸部上方，双肘稍微弯曲，掌心朝外。

双肘稍微弯曲。

B

- 肘部弯曲度保持不变，慢慢地稍微向后降低哑铃，直到上臂平行于地板。
- 停顿，然后将哑铃举起回到起始位置。

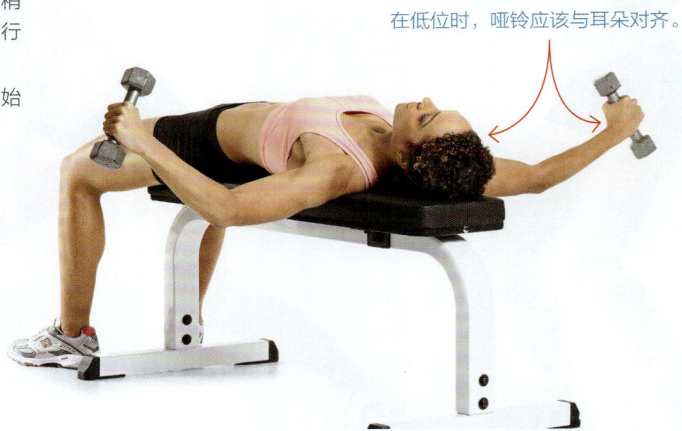

在低位时，哑铃应该与耳朵对齐。

胸肌练习的顺序
胸部飞鸟最好放在锻炼的最后。美国杜鲁门州立大学的研究人员发现，在胸部飞鸟过程中，胸部肌肉比在卧推过程中的激活时间少23%。因此，科学家认为，哑铃和杠铃胸部推举可以互换使用，但在锻炼胸部时，不要把哑铃飞鸟当作胸部的主要重训练习。

变式 1

上斜哑铃仰卧飞鸟

- 将训练椅设置到一个低坡度，仰卧在训练椅上。

掌心朝前。

哑铃几乎相碰。

稍微向后降低哑铃。

变式 2

上斜哑铃仰卧飞鸟转卧推

- 该练习结合了上斜飞鸟与上斜卧推。首先做上斜飞鸟，执行尽可能多次重复，直到开始感觉吃力。然后立即切换到上斜哑铃卧推，以完美姿势完成尽可能多的重复次数。

错误的肌肉训练

你仍然在使用蝴蝶式夹胸机吗？

蝴蝶式夹胸机，也被称为蝴蝶机或夹胸机，会对肩部的前面造成过大压力，造成肩部后面的肌肉变僵硬。很容易导致出现被称为"肩关节夹挤综合症"的风险，有疼痛损伤发生。因此不要再使用蝴蝶机了，请采用本章的动作练习。注意的是，任何练习都应只有在整个活动范围内都可以无痛地完成时，才可以继续执行。

变式 3

下斜哑铃仰卧飞鸟

- 仰卧在下斜训练椅上。

变式 4

瑞士球哑铃仰卧飞鸟

- 背部的中间和上部牢牢地靠在瑞士球上，保持仰卧姿势。

身体应该从膝盖到肩部呈一条直线。

胸部 | 飞鸟

站姿绳索飞鸟

A

- 将两个镫形手柄安装到绳索交叉练习器的高滑轮绳索上。
- 双手各抓住一个手柄，以双脚错开的站姿，站在练习器的中间。

B

- 不要改变肘部的角度，同时把手柄向下向中间拉，直到它们在身体前面交叉。
- 停顿，然后返回至起始位置。

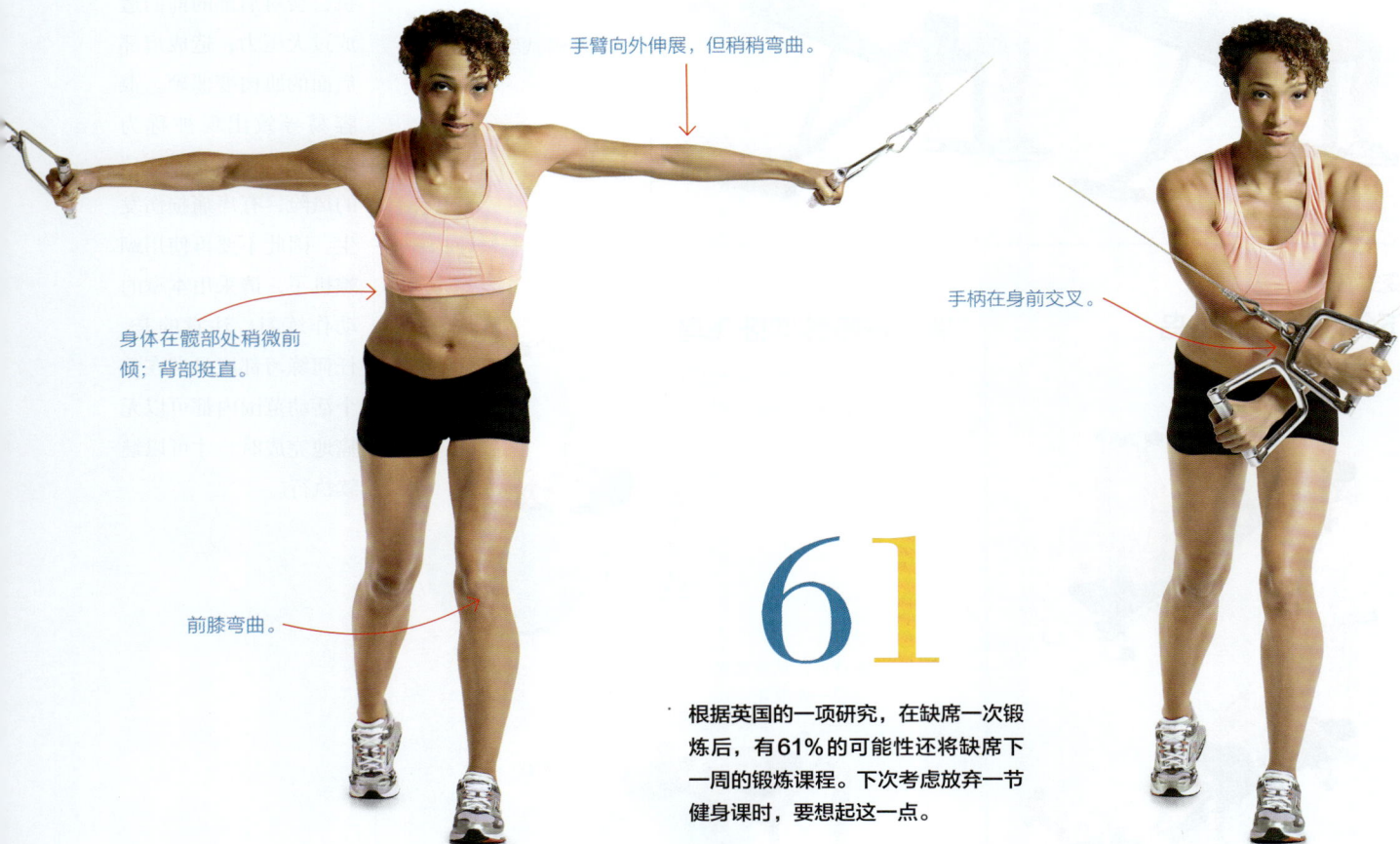

手臂向外伸展，但稍稍弯曲。

身体在髋部处稍微前倾；背部挺直。

前膝弯曲。

手柄在身前交叉。

61

根据英国的一项研究，在缺席一次锻炼后，有61%的可能性还将缺席下一周的锻炼课程。下次考虑放弃一节健身课时，要想起这一点。

请翻页

欣赏史上最佳胸肌训练动作

胸部

你从未做过的最佳胸肌练习

俯卧撑加强版

除了锻炼胸部，该练习还可以非常有效地让前锯肌参与，这块肌肉虽小，但很重要，它负责移动你的肩胛骨。大多数人会忽略这块肌肉，肌肉会变得虚弱，如此一来就会提高罹患肩关节夹挤综合症的风险。肩关节夹挤综合症是一种疼痛损伤，肌腱会被卡夹在肩关节中。此外，前锯肌无力也常常导致肩胛骨向前和向下倾斜，导致"圆肩"现象，甚至永久性塌落。

虽然经典的俯卧撑可以锻炼前锯肌。但是如果加上"加强版"动作，也就是在动作结束时将上背部推向天花板，会使得练习效果更好。事实上，美国明尼苏达大学的研究人员发现，俯卧撑加强版激活前锯肌的效果比标准俯卧撑增加了38%的功效。

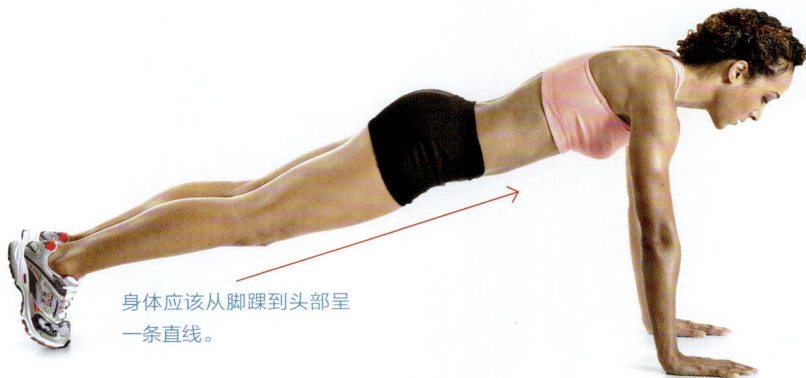

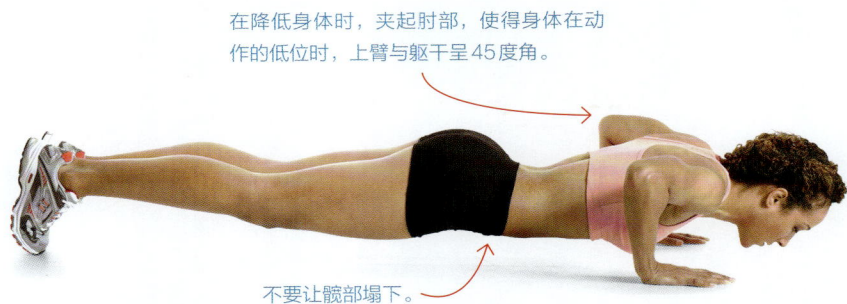

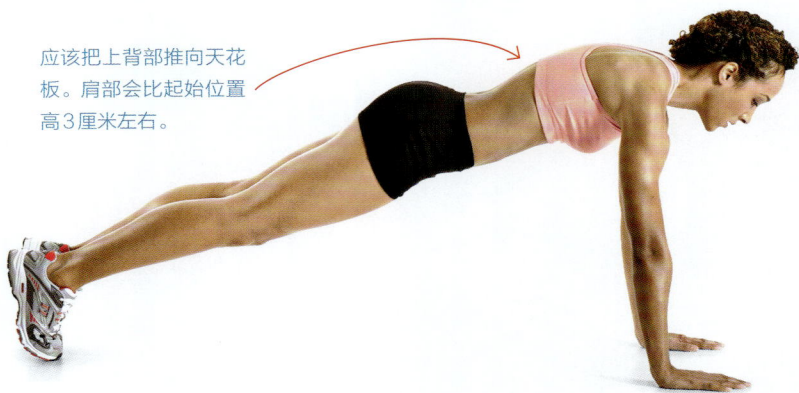

身体应该从脚踝到头部呈一条直线。

在降低身体时，夹起肘部，使得身体在动作的低位时，上臂与躯干呈45度角。

不要让髋部塌下。

应该把上背部推向天花板。肩部会比起始位置高3厘米左右。

A

- 四肢着地，双手放在地板上，距离稍微大于肩宽。
- 腹肌收紧，并且在整个练习过程中都保持这种绷紧状态。

B

- 降低身体，直到胸部几乎触及地板。

C

- 停顿，然后以最快的速度将身体推回到起始位置。
- 当手臂再次伸直时，上背部向后推向天花板。这个动作非常细微；外观上看不出，但你自己能感觉到其中的不同。
- 停顿1秒，然后做另一次俯卧撑并重复动作。

附送练习！

瑞士球俯卧撑加强版

A

- 将双手直接放在肩部下方，按住瑞士球的两侧。

B

- 保持核心收紧，身体下降，直到胸部轻触球，然后将身体快速推回。

C

- 执行"加强版"动作，将上背向瑞士球反方向推挤。

胸部

最佳胸部拉伸练习
门框拉伸

　　它为什么好：这种拉伸可以放松胸小肌。当这些肌肉僵硬时（几乎任何坐办公室的人都有这种问题），它们会把肩胛骨向前牵拉，使你看起来像驼背，而不是高大挺拔了。

　　充分利用它：每侧保持此拉伸动作各30秒，然后重复2次，一共3组。每天都做这个程序，如果肌肉真的很紧，每天可做多达3次。

手臂保持90度角。

A

- 右臂弯曲90度（"击掌"的姿势），并将前臂靠在门框上。

B

- 右脚踏进门口，直到胸部和肩部的前面感到舒适的拉伸。换另一侧的手臂和腿的位置，并重复动作。

塑造完美胸部

选择计划：这里有三个不同训练方案可以帮助你获得想要的结果。

胸型雕凿复合计划

这个锻炼方案的前提很简单：不要让肌肉有时间完全恢复，它们将学会更好地承受疲劳。因此，随着时间的推移，你的能力将会提高，可以完成任何胸部练习的更多次重复。这意味着更好的结果。

怎么做：做8次双杠臂屈伸和8次俯卧撑，在练习之间不休息。继续交替这两种动作，每次换动作减少1次重复。也就是说，第二次是7次双杠臂屈伸和7次俯卧撑，第三次是6次和6次，如此类推，直到重复次数减至1。休息90秒，接着尝试重复这个动作组合。随着力量的增强，可以将开始的重复次数增加1次。这个计划强度很大，最多每5天做1次。

超强力量提升计划

研究表明，波浪式调整重复次数范围（科学家称之为波动周期训练）的人与每次锻炼都做同样的程序的人相比，前者获得的力量增长是后者的两倍。

怎么做：每周进行3次锻炼，两次之间休息至少1天。

- 周一（锻炼1），执行4组杠铃卧推，然后是4组上斜杠铃卧推。每组练习做4~6次重复，组间休息90秒。
- 周三（锻炼2），做3组单臂绳索胸前推，然后是3组上斜哑铃卧推；每组练习执行10~12次重复，组间休息60秒。
- 周五（锻炼3），做2组双杠臂屈伸，然后2组俯卧撑。每组练习执行15~20次重复，组间休息45秒。

省时三连战计划

当然，如果连续执行3个胸部练习，中间不休息，可以节省时间。但是用这种方式安排锻炼，还可以让肌肉在更长的时间里保持紧张，这也是刺激肌肉的一个有效手段。

怎么做：连续执行3个不同的练习各1组，中间不休息——这种程序被称为"三组式训练法"，也有人称"三合一训练法"。根据需要组合不同的动作，从下面的每组（A、B和C）中选择一个练习。只需做4~6次练习A，10~12次练习B，然后15~20次练习C。休息60秒，然后重复3次整个组合，一共为4轮。此训练为一周2次，在2次练习课之间休息至少3天。

A组练习
哑铃卧推（第52页）
交替哑铃卧推（第53页）
直握哑铃卧推（第53页）
交替直握哑铃卧推（第53页）
瑞士球哑铃胸部推举（第56页）
交替瑞士球哑铃胸部推举（第56页）
杠铃卧推（第46页）

B组练习
上斜哑铃卧推（第54页）
交替上斜哑铃卧推（第54页）
直握上斜哑铃卧推（第54页）
上斜瑞士球哑铃胸部推举（第57页）
反握杠铃卧推（第48页）
上斜杠铃卧推（第50页）

C组练习
俯卧撑或双杠臂屈伸的任意一种变式（第34~45页）

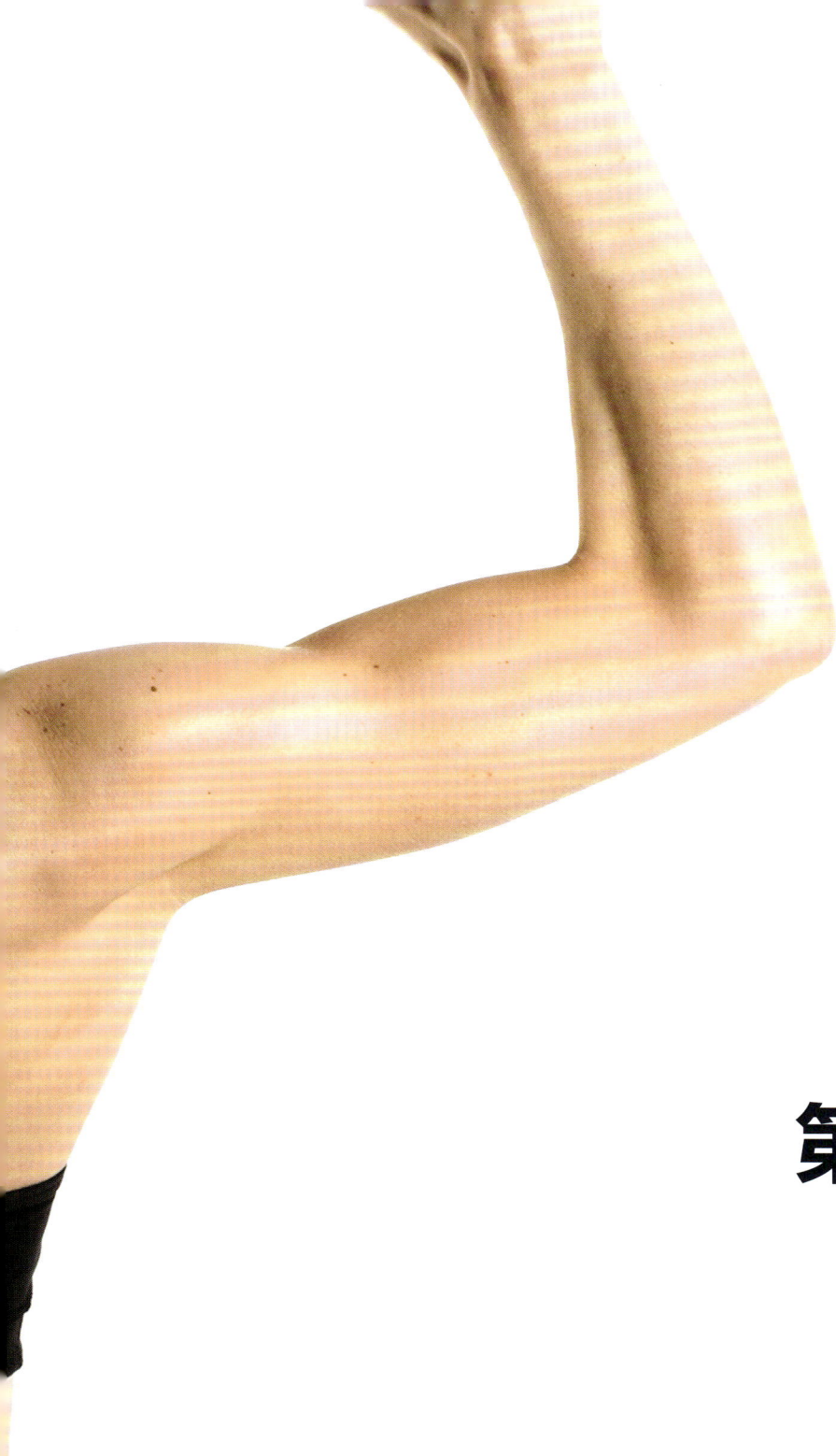

第5章　背部

身材更好的秘密

背部

谈到身体性感部位的吸引力时，紧实的背部可能是最被低估的地方。这是因为它不仅让你穿起大部分露背的裙子时是最好看的，它也是完美姿态的关键。

上背部的肌肉帮助将肩部向下向后拉，让你的站姿显得颀长挺拔，而不是弯腰驼背。当然，还有额外的好处，这也让你的正面精神抖擞，而不是无精打采。

因此，使用本章的背部练习来塑造身体，当你走过时，人们回头的速度会和你走近他们时一样快。

额外的好处

更性感的手臂！ 锻炼背部的练习也非常适合于锻炼手臂。因为，每当必须弯曲肘部去举起重物时，都是在训练肱二头肌，无论是臂弯举，还是经典的"背部"练习，比如划船或引体向上。想想看：手臂只要做功，又怎么会知道这些锻炼的差异呢？

更紧实的小腹！ 锻炼背部也可以燃烧腹部脂肪。新陈代谢基础知识：接受训练的肌肉越多，燃烧的卡路里就越多。

强壮的上半身！ 上背部和中背部的肌肉是稳定肩关节的关键。强壮、稳定的肩部让你在几乎所有上半身练习（从卧推到臂弯举）中举起更重的重量。

认识你的肌肉

后三角肌

虽然后三角肌[1]通常被认为是肩部肌肉（你会在第6章中更详细地了解），但实际上，许多锻炼上背部的练习都会加强它。这是因为，它的工作是将上臂向后拉，这是所有划船练习中都要执行的过程。

大圆肌

大圆肌[2]从肩胛骨的外侧边缘开始，并且像背阔肌那样附着在上臂内侧。因此大圆肌协助背阔肌将上臂向下拉到躯干旁边。

背阔肌

背阔肌[3]起始于背的下半部，沿着脊柱和髋部，连接到上臂内侧。两块背阔肌的主要工作是把上臂从抬起的位置下拉到躯干的两侧，就像从一个高架子上抓下一个东西的动作。因此，需要这种动作的练习都是流行的背部增肌练习，比如，反握引体向上、正握引体向上、拉力器下拉和直臂下拉等。

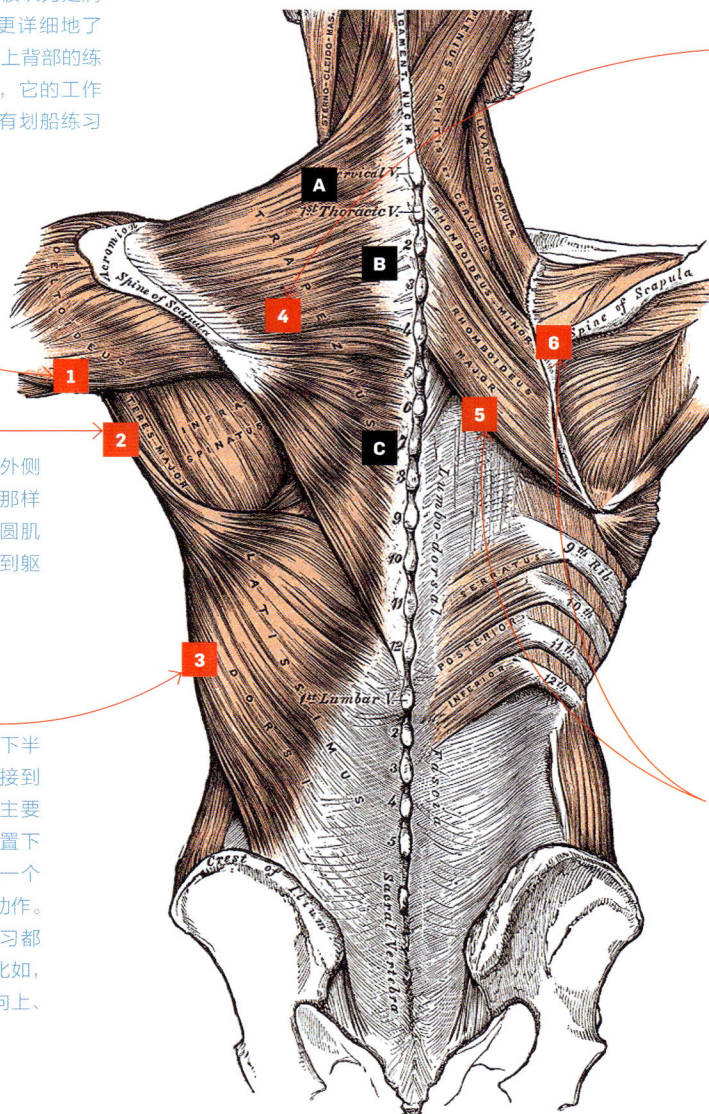

斜方肌

斜方肌[4]是一块三角形的长肌肉，位于背的上半部分。斜方肌因其肌肉纤维的排列方式而承担几项工作。斜方肌的上部[A]负责抬起肩胛骨。这让你可以做耸肩的动作。值得注意的是，锻炼这些纤维的最佳动作（侧平举和耸肩）都被归为肩部练习，你可以在第6章中找到它们。斜方肌的中间部分[B]，肌肉纤维垂直于脊柱，负责将两侧肩胛骨拉得更近，拉向背部的中间。划船练习可以加强这些肌肉纤维。斜方肌的下部[C]，由于纤维向上连接到肩胛骨，会将肩胛骨向下拉。划船动作也会锻炼这些肌纤维。

菱形肌

菱形肌位于斜方肌，包含大菱形肌[5]和小菱形肌[6]。菱形肌是连接脊柱和肩胛骨上的小肌肉。它们负责协助斜方肌将肩胛骨拉得更近。

上背部 | 划船和平举

在本章中，你将找到针对背部肌肉的 103 个练习。这些练习分为两个主要部分：上背部练习和背阔肌练习。在每个部分中，你都会注意到某些练习被指定为"主要动作"。掌握这种动作的基本版本，就能以完美的姿势完成所有变式。

划船和平举

这些练习的目标是斜方肌的中部和下部、大菱形肌和小菱形肌。它们也会锻炼到斜方肌的上部、后三角肌和肩袖肌群，这些在划船动作中，都是辅助肌群，并能协助维持身体稳定。

主要动作
反向划船

A

- 双手与肩同宽，正握单杠。

双臂完全伸直悬垂，双手应在肩部的正上方。

身体应该从脚踝到头部形呈一条直线。

B

- 通过将肩胛骨向后拉来开始该动作，然后双臂继续用力将胸部拉向单杠。
- 停顿，然后慢慢地将身体下放到起始位置。

反向俯卧撑？
反向划船对背部的作用就像俯卧撑之于胸部。它不仅能非常好地锻炼中背部和上背部的肌肉，它还能挑战你的核心。

如果在执行该动作时手腕开始"弯曲"，也就是说，如果觉得难以保持手腕伸直，这说明上背部或肱二头肌的力量较弱。

努力保持手腕伸直。

在整个动作过程中保持身体绷直。

为什么划船很重要

划船练习训练斜方肌和菱形肌，这些肌肉是在举起重物时帮助保持肩胛骨不动的肌肉。这很重要，因为不稳定的肩部会在胸部和手臂的练习中限制发力。例如，你的胸部肌肉也许能够卧推60千克，但如果肩部不能支持那个重量，你将一次动作都无法完成。所以增强划船的力量，是发挥整体力量的关键。

上背部 | 划船和平举

变式1
改版反向划船

- 不要双腿伸直地执行反向划船，而是从膝盖弯曲90度开始。

弯曲膝盖减少了必须拉起的体重。

变式2
反握反向划船

- 双手与肩同宽，反握单杠。

反握迫使肱二头肌出更多的力。

变式3
脚高架反向划船

- 把脚跟放在训练椅或箱子上，而不是在地面上。

脚高架增加了必须拉起的体重，从而提高了练习的难度。

变式4
瑞士球脚高架反向划船

- 把脚跟放在瑞士球上，而不是在地面上。

因为球是一个不稳定的表面，核心必须更用力，以保持身体绷直和平衡。

变式 5
负重反向划船

- 为了使反向划船更加难，执行动作时将一定重量的杠铃片放在胸部上面。

变式 6
单臂反向划船

- 用左手正握单杠，但保持右手不握单杠，并举在空中，右肘弯曲90度。
- 用左臂拉起身体，同时伸直右臂，并且右手伸向高处。
- 用左臂完成规定的重复次数，然后立即换手臂，用右手握住单杠，完成相同重复次数。

身体从肩部到膝盖保持绷直。

变式 7
悬挂式反向划船

- 将一对带有手柄的带子连接到安全的单杠，使手柄离地面约1米。

与使用单杠时不同，弹力带不是固定的，所以，肩袖肌群必须更用力去保持肩部的稳定性。

变式 8
握毛巾反向划船

- 找到反向划船时双手握杠的位置，然后在杠的这两个点上各挂一条毛巾。
- 抓住每条毛巾的两端，使手掌彼此相对。
- 将胸部尽可能拉高。

抓住毛巾增加了对前臂肌肉的要求，帮助在锻炼背部的同时加强握力。

上背部 | 划船和平举

主要动作

杠铃划船

A

- 双手距离略大于肩宽，正握杠铃，并保持手臂伸直。
- 身体前倾，髋部和膝盖弯曲，并降低上身躯干，直到几乎平行于地面。

下背部保持自然拱曲。

膝盖稍微弯曲。

垂下杠铃，使其在肩部正下方。

双脚与肩同宽。

把两侧肩胛骨相互夹紧。

弯曲肘部，提起上臂。

提起杠铃时，躯干保持不动。

B

- 把杠铃拉到上腹部位置。
- 停顿，然后慢慢地降低杠铃，回到起始位置。

容易错误的训练
划船时下背向下弯曲

这种错误可能导致椎间盘突出等损伤。以下是避免该情况的办法：拿起重物并站直，下背部自然拱曲。保持上半身绷直，稍微弯曲膝盖，髋部尽可能向后推送。然后，不要改变躯干的姿势，上身以髋关节为支点下沉，直到几乎平行于地面。然后，在镜子里检查自己的姿势。

上背部 | 划船和平举

混合搭配4种握法（正握、直握、反握和肘外展）与以下8个版本的哑铃划船。所有这些握法在每一种类型的划船中都是可以互换的，为你提供源于这一经典动作的32种背部练习选择。

变式1~4
哑铃划船

A

- 握住一对哑铃，弯曲髋部和膝盖，并降低躯干，直到它几乎平行于地面。
- 双臂伸直，垂下哑铃，使其在肩部正下方，掌心朝向身后。

下背自然拱曲。

双脚与肩同宽。

把两侧肩胛骨压向彼此。

B

- 弯曲肘部，将哑铃拉到躯干的两侧。
- 停顿，然后慢慢地放下哑铃。

握法变式1

正握
掌心应该朝向身后。

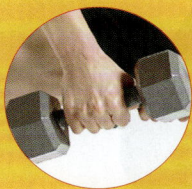

在提起哑铃时，躯干保持不动。

变式5~8
交替哑铃划船

A

- 弯曲髋部并降低躯干，直到它几乎平行于地板。

收紧核心。

掌心应朝向身后。

不要弓腰。

当提起一个哑铃时，放下另一个哑铃。

B

- 不是同时用两个哑铃做划船，而是以交替的方式每次提起一个。

变式 9~12
单腿直握哑铃划船

A

- 弯曲髋部并降低躯干，直到它几乎平行于地面。
- 抬起一条腿悬空。

下背部自然拱曲。

掌心相对。

B

- 将哑铃提起到躯干的两侧。
- 每组练习完成之后，换另外一只腿。

双肘夹紧，靠近身体的两侧。

在划船时要保持腿抬高。

握法变式 2

直握
掌心应相对。当提起重物时，保持双肘靠近身体两侧。

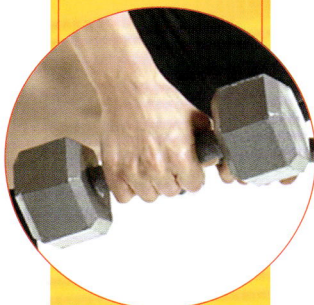

变式 13~16
单臂直握哑铃划船

收紧核心。

将没有握哑铃的手放在背后，掌心朝上。

使用直握，即右手掌心朝左。

A

- 右手握住哑铃，弯曲髋部和膝盖，并降低躯干，直到它几乎平行于地面。
- 手臂伸直，垂下哑铃，使其在肩部正下方。

单臂划船让你可以分别锻炼身体的每一侧，帮助纠正肌肉的不平衡，同时增加对核心的锻炼。

B

- 把右手哑铃拉到躯干的一侧，保持肘部靠近身体。

在划船时不要旋转或抬起躯干。

稍微弯曲膝盖。

上背部 | 划船和平举

变式17~20
俯卧支撑式肘外展哑铃划船

A

- 执行练习时不采用站姿，而是趴在设置到最低上斜坡度的训练椅上。
- 手臂伸直，垂下哑铃，使其在肩部正下方。

掌心应朝向身后。

B

- 保持肘部张开，把哑铃提向胸部两侧。

上臂应垂直于身体。

在执行该动作时下背部保持自然拱曲，不要让上半身向着训练椅"塌下"。

握法变式3

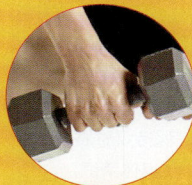

肘外展正握
掌心应朝向身后。在划船时，保持肘部张开，让上臂垂直于躯干。

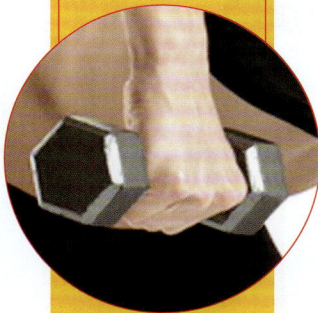

变式21~24
跪姿支撑式肘外展单臂哑铃划船

A

- 把左手和左膝放在一张水平的训练椅上。
- 下背部自然拱曲，并且躯干平行于地面。

不要弓腰。

掌心应朝向身后。

B

- 保持上臂垂直于身体，把重物提向胸部的一侧。

在提起哑铃时，将肘部向外张开。

80

变式 25~28

单臂单腿反握哑铃划船

A

- 用右手反握哑铃。
- 将左手放在面前的训练椅上，屈髋。
- 在身后抬起右腿。

下背部自然拱曲。

抬起的腿应该与上半身呈一条直线。

掌心朝前。

B

- 在将右手哑铃提到躯干一侧时，让肘部贴近身体。

掌心应朝前。

抬起的腿应该与上半身呈一条直线。

膝盖微弯。

握法变式 4

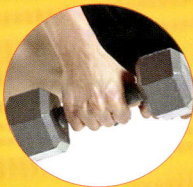

反握

掌心应朝前。像直握那样，在划船时，肘部保持靠近身体两侧。

变式 29~32

站姿支撑式单臂反握哑铃划船

A

- 右手握住哑铃。
- 将左手放在面前的训练椅上，屈髋。
- 右手臂伸直，垂下哑铃，掌心朝前。

躯干几乎平行于地面。

B

- 在将右手哑铃提到躯干一侧时，保持肘部靠近身体。

使用反握可以增加肱二头肌的参与。

上背部 | 划船和平举

变式33
哑铃上提加外旋

- 握住一对哑铃，趴在设置到较低上斜坡度的训练椅上。
- 手臂伸直垂下，掌心相对。
- 在一个连续动作中，曲臂，并将哑铃拉向脸部两侧，同时尽可能提高上臂。停顿一下，然后回复至起始姿势。

肩胛骨压向彼此。

在高位时，看起来像是在弯曲肱二头肌。

上臂垂直于躯干。

变式34
单臂直握哑铃划船加旋转

- 不是同时使用两个哑铃，而是每次只锻炼一只手臂。
- 在提起哑铃时，向上旋转同一侧躯干。
- 停顿一下，然后身体和哑铃，回到起始姿势。
- 用一只手臂完成规定的重复次数，然后用另一只手臂完成同样的次数。

变式35
单腿单臂旋转哑铃划船

下背自然拱曲。

A

- 右手握住哑铃，转动手掌，使掌心朝右。
- 抬起右腿，使其与上半身呈一条直线。

当提起哑铃时，保持肘部靠近身体。

B

- 将右手哑铃拉起到身体一侧，同时向内旋转手掌，使它在高位时朝向躯干。
- 用右臂完成规定的重复次数，然后立即换到左臂和左腿，完成同样次数。

主要动作
俯身侧平举

A

- 握住一对哑铃，向前屈髋，直到躯干几乎平行于地面。
- 垂下手臂，让哑铃在肩部的正下方，掌心相对。

B

- 不移动躯干，双臂直接向身体两侧抬起，直到它们与身体呈一条直线。
- 停顿，然后慢慢返回到起始位置。

背部自然拱曲。

双臂微弯。

不要改变肘部的弯曲角度。

哑铃抬起时，躯干保持不动。

双脚与肩同宽。

最令人惊讶的背部练习？

大多数人认为俯身侧平举严格来说是肩部练习，因为它的目标是后三角肌。但是请考虑一下：它的动作实际上与划船相同，只不过是在提起重物时没有弯曲肘部。所以它也会非常有效地锻炼中背部和上背部的肌肉，这就是为什么要在本章中包括该练习。为了获得最佳效果，请在执行该练习时注意将两侧肩胛骨压向彼此。

83

上背部 | 划船和平举

变式1
反握俯身侧平举

- 使用反握执行该动作。掌心应该朝向前方，而不是彼此相对。

使用反握可以增加对肩袖肌群的要求，肩袖肌群对于健康的肩部非常关键。

变式2
正握俯身侧平举

- 执行该动作时正握哑铃。掌心应该朝向身后，而不是彼此相对。

使用正握可以把更多的锻炼转移到菱形肌，这块上背部肌肉有助于稳定肩胛骨。

变式3
坐姿俯身侧平举

- 握住一对哑铃，坐在训练椅的一端，而不是采用站姿。

下背部保持自然的拱曲。

掌心应相对。

双臂直接向身体两侧抬起。

变式4
侧卧哑铃抬举

- 右手握住哑铃，向左侧卧在训练椅上。
- 用左手肘撑起身体。
- 右臂伸直垂下，使其垂直于地面，掌心朝向身后，肘部稍微弯曲。
- 不改变肘部弯曲角度，将手臂抬起到肩部正上方，同时旋转手臂，使掌心朝向头部。
- 慢慢返回至起始位置。

变式 5

绳索交叉俯身侧平举

A

- 将两个镫形手柄安装到绳索交叉练习器的低滑轮绳索。
- 用右手抓住左边的手柄，用左手抓住右边的手柄，站在练习器的中间。
- 弯曲髋部和膝盖，并降低躯干，直到它几乎平行于地面。

B

- 不要改变肘部弯曲角度，抬起手臂，直到它们平行于地面。
- 停顿一下，然后慢慢返回到起始位置。

背部保持自然拱曲。

手臂应该垂下。

在抬起手臂时，躯干保持不动。

Y-T-L-W-I平举

这是一个极好的多部位练习动作，目标是锻炼负责稳定肩胛骨的上背部肌肉，特别是斜方肌。也可以加强其他各个方向的肩部肌肉，特别是肩袖肌群和三角肌。

你可以直接做完所有的Y-T-L-W-I平举作为一个完整的上背部锻炼，可以使用或不使用哑铃（具体取决于你的能力）。如果不使用哑铃，就要确保双手的姿势像握着哑铃那样。当使用重物时，你可能会发现，需要一对非常轻的哑铃即可。你可以靠在上斜训练椅上或瑞士球上做这个练习。瑞士球会使提高练习的难度，因为它要求核心肌肉用力来保持姿势。Y-T-I这三个动作也可以在地板上有效地执行，哪怕在酒店房间里，也可以很方便完成。

上斜Y字平举

A

● 将可调节的训练椅设置到一个较低的上斜坡度，胸部靠在椅背上。

双臂从肩部垂下。

转动手臂，使掌心彼此相对。

B

● 手臂与身体呈30度角（这样它们可以形成一个Y字），抬起手臂，直到它们与身体在同一平面上。

● 停顿一下，然后慢慢放下到起始位置。

双手大拇指朝上。

地板Y字平举

A

- 俯卧在地板上。让手臂搁在地板上，完全伸直，并与身体呈30度角，掌心彼此相对。

B

- 尽可能高地抬起手臂。
- 停顿一下，然后慢慢放下到起始位置。

双手大拇指应该指向上方。

双臂应该与身体形成一个Y字形。

瑞士球Y字平举

A

- 趴在瑞士球上面，让背部平直，胸部腾空离开球。

B

- 手臂与身体呈30度角（这样它们可以形成一个Y字），抬起手臂，直到它们与身体在同一平面上。
- 停顿一下，然后慢慢放下到起始位置。

手臂从肩部垂下。

转动手臂，使掌心彼此相对。

完整的上背部锻炼计划

重复10次Y平举，然后立即做10次T平举。继续做到完成Y-T-L-W-I平举的所有5个动作。休息2分钟，再重复一次。

无器械背部锻炼计划

俯卧在地板上重复12次Y-T-I，动作之间没有休息。

新增5个动作！

除了在上斜的训练椅、瑞士球和地板上执行Y-T-L-W-I，还可以用在做杠铃划船和哑铃划船时的俯身姿势来做所有这些动作。一定要确保在执行练习时背部自然拱曲。

上背部 | 划船和平举

上斜 T 字平举

- 将可调节的训练椅设置到一个较低的上斜坡度，胸部靠在椅背上。
- 双臂直接在身体两侧抬起，直到它们与身体在同一平面上。
- 停顿一下，然后慢慢放回到起始位置。

让手臂垂下。

转动手臂，使掌心朝外。

双手拇指应该指向上方。

地板 T 字平举

- 移动双臂，使它们在身体两侧抬起（垂直于身体，双手拇指指向上），在舒适的情况下尽可能高地抬起它们。
- 停顿一下，然后慢慢降低到起始位置。

双臂应垂直于躯干。

瑞士球 T 字平举

A

- 趴在瑞士球上面，让背部平直，胸部悬空离开球。

让手臂垂下。

转动手臂，使掌心朝外。

B

- 双臂直接在身体两侧抬起，直到它们与身体在同一平面上。
- 停顿一下，然后慢慢放下到起始位置。

上斜 L 字平举

A

- 将可调节的训练椅设置到一个较低的上斜坡度，胸部靠在椅背上。
- 双臂伸直垂下，掌心朝向身后。

B

- 保持肘部张开，通过弯曲肘部并将两侧肩胛骨压向彼此，尽可能高地抬起上臂。

C

- 不改变肘部姿势，尽可能地向上和向后旋转上臂。
- 停顿一下，然后慢慢放下到起始位置。

上臂应该垂直于躯干。

瑞士球 L 字平举

A

- 趴在瑞士球上面，让背部平直，并且胸部腾空离开球。

B

- 保持肘部张开，通过弯曲肘部并将两侧肩胛骨压向彼此，尽可能高地抬起上臂。
- 在动作的最高位置时，上臂应该垂直于躯干。

C

- 不改变肘部姿势，尽可能地向上和向后旋转上臂。
- 停顿一下，然后慢慢放下到起始位置。

双臂伸直垂下，掌心朝向身后。

胸部保持挺直。

上背部 | 划船和平举

上斜 W 字平举

A

- 将可调节的训练椅设置到一个较低的上斜坡度，胸部靠在椅背上。
- 肘部弯曲超过90度，并保持它们靠近身体两侧，掌心朝上，拇指向外。

B

- 不改变肘部弯曲角度，在抬起上臂时，把两侧肩胛骨压向彼此。
- 在动作的最高位置时，双臂应形成一个W形。
- 停顿一下，然后慢慢放下到起始位置。

瑞士球 W 字平举

A

- 趴在瑞士球上面，让背部平直，并且胸部要离开球。
- 肘部弯曲超过90度，掌心朝上，双手的大拇指侧朝外。

B

- 不改变肘部弯曲角度，在抬起上臂时，把两侧肩胛骨压向彼此。
- 在动作的最高位置时，双臂应形成一个W形。
- 停顿一下，然后慢慢放下到起始位置。

胸部保持挺直。

上斜I字平举

- 将可调节的长凳设置到一个较低的上斜坡度，胸部靠在椅背上。
- 双臂伸直垂下，掌心彼此相对。
- 抬起双臂，使它们与身体呈一条直线，形成一个I形。
- 停顿一下，然后慢慢降低到起始位置。

地板I字平举

- 将手臂伸直，放在肩部上方，让身体从脚到手指呈一条直线。
- 在舒适的情况下尽可能高地抬起双臂。
- 停顿一下，然后慢慢降低到起始位置。

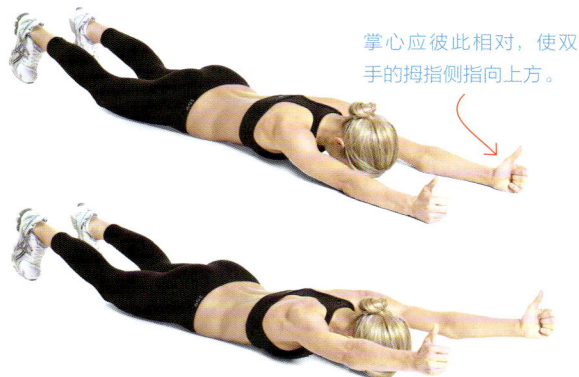

掌心应彼此相对，使双手的拇指侧指向上方。

瑞士球I字平举

A

- 趴在瑞士球上面，让背部平直，并且胸部腾空离开球。

B

- 抬起双臂，使它们与身体呈一条直线，形成一个I形。
- 停顿一下，然后慢慢放下到起始位置。

转动手臂，使掌心彼此相对。

主要动作
绳索划船

A

- 将直的拉杆安装到滑轮机的绳索上，调好位置，双脚支撑住身体。
- 正握拉杆，双手距离略大于肩宽。

挺胸坐直，向下向后拉肩部和背部。

膝盖微曲。

错误的肌肉训练

划船时肩部耸起

做任何类型的划船时，首先要将肩部向下向后拉。为什么？因为，假如不这样做，往往会一直耸起肩部，当肘部在做划船的复位动作时，就会让肩关节过伸。从而对肩部前面和肩胛下肌造成压力。随着时间的推移，这可能会导致肩关节变得不稳定，很容易受伤。

在整个动作过程中，躯干都应该保持直立，不动。所以在执行该练习时身体不要向前和向后倾斜。

B

- 躯干不要移动，将直杆拉到上腹部。
- 停顿，然后身体慢慢松回到起始位置。

2

根据俄克拉何马州立大学对 79 000 名工人的研究，每周 2 节力量训练课，每节时长 20 分钟，使得工人病假天数减少。

保持核心收紧。

上背部 | 划船和平举

变式 1
宽握绳索划船

- 双手放在拉杆上，双手距离约1.5倍肩宽，并将拉杆拉到下胸部。

宽握提高了后三角肌的参与程度。

变式 2
反握绳索划船

- 反握拉杆，双手与肩同宽，把拉杆拉到下腹部。

增加了对肱二头肌的锻炼。

变式 3
绳把绳索划船

- 将绳把手柄安装到滑轮机的绳索上，每只手各抓住一端，进行绳索划船。

拉向上腹部。

变式 4
V形握柄绳索划船

- 将V形握柄安装到滑轮机绳索上，双手握住，然后拉向身体中部。

保持躯干挺直；不要向前或向后倾斜。

变式 5

单臂绳索划船

- 将镫形手柄安装到滑轮机的绳索上，每次用一只手臂执行动作。保持躯干不动，单手把手柄拉至身侧。
- 在右侧完成规定的重复次数后，然后立即在左侧做相同的次数。

变式 6

单臂绳索划船加旋转

- 将镫形手柄安装到滑轮机的绳索上，用右手抓握。
- 将手柄拉向自己的右侧，同时躯干向右旋转。
- 停顿一下，然后恢复到起始位置。

坐直，保持躯干挺直。

在执行这个练习时，保持核心绷紧。

变式 7

绳索划船至颈部加外旋

- 将绳索手柄安装到滑轮机的绳索上，坐在滑轮机前面。
- 将绳索手柄的中点拉向脸部位置，同时将两侧的肩胛骨压向彼此，向上向后旋转上臂和前臂。
- 停顿，然后慢慢返回到起始位置。

双手都抓住绳索手柄的一端，掌心相对。

向后旋转上臂可以加强肩袖肌群，有助于稳定肩关节。

向前倾。

变式 8

站姿单臂绳索划船

- 将镫形手柄安装到绳索滑轮机的低位绳索，右手抓住手柄，双脚前后错开站立。
- 将手柄拉向身体的右侧，同时躯干向右旋转。
- 停顿，然后恢复到起始位置。
- 在右侧完成规定的重复次数后，在左侧做相同次数。

下背部保持自然的拱曲。

手臂伸直，掌心朝向身体左侧。

在髋部处收紧核心。

左脚放在右脚前面。

核心收紧。

背阔肌 | 反握和正握引体向上

反握和正握引体向上

　　这些练习的目标是背阔肌。同时也会锻炼到大圆肌和肱二头肌。此外，核心和背部的中上部的肌肉也会参与，在大多数版本的练习中协助完成动作或充当稳定肌。

主要动作
反握引体向上

A

- 反握单杠，双手与肩同宽。
- 双臂伸直，悬吊在单杠上。每次降低身体时都应该回到这个姿势——被称为静止悬垂。

双臂应该完全伸直。

脚踝在身后交叉。

反握和正握引体向上的比较

你可能想知道反握和正握引体向上之间的区别，很简单：反握引体向上，使用反握；正握引体向上，使用正握。当然，你会很快发现反握引体向上会容易一点。这是因为，反握让肱二头肌能够更多地参与练习，在总体上提供更多的肌肉力量。

教练提示

想象着是把单杠拉向胸部，而不是把胸部拉向单杠。

将两侧肩胛骨压向彼此。

用力将上臂向下拉。

B

- 把胸部拉向单杠。
- 一旦胸部的顶部接触到单杠，停顿一下，然后慢慢地降低身体到静止悬垂姿势。

把自己拉得更高

若要给反握和正握引体向上改一个更好的名字，可能应该是"引胸向上"。这是因为，若要从这个练习中获得最大的好处，就应该把胸部拉向单杠。这增加了该练习的动作幅度，让更多肩胛骨周围的肌肉参与运动。

背阔肌 | 反握和正握引体向上

变式1

逆向反握引体向上

A

- 在单杠下放一张训练椅，站在训练椅上，双手与肩同宽，反握单杠。
- 从训练椅上跳起来，让胸部处于和双手同高的位置，然后脚踝在身后交叉。

B

- 尝试用5秒降低身体，直到手臂伸直。如果这太难，请尽可能慢慢地降低身体。
- 跳到起始位置并重复。

身体匀速地从逆向反握引体向上的最高位置降低到最低位置。如果你注意到自己在某个特定的点加快了速度，请在心里记下来。然后，在下一组中，在降低身体的过程中，在刚好高于那个点的位置停顿一两秒。这将帮助你更快地提高效果。有一个很好的办法可以衡量自己的进步：一旦可以完成一个30秒的逆向反握引体向上，就很可能可以执行一个完整的标准反握引体向上。

变式2

弹力带辅助反握引体向上

A

- 将一条大橡胶弹力带的一端绕在单杠上，然后将它穿过弹力带的另一端，将弹力带紧紧地挂在单杠上。
- 双手与肩同宽，反握单杠，把膝盖放在弹力带的圆圈中，并伸直手臂悬吊在单杠上。

B

- 将胸部拉向单杠，执行反握引体向上。
- 一旦胸部接触到单杠，停顿一下，然后慢慢地降低身体到静止悬垂姿势。

弹力带辅助的方法将让你可以执行完整的反握引体向上，它更准确地模拟了在商业健身房中可以看到的反握引体向上辅助机器的动作。

变式 3
窄距反握引体向上

- 使用反握，双手相距 15~20 厘米。

当双手更靠近时，肱二头肌参与练习的程度更高。这使得该练习比经典反握引体向上更容易。

变式 4
直握引体向上

- 抓住单杠上的平行手柄，使掌心彼此相对。接着将胸部拉至与单杠水平。

变式 5
正握引体向上

- 这是与反握引体向上相同的动作，但要用正握，双手距离略微大于肩宽。

让肱二头肌更紧实的练习
当美国西点军校的研究人员测量正握引体向上中的肌肉活动时，他们发现，该练习对肱二头肌与对背阔肌的锻炼效果一样有效。

变式 6
宽距正握引体向上

- 使用正握，双手距离约为肩宽的 1.5 倍。

可以让双手的距离更宽，但是这样做时，对肩关节的压力会增加。

引体向上难度表

最难

8. 宽距正握引体向上

7. 正握引体向上

6. 正反握引体向上

5. 直握引体向上

4. 反握引体向上

3. 窄距反握引体向上

2. 弹力带辅助反握引体向上

1. 逆向反握引体向上

最容易

99

背阔肌 | 反握和正握引体向上

变式 7
正反握引体向上

- 双手与肩同宽，一只手反握，另一只手正握。

在执行正反握引体向上时，为了防止躯干旋转，背部、肩部和核心的肌肉都必须比在执行传统的反握或正握引体向上时更加用力。

变式 8
左右反握引体向上

- 不要把胸部直接拉向单杠，而是拉向右手。停顿，然后放下回到起始位置。在下一次重复时，拉向左手。在每次重复动作时来回交替。

变式 9
悬吊反握引体向上

- 将一对带有手柄的带子固定到单杠上，抓住手柄，并伸直手臂悬垂。然后执行反握引体向上，拉起身体时自然旋转手臂。

变式 10
毛巾式引体向上

- 找到做引体向上时双手的位置，然后在单杠的这两个点上各挂一条毛巾。
- 抓住毛巾的两端，掌心彼此相对，脚踝在身后交叉，并伸直手臂悬垂。
- 尽可能高地拉起胸部。
- 停顿，然后慢慢地降低身体，恢复静止悬垂姿势。

抓住毛巾可以让更多的前臂肌肉参与运动，提高握力和肌耐力。

肩胛骨后缩

A

- 正握单杠，并伸直手臂自然悬垂。

B

- 不移动手臂，将两侧肩胛骨向下向中间拉。保持此姿势5秒，同时保持稳定的呼吸。此为一次动作。

测试上背部

尝试尽可能长时间保持悬垂式肩胛骨收缩。如果无法持续至少10秒，则上背部力量较弱，这个练习应该立即加入你的锻炼计划。这个动作也训练你如何保持肩部向下和向后，有助于维持良好的身体姿势。

背阔肌 | 下拉和直臂拉

下拉和直臂拉

　　这些练习的目标是背阔肌。它们也会锻炼到大圆肌和肱二头肌。此外，背部的中上部肌肉也会有不同程度的参与，在各练习的大多数版本中协助完成动作或充当稳定肌。

主要动作
拉力器下拉

A

- 在拉力器下方坐下，正握拉杆，双手距离略大于肩宽。

← 双臂应该完全伸直。

← 躯干几乎挺直。

B

- 躯干不动，将拉杆向下拉到胸部，继续挤压两侧肩胛骨。
- 停顿，然后慢慢返回到起始位置。

开始动作时向后和向下拉肩部。

不要靠后倾来将拉杆拉到胸部；上半身应该始终保持在几乎同一个位置。

引体向上的替代练习

走进任何健身房，看看周围：在本章的所有练习中，你会发现，拉力器下拉可能是最受欢迎的一种练习。因为它是经典反握引体向上的最佳替代练习（逆向反握引体向上或弹力带辅助反握引体向上都不能与之相比）。

背阔肌 | 下拉和直臂拉

变式 1
宽握拉力器下拉

- 使用正握，双手距离约为肩宽的 1.5 倍。

将拉杆拉到
上胸部。

变式 2
反握拉力器下拉

- 使用反握，双手与肩同宽。

当拉下拉杆时，躯
干保持挺直。

变式 3
30 度拉力器下拉

A

- 在拉力器中间坐下，正握拉杆，双手与肩同宽。
- 后倾，直到身体与地面呈 30 度角。
- 在整个练习中保持此位置。

B

- 躯干不动，将拉杆向下拉到胸部。
- 停顿，然后慢慢返回到起始位置。

后倾可以增加背部
中上部的肌肉参
与，并减少对背阔
肌的要求。

变式 4
窄握拉力器下拉

- 使用反握，双手距离为 15~20 厘米。

窄距反握可以让肱二头肌更加用力。

变式 5
跪姿拉力器下拉

- 不是在拉力器中间坐下，而是跪在此位置，让身体从肩部到膝盖呈一条直线。

变式 6
跪姿反握拉力器下拉

A

- 反握拉力器下拉杆，双手与肩同宽。
- 不是在拉力器中间坐下，而是跪在此位置，让身体从肩部到膝盖呈一条直线。

B

- 将拉杆拉到上胸部。

为什么采用跪姿？

因为在现实生活中，背阔肌与臀肌（即臀部的肌肉）经常是一起工作的。然而，当你坐着的时候，臀肌被"关闭"。所以跪姿可以有助于臀肌活动，就像在走路，或者说在做引体向上那样。当然，跪姿时你也许不能使用较大的重量，但这并不意味着背阔肌没有很好的发力。

背阔肌 | 下拉和直臂拉

主要动作
曲杆直臂拉

A

- 正握曲杆杠铃，双手距离略小于肩宽。
- 仰卧在水平训练椅上，并把杠铃举在下巴的正上方。

略微弯曲手臂。

B

- 不改变肘部角度，慢慢地把杠铃降低到头部前方，直到上臂与身体呈一条直线，或平行于地面。
- 停顿，然后慢慢地将杠铃举起到起始位置。

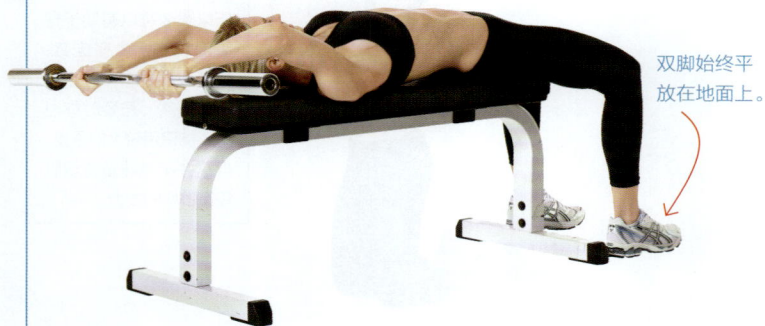

双脚始终平放在地面上。

变式
瑞士球曲杆直臂拉

A

- 执行该动作时不要仰卧在训练椅上，而是仰卧在瑞士球上。将背部的中上部牢牢地靠压在球上。挺起髋部，使身体从膝盖到肩部呈一条直线。

B

- 不改变肘部弯曲，降低杠铃，直到它与身体在同一平面上。

如果你没有单杠或一个拉力器，直臂拉为你提供了另一个很好的背阔肌锻炼选择。原因：即使以仰卧姿势执行该动作，它也要求将上臂从头部上方下拉到躯干位置，此动作也是背阔肌的主要功能之一。

站姿绳索直臂拉

A

- 站在拉力器的前面，正握拉杆，双手距离略微大于肩宽。

B

- 保持背部挺直，手臂伸直，以弧形运动将拉杆拉下来，直到它接触到大腿。
- 停顿，然后慢慢回到起始位置。

在髋部处向前倾斜约10度。

为腹肌而拉！
根据芬兰科学家的说法，站姿绳索直臂拉对腹肌的锻炼效果强于经典的仰卧卷腹。

背部

你从未做过的最佳背部练习
绳索面拉加外旋

这个独特的动作是同时锻炼上背部的肩胛肌群和肩袖肌群，这些肌肉往往会是薄弱环节，也是稳定健康肩部的关键。因此，面拉加外旋将有助于避免受伤风险，并增强上半身的力量。事实上，根据对《健康女性》的顶级健身顾问的调查，该练习是你可以选择的最佳练习之一。

A

- 将绳索安装到绳索练习器的高滑轮（或拉力器）上，每只手各握一端。
- 从配重架后退几步，直到手臂在身前伸直。

B

- 手臂弯曲，并向外张开，将绳子中间位置拉向自己的眼睛方向，双手最终与耳朵在一条直线上。
- 停顿，然后还原到起始位置。

掌心彼此相对。

你应该感觉到绳索中的张力。

你应该摆出健美运动员的经典姿势："正面肱二头肌展示"。

附送练习！
仰卧绳索面拉加外旋

- 如果在执行绳索面拉时无法保持直立姿势，可以尝试仰卧在水平的训练椅上来做这个练习。

最佳背部拉伸练习
跪姿瑞士球背阔肌伸展

它为什么好： 这种拉伸可以放松背阔肌。当这些肌肉紧张时，它们会向内旋转上臂，造成不良的姿势。

充分利用它： 在每侧保持此拉伸30秒，然后重复2次，共3组。每天规律进行，如果肌肉真的很紧，一天最多可做3次。

- 跪在地板上，将一个瑞士球放在自己前面约60厘米处。把双手放在球上，双手相距约15厘米。
- 从髋部处身体向前倾斜，并把肩部压向地板。

不要弓腰。

掌心相对。

背部

终极引体向上训练计划

无论是还不能完成一次反握引体向上，还是想突破停滞已久的8次常规训练瓶颈，体能训练师阿尔文·科斯格罗夫的这个训练指南，都将为你的身体提供最适合的练习计划。

如果你一次引体向上都做不起来……

练习1： 弹力带辅助反握引体向上

怎么做： 做2组，每组6次重复，组间休息60秒，然后进行练习2。

练习2： 逆向反握引体向上

怎么做： 做2组，组间休息60秒。用尽可能长的时间来降低身体（应该用秒表计时），直到手臂伸直。有一个关键的要求：尝试从开始到最后都以相同的速度降低自己。若能够用30秒来降低身体，或2组的总下降降低超过45秒，请增加第3组。完成所有的组，然后进入练习3。

练习3： 跪姿拉力器下拉

怎么做：

- 选择自己可以完成4次重复（做不了5次）的最大重量。
- 做10组，每组2次重复，组间休息60秒。
- 尽可能快地执行每次重复。
- 每周都将每次休息时间减少15秒。
- 在第5周中，做1组，重复尽可能多次。
- 在第6周中，重新开始整个过程。

当你能够至少做两次引体向上……

升级你的训练程序了。最好的选择是一种被称为"缩短休息时"的间歇性训练方法。

不是要尝试做更多次重复，而是要专注于缩短组间的休息时间。最终，你将彻底取消休息时间，因此，你将能够连续做更多的重复次数。

怎么做： 将自己能够以完美姿势完成的反握引体向上次数除以2。这就是你在每一组中将要执行的重复次数。那么，如果你可以做2次反握引体向上，就每组做1次重复。如果可以做5次反握引体向上，就每组做3次重复。（若除法计算的结果不是整数，则四舍五入。）一旦确定了自己的重复次数范围，就完成3组，每组完成后休息60秒。每周2节训练课，间隔至少3天。每周都将每次休息时间减少15秒。一旦休息时间为零时，则在每节训练课中再增加1组。

一旦能够做10次引体向上……

你可能会想要坚持现状，比如说，每节训练课做3组，每组10次重复。但是，这样做进步很缓慢。相反，通过增加额外的重量和减少重复次数反而可以增加力量。而自重引体向上的重复次数自然也会增加。

怎么做： 为了执行这种锻炼方案，你需要一条悬挂腰带。这种皮带是绑在腰部的，让你可以附加一块杠铃配重片。现在进行下面的锻炼。每组使用的负荷是允许你完成规定重复次数的最大重量。因此，随着要执行的重复次数减少，所使用的重量会增加。每周做3次锻炼；组间休息60秒。

	第1组	第2组	第3组	第4组	第5组	第6组
第1周	8	6	4	8	6	4
第2周	7	5	3	7	5	3
第4周	6	4	2	6	4	2
第3周	5	3	1	5	3	1

一旦到达第5周，就重新开始整个过程，使用与第1周相同的组数和重复次数，但是要调整重量，使其与你当前的力量水平相匹配。你应该会发现，在第5~8周中，每一组使用的重量都比在第1~4周中使用的相应重量更大。

塑造完美背部

用这个15分钟的例行训练计划几乎可以立即让你的背部变得更加紧实，并增强力量，这要归功于体能训练师克雷格·巴兰坦，《健康女性》的健身顾问兼Turbulence Training.com网站的老板。这个例行程序可以充分训练背阔肌，但真正的火力目标是中背部和上背部的肌肉。这些肌肉是导致不良姿势的常见弱点。加强这些肌肉不仅帮助你站姿挺拔，还可以提高肩部的稳定性。最终结果：整个上半身会更好看，并且可以获得更好的锻炼效果。

怎么做： 从每组（A、B、C和D）练习中选择一个动作。然后连续这4个练习，每个练习做1组，组间休息60秒。即，做1组练习A，休息60秒，接着做1组练习B，再休息60秒，依此类推。一旦所有4个练习都完成了1组，则休息2分钟，并再循环2次整套程序。每周执行一次或两次该锻炼方案。

A组练习

除了逆向反握引体向上以外，任何练习都尽可能做到最多次重复，直到自己真正开始感觉吃力。在每次重复中，用3秒时间来将身体降低到起始位置。对于逆向反握引体向上，做5次重复，每次用5秒来降低身体到初始位置。

逆向反握引体向上（第98页）
弹力带辅助反握引体向上
（第98页）
反握引体向上（第96页）
直握引体向上（第99页）
正反握引体向上（第100页）
正握引体向上（第99页）

B组练习

做尽可能多次的重复，直到自己真正开始感觉吃力。（通常是这个次数顶多再做两次就会失败）每次重复用2秒来将身体下降到起始位置。

反向划船（第72页）
改版反向划船（第74页）
反握反向划船（第74页）
脚高架反向划船（第74页）
瑞士球脚高架反向划船
（第74页）
握毛巾反向划船（第75页）

C组练习

该组练习做12次重复。每次重复用2秒来将重物放下到起始位置。

俯身侧平举（第83页）
正握俯身侧平举（第84页）
反握俯身侧平举（第84页）
绳索交叉俯身侧平举
（第85页）

D组练习

该组练习做10次重复。每次重复用2秒来将手臂放回到起始位置。

瑞士球Y字平举（第87页）
上斜Y字平举（第86页）
瑞士球T字平举（第88页）
上斜T字平举（第88页）

第6章 肩部

轮廓突出就是美

肩部

出色的肩部会变魔术：让你的腰看起来更苗条，健美的手臂更加突出，并且立即让任何无袖上衣变得特别引人注目。肩部也是最容易看到清晰肌肉线条的身体部位，因为肩部区域是人体最难囤积脂肪的身体部位之一。（你会经常听到人们抱怨"肩部脂肪"吗？）

此外，强壮的肩部可以帮助你让上半身的其余部分更加有力和结实。这是因为，肩部在大多数的胸部、背部、肱三头肌和肱二头肌的练习中都有辅助作用。所以，你可能会说，它们是肌肉建设的MVP。

额外的好处

上半身不会疼痛！ 支撑起肩关节周围的肌肉，就可以降低颈部和肩部疼痛的风险。

站姿更挺拔！ 肩袖肌群是肩关节背面的肌肉网络，若这些肌肉力量较弱，就会导致肩关节前面的肌肉将肩部拉向前，造成看起来很沮丧的姿势。但你可以通过锻炼出强大的肩袖肌群来改变这种力量平衡——让自己再次站得挺拔而自信。

更好的爆发力！ 每当你投掷或挥拍时，手臂都会围绕肩关节旋转。强壮的肩部肌肉使你更轻松、更有力地移动手臂。

认识你的肌肉

三角肌

在上臂顶部的圆形肌肉被称为三角肌，它是在你穿无袖衬衫时会展示出来的肩部肌肉。它由三个不同的部分组成：前三角肌[1]、中三角肌[2]和后三角肌[3]。对于前三角肌和中三角肌来说，最好的练习是肩上推举和肩部平举。然而，锻炼后三角肌的最佳动作实际上可以在第5章中找到。这是因为，训练背部的中上部肌肉的练习也是锻炼后三角肌的最佳动作。

肩胛提肌

人们认为肩胛提肌[10]是颈部肌肉。事实上，这块绳索状肌肉从颈部后面开始，并附着在肩胛骨的内侧边缘。肩胛提肌与上斜方肌配合，帮助完成耸肩动作，这就是为什么我们可以用杠铃和哑铃耸肩练习来增强它的力量。

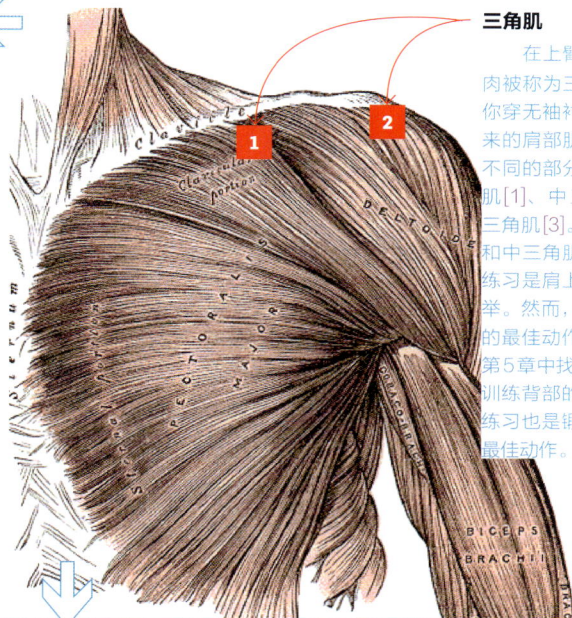

前锯肌

前锯肌[9]从胸部外边缘的旁边开始，连接到上面八根肋骨表面。它包裹着胸廓，一直沿着内边缘连接到肩胛骨的下方内侧边缘。这块肌肉的工作是帮助稳定和旋转肩胛骨。你可以通过针对性的耸肩练习使它更强壮。

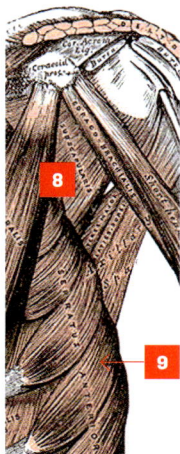

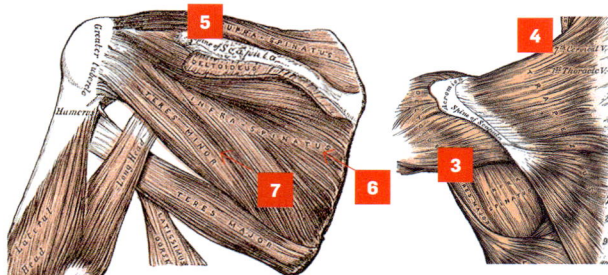

肩袖肌群

肩袖肌群由将肩胛骨连接到肩关节的四块肌肉组成。它们是冈上肌[5]、冈下肌[6]、小圆肌[7]和肩胛下肌[8]。虽然这些肌肉在几乎每个上半身练习中都会被用到，肩袖肌群收缩有助于稳定肩关节，但也需要用专门的肩部旋转练习来锻炼它们。

上斜方肌

虽然斜方肌从整体上来说被归类为背肌，最好用侧平举和耸肩这样的练习来锻炼斜方肌上部[4]，这两个练习都包含在本章中。

容易错误的训练

你感觉到肩部疼痛，但你还是在练习举重

你要这样想：车胎没气时，你不会冒险驾驶，因为这可能会永久损坏轮胎的钢圈。肩部的道理也一样。但是，仅仅避开引起麻烦的练习并不够。毕竟，如果只是把车停在车库里，轮胎不会自己修好，你需要采取行动。如果你注意到肩部疼痛反复发作，就要去找骨科医生或者物理治疗师。

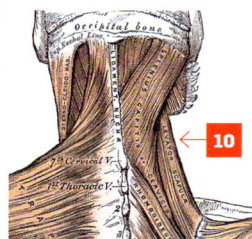

肩部 | 推举

在本章中，你将找到针对肩部肌肉的40个练习。在整个过程中，你将会注意到某些练习被指定为"主要动作"。掌握这种动作的基本版本，就能够用无懈可击的姿势完成所有变式。

肩上推举

这些练习的目标是前三角肌、中三角肌和肱三头肌。它们同时也激活上斜方肌、肩袖肌群和前锯肌，这些肌肉可以辅助完成动作或充当稳定肌。

主要动作
杠铃肩上推举

核心收紧。→

双手距离略大于肩宽。

膝盖稍微弯曲。

A

- 正握杠铃，双手距离略大于肩宽，并在身体前面把杠铃保持在肩部水平。
- 双脚分立，与肩同宽。

双脚与肩同宽。

杠铃应在肩部正上方。

双臂完全伸直。

所有的动作都应由手臂和肩部发起。

B

- 将杠铃推举过头顶，头部略微后倾，但保持躯干挺直。
- 停顿一下，然后慢慢将杠铃降低到起始位置。

12

根据美国乔治亚大学研究人员的数据，总数为12组的重量锻炼可以使之前疲劳的人感到精力充沛。

靠背好吗？

人们在做肩上推举时经常采用坐姿，用椅子靠背来支撑背部。这为举重提供了一个稳定的表面，因此可以使用更大的重量。然而，更大的负荷也意味着在"危险位置"的肩关节上的应力会增加，在该位置上，肘部弯曲90度，并且掌心朝前。这是在举重动作中最有可能造成肩伤的角度。因此，为了避免损伤，请不要使用靠背。

肩部 | 推举

变式 1

杠铃借力推举

A

- 正握杠铃，双手距离略大于肩宽，并在身体前面把杠铃保持在肩部水平。

B

- 双膝下沉。

C

- 双腿突然用力向上推，同时将杠铃举过头顶。

锁定肘部。

将髋部向前推。

保持绷紧核心。→

膝盖伸直。

更大重量，更少风险

如果你想推举起更大的重量，请尝试借力推举。这项动作不同于有靠背做肩上推举所产生的受伤风险。这是因为双腿帮助你推过了那个危险位置，减少了对肩部的压力。

变式 2
杠铃分腿推举

把杠铃保持在肩膀水平。

A

- 正握杠铃，双手距离略大于肩宽，并在身体前面把杠铃保持在肩部水平。

双脚与肩同宽。

B

- 双膝下沉。

C

- 双腿突然用力向上推，同时将杠铃举过头顶。
- 在推举杠铃时，分开双腿，以双脚前后错开的姿势落地。

完全伸直双臂。

前膝稍微弯曲。

变式 3
坐姿杠铃肩上推举

A

- 坐在训练椅的一端，躯干挺直。

腹部收紧。

双脚应该平放在地面上。

杠铃应该在肩部正上方。

B

- 将杠铃推举过头顶。

躯干不要前倾，应该完全挺直。

在执行该动作时，保持下背部自然拱曲。

肩部 | 推举

主要动作
哑铃肩上推举

将哑铃推举到
肩部正上方。

锁定肘部。

A

- 采用站姿，将一对哑铃举在肩部外侧，手臂弯曲，掌心相对。
- 双脚与肩同宽，稍微弯曲膝盖。

保持核心撑紧。 →

B

- 向上推举哑铃，直到手臂完全伸直。
- 慢慢将哑铃降低到起始位置。

膝盖稍微弯曲。

教练提示
一定要直线地将哑铃推上去，而不要像很多人那样向上推时将它们推向彼此——这种习惯会增加肩部受伤的风险。

变式 1
哑铃借力推举

A
挺拔站直。

- 将哑铃举在肩膀旁边，肘部弯曲。

B
- 双膝下沉。

弯曲膝盖，使身体可以产生更多的力量来推举哑铃。

C
- 双腿爆发用力向上推，同时将哑铃举过头顶。

变式 2
交替哑铃肩上推举

A
- 将哑铃举在肩膀旁边，肘部弯曲。

掌心相对。

执行该练习时，保持核心收紧。

B
- 不是同时举起两个哑铃，而是以交替的方式每次举起一个。

当降低一个哑铃时，举起另一个哑铃。

肩部 | 推举

变式3
坐姿哑铃肩上推举

- 坐在训练椅的一端，躯干挺直。

下背部自然拱曲。

将哑铃推举到肩部正上方。

变式4
瑞士球哑铃肩上推举

- 坐在瑞士球上，躯干挺直。

掌心相对。

核心收紧。

不要前倾。

变式5
交替瑞士球哑铃肩上推举

- 坐在瑞士球上，躯干挺直。
- 不是同时举起两个哑铃，而是以交替的方式每次举起一个。

当降低一个哑铃时，举起另一个哑铃。

变式6
单臂哑铃肩上推举

- 每次只使用一个哑铃执行哑铃肩上推举。
- 用右臂完成规定的重复次数后，立即用左臂完成同样次数。

不拿哑铃的手垂在身体旁边，或者置于髋部。

因为只使用一个哑铃会导致整个身体的重量分布不均匀，所以这个练习会增加对核心的挑战，使核心肌肉更努力地保持平衡。

变式7

交替哑铃肩上推举加转身

A

- 将哑铃举在肩膀旁边，肘部弯曲。

B

- 躯干向右旋转，同时将左手中的哑铃沿小角度斜线推举到肩部上方。
- 反转动作，回到起始姿势，向左转身，然后向上推举右手中的哑铃。来回交替。

旋转躯干激活腹内外斜肌，这通常是力量较弱的核心肌肉。

沿斜线向上推举哑铃。

掌心彼此相对。

完全伸直左臂。

旋转躯干时要保持腹部收紧。这将限制脊柱下部可以扭转的程度，保护你免于受伤。

以脚尖为轴。

地板反向肩上推举

- 采用俯卧撑姿势，但向前移动双脚，提高髋部，使躯干几乎垂直于地面。
- 双手的距离应该略大于肩宽，并且手臂伸直。
- 不改变身体姿势，降低身体，直到头部几乎触到地面。
- 停顿一下，然后向上撑起身体，直到双臂伸直，回到起始位置。

反向肩上推举

- 采用俯卧撑姿势，但将双脚放在训练椅上，并向上推髋部，使躯干几乎垂直于地面。
- 不改变身体姿势，降低身体，直到头部几乎触到地面。

双臂伸直。

双手距离应略大于肩宽。

虽然从技术上来说，反向肩上推举是一个俯卧撑，但姿势的调整将更多的负载转移到了肩部和肱三头肌，从而降低了对胸部的要求。

肩部 | 平举

肩部平举

这些练习的目标是前三角肌和中三角肌。然而，不同的变式可以改变锻炼效果最大的肌肉部分。此外，肩部平举也可以锻炼后三角肌、上斜方肌、肩袖肌群和前锯肌，因为这些肌肉在几乎每一个版本的练习中都属于辅助肌群，并充当稳定肌。

主要动作
前平举

A

- 握住一对哑铃，双臂垂在身体两侧，掌心相对。

B

- 双臂直接向前面抬起，直到平行于地面并垂直于躯干。
- 停顿一下，然后慢慢地降低哑铃，回到起始位置。

在前平举过程中锻炼效果最大的肌肉：前三角肌。

肘部稍微弯曲并保持。

双手大拇指朝上。

举起哑铃到肩部同高。

双脚与肩同宽。

变式 1

杠铃片前平举

A

● 双手握住杠铃片的两侧。

B

● 将杠铃片平举至肩部同高。

17

根据美国康涅狄格大学研究人员的数据，当人体锻炼时合理补水后，平均每3组可完成的重复次数增加17%。记住，肌肉约有80%是水。

核心收紧。

在举起重物时，手肘角度不变。

抬起手臂，直到他们和地面平行。

变式 2

绳索前平举

A

● 将绳索手柄安装到绳索练习器的低位滑轮上，并背向配重架站立。

● 右手握住手柄，手臂垂在身体两侧，掌心朝向大腿。

B

● 不改变肘部的弯曲角度，手臂直接向前面抬起，直到平行于地面。

● 停顿一下，然后慢慢降低到起始位置。

● 用右臂完成规定的重复次数，然后立即换左臂，并执行相同的次数。

绳把应拉直绷紧。

手的大拇指朝上。

不拿哑铃的手垂在身体旁边，或置于髋部。

肩部 | 平举

主要动作
侧平举

A

- 握住一对哑铃，双臂垂在身体两侧。
- 站直，双脚与肩同宽。
- 转动手臂，使掌心朝前，并稍微弯曲肘部。

B

- 不改变肘部弯曲角度，双臂直接向侧面抬起，直到与肩部呈一条直线。
- 在动作的顶部停顿1秒，然后慢慢将重物下降到起始位置。

在侧平举过程中锻炼效果最大的肌肉：中三角肌。

尽可能站直。

双脚与肩同宽。

双臂应该直接向身体两侧抬起，与身体形成一个T形。

保持核心收紧。

不该做的事情！
不要在举重的高位向内旋转上臂。否则可能会导致肩关节夹挤综合征。

变式 1

交替侧平举加静止保持

A

- 直接在身体两侧握着一对哑铃站立，正如在侧平举的"高位"姿势那样。

B

- 放下并抬起一侧手臂，然后放下并抬起另一侧手臂。如此算一次重复。

手臂应与肩部呈一条直线。

在降低右臂时，左臂始终保持在高位。

掌心朝前。

变式 2

倾斜侧平举

A

- 左手握着一个哑铃，垂在身体旁边。
- 站立时右腿旁边要有一个稳固的物体，如力量练习架。
- 将左脚放在右脚旁边。
- 用右手抓住力量练习架，右臂伸直，让自己向左侧倾斜。

B

- 不改变肘部的弯曲角度，左臂直接向身体侧面抬起，直到与肩部呈一条直线。
- 放下手臂并重复。
- 用左臂完成规定的重复次数后，立即用右臂执行同样次数。

身体、手臂和腿与支架形成一个三角形。

掌心朝前。

大拇指朝上。

肩部 | 平举

变式 3

曲臂侧平举加外旋

A

- 握着一对哑铃，手臂垂在身体两侧，掌心相对。
- 肘部弯曲90度。
- 不改变肘部的弯曲角度，上臂向两侧抬起，直到平行于地面。

B

- 向上和向后旋转上臂，使前臂指向天花板。
- 停顿一下，然后反向移动并返回到起始位置。

尽可能地向后旋转前臂。

保持肘部弯曲90度。

上臂不要放松下垂。

双脚与肩同宽。

变式 4

侧卧侧平举

A

- 右手拿一个哑铃，向左侧卧在一张设置为15度倾斜的训练椅上。
- 握住哑铃，手放在身体右侧，掌心朝大腿。

右肘稍微弯曲。

B

- 不改变肘部的弯曲角度，抬起手臂，直到与肩部呈一条直线，同时掌心向外旋转。
- 放下哑铃，并重复动作。

掌心朝前。

手臂应该垂直于身体。

组合肩部平举

A

- 握住一对哑铃，手臂自然垂下，放在大腿旁边。
- 左手掌心转向大腿，右手掌心转向前。

由于组合肩部平举是前平举和侧平举的组合，它的目标是前三角肌和中三角肌。

右手掌心应朝向前。

左手掌心应朝向大腿。

双手大拇指朝上。

B

- 同时将左右双臂举起，右手臂向身体侧面抬起，就像侧平举一样；左手臂向前面抬起，就像前平举一样。
- 当双臂都处于肩部水平位置时，停顿一下，然后放下手臂，回到起始位置。
- 在下一次重复时，交换旋转双臂，左臂做侧平举，右臂做前平举。

肩胛面30度平举

A

- 采用站姿，以脚与肩同宽，双手握住一对哑铃，手臂在身体两侧垂下。
- 掌心应该彼此相对，肘部稍微弯曲。

尽可能站直。

双臂水平面呈Y字形。

双手大拇指朝上。

B

- 不改变肘部弯曲角度，手臂抬起至肩部水平，与身体呈30度角，形成一个Y字形。
- 停顿一下，然后慢慢降低哑铃，回到起始位置。

肩部 | 耸肩

耸肩

这些练习中的大多数的目标是上斜方肌与肩胛提肌。每当向着耳朵耸起肩部时，就会锻炼到这些肌肉。不过，本节中的最后两个练习的目标是锻炼前锯肌。在这些动作中，执行"逆向耸肩"，将肩部向下，而身体其他部分向上。

主要动作
杠铃耸肩

A

- 正握杠铃，双手距离略大于肩宽，垂下手臂，让杠铃自然垂放在腰前。
- 保持背部自然前拱，在髋部处向前倾斜。

向前倾斜约10度。

膝盖稍微弯曲。

双脚与肩同宽。

B

- 做耸肩动作，尽可能抬高肩部。
- 停顿一下，然后动作回复到起始位置。

肩部顶部朝耳朵抬起。

双臂伸直。

2

根据美国YMCA（基督教青年会）的研究，与时间较长的训练课相比，当人们进行较短时长（30分钟以内）的锻炼时，坚持练习的可能性是前者的2倍。

容易错误的训练

你仍然在做直立式划船吗？

事实证明，在执行这个流行的上斜方肌练习时，大约有三分之二的人面临着很高的肩关节夹挤综合征风险。这是一种痛苦的状况，肩袖肌群的肌肉或肌腱被夹在肩关节当中。夹挤的情况经常发生在肩部水平或以上高度向内旋转的练习，而这正是直立式划船的高位姿势。

肩部 | 耸肩

变式 1
宽握杠铃耸肩

A

- 正握杠铃，双手距离大约两倍于肩宽。

在髋部处向前倾斜约10度。

使用宽握可以增强中斜方肌和菱形肌。

B

- 尽可能高地耸起肩部。

耸肩时，保持双臂伸直。

变式 2
过头杠铃耸肩

A

- 将杠铃举过头顶，双手距离大约两倍于肩宽。
- 双臂完全伸直。

保持肘部锁定。

双脚与肩同宽。

B

- 做耸肩动作，尽可能抬高肩部。
- 停顿一下，然后动作回复到起始位置。

尝试抬起肩部的顶端，并尽量靠近耳朵。这个动作很细小；你会感觉到，但很难看出来。

> **用耸肩帮助保持平衡**
> 在耸肩时将杠铃举过头顶可以锻炼上斜方肌，同时减少对肩胛提肌的压力。（与上斜方肌相比，肩胛提肌经常被过度使用。）对于许多人来说，这个动作可以矫正姿势，因为这些肌肉通常不平衡。

主要动作
哑铃耸肩

A

- 握住一对哑铃，双臂垂在身体两侧，掌心相对。

B

- 做耸肩动作，尽可能抬高肩部。
- 在高位停顿一下，然后慢慢降低哑铃，回到起始位置。

在耸肩时，想象试图让肩部触到耳朵，而不移动身体的任何其他部分。

哑铃的优势？
与杠铃耸肩相比，哑铃耸肩对肩关节的压力较少。这是因为不必旋转肩部来举起杠铃。这使它们在执行动作时更加稳定。

变式
过头哑铃耸肩

A

- 在肩部上方举起一对哑铃，手臂完全伸直，掌心朝外。

B

- 做耸肩动作，尽可能抬高肩部。
- 停顿一下，然后动作回复到起始位置。

保持双臂伸直。

肩部 | 耸肩

主要动作
锯肌耸肩

A

- 抓住双杠练习器的杠，撑起自己，让手臂完全伸展。
- 弯曲膝盖，脚踝在身后交叉。

想象自己在向下"耸肩"，而不是向上。

不应该忽视的一块肌肉

顾名思义，锯肌耸肩的目标是前锯肌。这块肌肉的力量不足会导致不良的姿势，也可能在肩上推举的过程中导致肩关节夹挤。可使用这个"耸肩"动作来让锯肌更强壮。

保持躯干正直。

B

- 不改变手臂位置，在撑起上身时，向下压肩部。
- 停顿5秒，然后返回到起始位置并重复。这是一次重复。随着你的进步，可以尝试在每次重复中保持更长的时间。

肘部锁定。

让躯干在肩膀之间下沉。

弯曲膝盖。

脚踝在身后交叉。

变式

椅式锯肌耸肩

A

- 在椅子或训练椅上坐直，双手平放在髋部旁边的平面上。
- 完全伸直手臂。

B

- 向下压肩部，同时撑起上半身。
- 停顿5秒，然后降低身体，回到起始位置。如此往返为一次重复。

> **随时随地锻炼锯肌！**
> 你可以在办公桌前，甚至在沙发上看电视时做这个版本的练习。

躯干应该在肩部之间升高。

保持双臂伸直。

双脚平放在地面上。

让肩部和背部肌肉放松，躯干降低在肩部之间。

下背部保持自然拱曲。

臀部应该刚好离开训练椅的边缘，保持悬空。

肩部 | 旋转

肩部旋转

　　这些练习的目标是锻炼肩袖肌群，尤其是冈下肌和小圆肌。

主要动作
坐姿哑铃外旋

A

- 左手拿一个哑铃，坐在训练椅上。
- 把左脚放在训练椅上，并且膝盖弯曲。
- 左手肘弯曲90度，将它的内侧部分放在左膝盖上。

左手肘弯曲90度。

保持手腕伸直。

脚平放在椅面。

将没有拿哑铃的手支撑在训练椅上。

了解外旋

　　外旋是指向上（或"向外"）旋转上臂。从视觉角度来说，就是抬起手臂，好像要和别人击掌一样。注意此时上臂是如何向外旋转的？这就是外旋。外旋动作非常重要，因为它能锻炼附着在上臂外侧的三块肩部旋转肌肉：冈上肌、冈下肌和小圆肌。这有助于与附着在上臂内侧的背阔肌和胸肌保持平衡。如果背阔肌和胸肌的力量大于肩袖肌群，它们可能永久地将手臂向内旋转，造成"山顶洞人"样的姿势。外旋练习是预防和改善这种情况的有效武器。

B

- 不改变肘部的弯曲角度，尽可能向上和向后旋转上臂及前臂。
- 停顿一下，然后返回到起始位置。
- 用左臂完成规定的重复次数，然后立即用右臂做同样的次数。

保持躯干正直。

保持肘部固定，使前臂沿着围绕它的圆弧旋转。

肩部 | 旋转

变式

侧卧外旋

A

- 右手握住哑铃，向左侧卧在倾斜的训练椅上。
- 将折叠好的毛巾放在躯干的右侧，然后将右肘放在毛巾上，手臂弯曲90度。
- 前臂垂放于腹部前面。

将训练椅设置为倾斜15度。

B

- 尽可能向上和向后旋转上臂，不要让肘部离开毛巾。
- 停顿一下，然后慢慢降低哑铃，回到起始位置。
- 用右臂完成规定的重复次数后，立即转换成右侧卧，并用左臂执行相同重复次数。

手臂应该弯曲90度。

在旋转手臂时，保持肘部固定。

哑铃斜举

A

- 右手握住哑铃，将它放在左髋的外侧，掌心朝向髋部。
- 肘部应该稍微弯曲。

右手掌置于裤子口袋前方。

B

- 不改变肘部的弯曲角度，跨过身体将哑铃举起，直到手高于头部，掌心朝前。
- 动作回复到起始位置。
- 用右臂完成规定的重复次数后，立即用左臂执行相同的重复次数。

保持肘部稍微弯曲。

让没有拿哑铃的手臂垂下或置于髋部。

绳索斜拉

A

- 将镫形手柄安装到绳索练习器的低滑轮上。
- 采用站姿，身体的右侧朝着配重架，用左手握住手柄，并把它放在右髋的前面，肘部稍弯曲。

B

- 不改变肘部的弯曲角度，跨过身体向上拉手柄，直到手高于头部。
- 将手柄降低到起始位置。
- 用左臂完成规定的重复次数，然后立即用右臂做同样的重复次数。

尽可能站直。

想象一下，就像要从剑鞘里拔出一把剑一样。

掌心应朝向髋部。

双脚与肩同宽。

这个动作帮助你完成多项任务：因为绳索斜拉可以锻炼肩袖肌群、上斜方肌和三角肌。

掌心朝前。

保持躯干挺直。

你的肩部会
受伤吗？

　　通过这个测试确定自己的肩部损伤风险：保持肘部弯曲呈直角且上臂平行于地面的手臂姿势，就像要击掌一样。不改变上臂的位置，也不要移动肩部，尽可能向前和向下旋转前臂，然后再反向移动。你需要能够让前臂旋转180度。如果做不到，请使用"睡姿拉伸"（第143页）来改善你的肩部柔韧性。

主要动作
绳索外旋

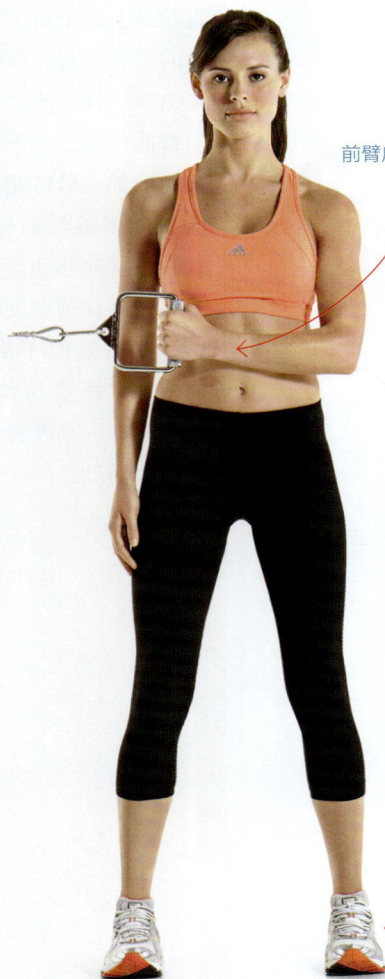

前臂应触到腹部。

掌心朝前。

肘部保持在原位。

A

- 将镫形手柄安装到绳索练习器的低滑轮位，用左手抓住握把，站在配重架旁边，身体的右侧朝着配重架。
- 左手肘弯曲90度，上臂靠近身体，垂直于地面。

双脚与肩同宽。

B

- 向外旋转前臂，仿佛它是一扇转开的门，而上臂就充当铰链。
- 停顿一下，然后慢慢返回到起始位置。
- 用左臂完成规定的重复次数后，立即用右臂做同样次数。

变式 1

45度绳索外旋

A

- 与配重架呈一定角度站立。
- 保持上臂与身体呈45度角。

B

- 不改变上臂的位置，尽可能地向前和向后旋转前臂。

上臂的角度应该在平行于地面和躯干一侧之间。

在旋转手臂时，不要抬高或降低肘部。

变式 2

90度绳索外旋

A

- 面向配重架站立。
- 保持上臂与身体呈90度角。

B

- 不改变上臂的位置，尽可能地向前和向后旋转前臂。

向下拉肩部，并保持住。

保持手腕伸直。

身体挺直。

掌心该朝向身后。

肘部应弯曲90度。

肩部

你从未做过的最佳肩部练习

肩胛面30度平举和耸肩

这个动作是持续提供肩部益处的练习。当你举起哑铃来进行肩胛面30度平举时，你的目标是前三角肌、肩袖肌群和前锯肌。然后是耸肩，就像过头耸肩那样，这个版本的动作强调上斜方肌多于肩胛提肌，这有助于更好地平衡旋转肩胛骨的肌肉。最终结果：更健康的肩部和更好的姿势。

A
- 采用站姿，握着一对哑铃，双臂在身体两侧垂下，掌心相对，肘部稍微弯曲。

B
- 不改变肘部弯曲，手臂抬起至肩部水平，与身体呈30度角（这样它们形成一个Y形）。

C
- 在动作的最高位置，肩部向上耸起。
- 停顿一下，然后慢慢地降低哑铃，回到起始位置。

尽可能站直。

手臂平行于地面。

肩部顶部朝缩向耳部。

双脚与肩同宽。

最佳肩部拉伸练习
睡姿拉伸

它为什么好： 它可以放松肩袖肌群。僵硬的肩袖肌群会导致肩部紧张和拉伤。

充分利用它： 保持拉伸30秒，并重复3次。每天执行此程序2~3次，以提升柔韧性，或每周3次，以保持肩部柔韧性。

A

- 向左侧卧在地面上，左上臂在地面上，肘部弯曲90度。
- 调整身体位置，让右肩稍微在左肩后面，而不是在它的正上方。
- 左前臂应指向天花板。

B

- 轻轻地将左手推向地面，直到在左肩的背面感觉到舒适的拉伸。
- 保持姿势至规定时间，然后转身，完成右肩的拉伸。

右肩应该稍微在左肩后面，而不是在正上方。

肘部应该稍低于肩部。

你应该在此处感受到拉伸的紧张感。

肩部

塑造完美肩部

这个4周的全身锻炼来自尼克·图敏尼洛，他是巴尔的摩体能中心的老板。该锻炼方案以肩部为重点——改善你的姿势，并让你穿无袖上衣时靓丽迷人。

怎么做： 每个重量锻炼方案（锻炼A、锻炼B和锻炼C）都要每周进行一次，每次训练课后至少休息一天。将每个三组合练习（1A、1B和1C）或二组合练习（2A，2B）作为微型循环训练来完成。也就是说，每个练习各1组，连续完成，中间不休息。在每个动作都完成1组后，休息指定时间，然后重复该循环，直到完成所有规定的组数。一旦完成了至少2组或3组（你自己决定）练习1A、1B和1C，就继续下一套（2A，2B）练习。

锻炼A

练习	组数	重复次数	休息
1A. 高脚杯深蹲（第204页）	2~3	15~20	0
1B. 哑铃肩上推举（第120页）	2~3	10~15	0
1C. 深蹲推举（第343页）	2~3	10~15	1~2分钟
2A. 单腿臀桥（第240页）	1~2	15~20	0
2B. 瑞士球Y-T-W-L平举（第87-91页）	1~2	10~12	1分钟

锻炼B

练习	组数	重复次数	休息
1A. 上斜俯卧撑（第38页）	2~3	15~20	0
1B.（上斜）俯卧撑加强版（第64页）	2~3	15~20	0
1C. 平板支撑（第278页）	2~3	保持20~40秒	1~2分钟
2A. 哑铃侧弓步（第221页）	1~2	10~15	0
2B. 坐姿哑铃外旋（第136页）	1~2	12~15	1分钟

锻炼C

练习	组数	重复次数	休息
1A. 单腿哑铃直腿硬拉（第257页）	2~3	12~15	0
1B. 哑铃划船（第78页）	2~3	12~15	0
1C. 交替哑铃肩上推举加转身（第123页）	2~3	10~12	1~2分钟
2A. 反向哑铃弓步（第217页）	1~2	10~15	0
2B. 侧平板支撑（第284页）	1~2	保持15~25秒	1分钟

第7章　手臂

让你引人注目的肌肉

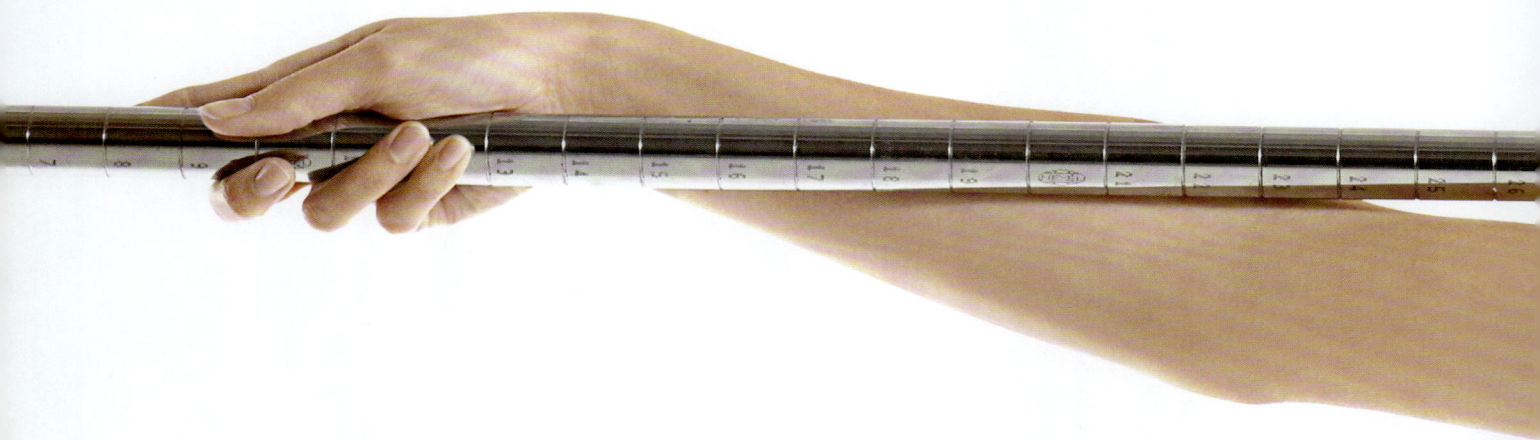

手臂

手臂就像你的新闻发布官，将你在健身房里的所有艰苦锻炼公之于众。这是因为，只有它们是可以随时随地都能展现出来的肌肉。如果肱二头肌和肱三头肌的线条清晰，大家会认为你的其他肌肉也同样紧实。

好消息是，线条分明的手臂并不是你想象的那么难实现。因为：几乎每个上半身练习（无论是胸部、背部还是肩部的练习）都涉及手臂。毕竟，这些练习需要使用手臂来帮助移动重物。所以，努力锻炼其他上半身肌肉，手臂自然就会受益。然后，你可以简单地使用本章中特定的肱二头肌、肱三头肌和前臂练习来给它们多一点关爱。

额外的好处

生活更轻松！ 更强壮的肱二头肌让你更轻松地携带任何东西。所以无论是买杂货还是抱着婴儿，你都会注意到差别。

降低损害！ 肱三头肌可以保护肘关节，每当肘部被迫突然弯曲时，肱三头肌都可以充当减震器来减轻压力，例如，在你被绊倒时提供缓冲，或者在颠簸的路上骑自行车时提供支撑。

让全身肌肉获益！ 手臂协助上半身的所有肌肉的练习。所以如果较小的手臂肌肉太早筋疲力尽，就会让较大的胸部、背部和肩部肌肉的锻炼不足。确保自己的手臂足够强壮，全身肌肉都会从中受益。

认识你的肌肉

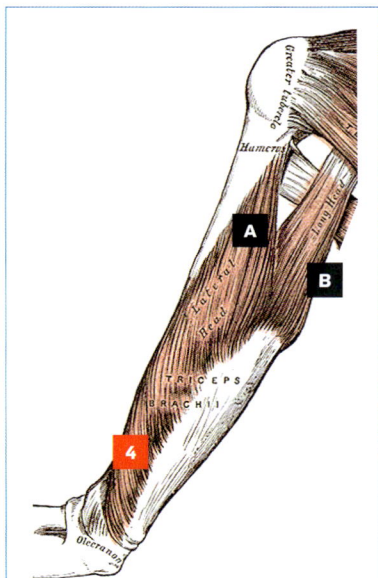

肱三头肌

上臂背面的肌肉称为肱三头肌[4]。当线条清晰时，它呈现出马蹄形。顾名思义（三头肌），肌肉无疑由三条不同肌腱（头）组成。所有三条肌腱都由上臂或肩胛骨的后方开始，然后结合，一直连接到前臂。因此，肱三头肌的主要工作是伸直手臂。所以这块肌肉与对抗阻力伸直手臂的任何练习相关：肱三头肌伸展、肱三头肌下压，当然，还有胸部推举和肩上推举。

肱三头肌的外侧段称为外侧头[A]。肱三头肌的中间段称为内侧头（图中显示不出来；在外侧头的后面）。肱三头肌的内侧段称为长头[B]。

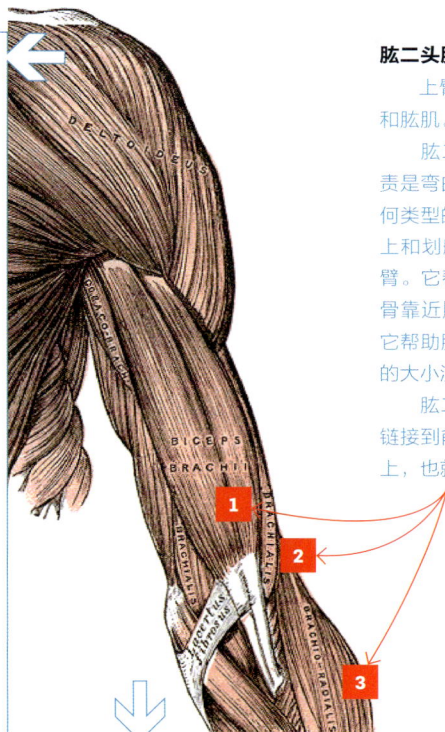

肱二头肌

上臂正面的凸起主要归因于两个肌肉群：肱二头肌和肱肌。

肱二头肌[1]起源于肩部，并附着到前臂。它的职责是弯曲肘部和旋转前臂——这个动作被称为旋后。任何类型的臂弯举都可以锻炼这块肌肉，包括反握引体向上和划船。肱肌[2]起自上臂骨的中间，同样附着到前臂。它帮助肱二头肌弯曲肘部。肱桡肌[3]起源于上臂骨靠近肘部的位置，并附着到靠近手腕的位置。所以，它帮助肱二头肌弯曲肘部和旋转前臂，但它对肱二头肌的大小没什么贡献。

肱二头肌由两个独立的部分（也称为"头"）组成，链接到前臂桡骨之前肌腱合二为一。肱肌附着在尺骨上，也就是两侧前臂骨中较长的那根。

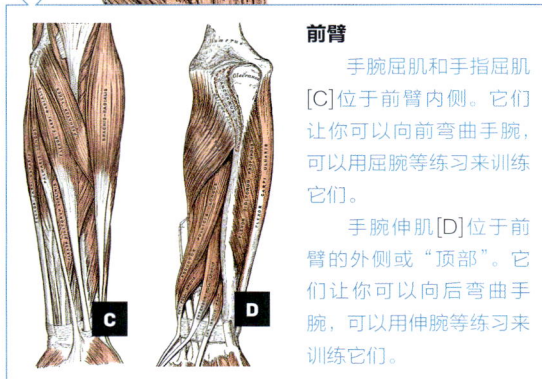

前臂

手腕屈肌和手指屈肌[C]位于前臂内侧。它们让你可以向前弯曲手腕，可以用屈腕等练习来训练它们。

手腕伸肌[D]位于前臂的外侧或"顶部"。它们让你可以向后弯曲手腕，可以用伸腕等练习来训练它们。

肱二头肌 | 臂弯举

在本章中，你将找到针对手臂肌肉的74个练习。这些练习分为三个主要部分：肱二头肌、肱三头肌和前臂。

在每个部分中，你将会注意到某些练习被指定为"主要动作"。掌握这种动作的基本版本，就可以用完美的姿势完成所有变式。

臂弯举

这些练习的目标是肱二头肌、肱肌和肱桡肌。上背部和后肩部的肌肉也会发挥作用，因为你在身体前面弯举起重物时，需要这些肌肉保持肩部稳定。

想象自己试图在耳朵和肩部之间创造尽可能多的空间。

向下向后拉肩部并保持。

主要动作
曲杆弯举

A

- 反握曲杆，双手与肩同宽。
- 手掌应该向内倾斜。
- 垂下手臂，让曲杆在腰前。

双脚与肩同宽。

2.5

根据美国乔治华盛顿大学的一项研究，慢慢地降低重物并且快速举起它，与从头到尾都以缓慢的速度进行每次练习相比，前者可使力量增长多2.5倍。

保持挺胸。

在整个练习过程中都要尽可能站直。

B

- 上臂不动，弯曲肘部并弯举杠铃，使其尽可能接近肩部。
- 停顿一下，然后慢慢地降低重物，回到起始位置。
- 每次回到起始位置时，手臂都要完全伸直。

如何衡量？

不，你可能不想要更粗壮的手臂。但如果你的体重过大，测量臂围可以是一个有用的办法，可以帮助你跟踪全身减脂效果并保持动力。这是因为，当减掉赘肉时，臂围会减少，手臂看起来更紧实。为了获得最准确的结果，要在早餐和运动前进行测量。向前伸直手臂，用卷尺绕在上臂最粗的部分。记录周长，然后测量另一只手臂。

肱二头肌 | 臂弯举

变式1

窄握曲杆弯举

- 用窄距反握的方式握住杠铃，双手的距离大约15厘米。

双脚与肩同宽。

变式2

宽握曲杆弯举

- 反握杠铃，双手的距离约为肩宽的1.5倍。

尽可能站直。

变式3

瑞士球斜托弯举

A

- 跪着趴在瑞士球上，上臂放在球上。
- 用窄距反握的方式握住杠铃，肘部弯曲大约5度。

肘部稍微弯曲。

B

- 上臂不要离开球，向着肩部弯举重物。

下背部自然拱曲。

变式 4

曲杆斜托弯举

- 把上臂放在牧师屈臂练习凳的斜垫上，并在前面握住杠铃，肘部弯曲大约5度。
- 上臂不动，弯曲肘部并向着肩部弯举杠铃。

双手的距离应大约15厘米。

保持上臂在斜垫上。

变式 5

反向曲杆弯举

- 正握杠铃，双手距离与肩同宽。

手掌心朝向大腿。

变式 6

泰勒弯举

挺拔地站直。

俯身时，上臂和下臂保持在不动。

肘部弯曲约90度。

下背部保持自然拱曲。

A
- 反握曲杆，双手与肩同宽，垂下手臂，让曲杆在腰前。

B
- 上臂不动，弯曲肘部并弯举曲杆，使其尽可能靠近肩部。将曲杆保持在该位置。

C
- 从髋部处向前弯身，直到前臂平行于地面。

D
- 将躯干抬起到直立姿势，同时保持前臂平行于地面（手臂会微微伸直）。

肱二头肌 | 臂弯举

主要动作
站姿哑铃弯举

上臂保持不动。

尽可能站直。

掌心朝前。

双脚与肩同宽。

A
- 握住一对哑铃，双臂垂在身体两侧。
- 转动手臂，使掌心朝前。

B
- 上臂不动，弯曲肘部并弯举杠铃，使其尽可能靠近肩部。
- 停顿一下，然后慢慢降低哑铃，回到起始位置。
- 每次回到起始位置时，手臂都要完全伸直。

变式 1
站姿扭转哑铃弯举

除了在站立时使用这种方法，你还可以在下一页列出的任何其他身体姿势中使用扭转技巧。

双臂应该伸直。

掌心相对。

A
- 开始时使用锤式握法，手放在大腿旁边。

保持挺胸。

上臂不动。

掌心应朝向肩部。

B
- 在弯举重物时，旋转手掌，使得在顶部位置时使用标准握法。

更多弯举方法！

不要同时弯举两个哑铃，而是以交替的方式一次举起一个。只需举起并降低一个哑铃，然后换一只手臂再重复。这样，你也许能够更多次重复，因为每当一只手臂休息时，另一只手臂在弯举哑铃，肱二头肌不会那么快疲劳。另一种变化方法：在举起一个哑铃的同时降低另一个。你可以配合在下一页列出的任何其他身体姿势、握法，在几乎所有弯举变式中使用这些技巧。

肱二头肌 | 臂弯举

变式 2~25

只要将以下5种握法与5种身体姿势混合搭配，可以组成25种不同版本的肱二头肌练习。以下是5种握法和身体姿势搭配的示例。要想获得最佳效果，记得经常改变动作组合。

身体姿势 #1：上斜式
上斜式偏拇指握法哑铃弯举

- 仰卧在一张设置为45度倾斜的训练椅上。
- 仰卧在上斜椅上会使手臂垂在身体后面，这在更大程度上加强了肱二头肌的长头锻炼。

使用偏拇指握法。

身体姿势 #2：下斜式
下斜式锤式弯举

- 俯卧在设置为45度倾斜的训练椅上。
- 这个姿势导致手臂垂在身体前面，更侧重于肱肌锻炼。

上臂保持不动。

身体姿势 #3：坐姿
坐姿反向哑铃弯举

- 在训练椅或瑞士球上坐直。
- 使用坐姿进行练习让你在弯举重物时减少来回摇晃躯干的过程，以防"作弊"。

保持挺胸，并向下和向后拉肩部。

身体姿势 #4：站姿

站姿哑铃弯举

- 双脚分立，与肩同宽。（完整的动作说明请参阅在第154页上被列为"主要动作"的"站姿哑铃弯举"。）
- 在站立时参与的核心肌肉总是比坐姿时更多。

保持躯干正直。

身体姿势 #5：弓步

弓步偏小指握法哑铃弯举

- 将一只脚放在面前稍微高于膝盖的训练椅或台阶上。
- 将一只脚放在训练椅上会迫使髋部与核心肌肉更用力，以保持身体稳定。

保持躯干正直。

使用偏小指握法。

标准握法
掌心朝前，握住手柄中间。这是哑铃弯举的默认握法。

偏小指握法
掌心朝前，双手的小指都触到哑铃的内侧头部。改变了重量分布，提供更多的变化。

拇指式握法
掌心朝前，双手的拇指都触到哑铃的外侧头部。这迫使肱二头肌在弯举重物时更加用力，以保持前臂向外旋转。

锤式握法
掌心相对。导致肱肌在整个动作过程中更用力。

反向握法
掌心朝向身后。这个动作的目标是肱桡肌，但会减少肱二头肌的活动。前臂有明显感觉。

肱二头肌 | 臂弯举

变式26
站姿哑铃反式弯举

上臂保持不动。

将掌心转向朝外。

在降低前臂时不要移动上臂。

A
- 开始时使用标准握法。

掌心朝前。

B
- 上臂不动，向着肩部弯举哑铃。

C
- 在弯举动作的最高处，向外旋转手腕，让掌心朝前。以这个姿势慢慢放下哑铃。

D
- 慢慢地放下哑铃。
- 将手腕和哑铃旋转回到起始位置，然后重复。

变式27
静态弯举

- 用右手握住哑铃，站在升高的倾斜训练椅后面。
- 将上臂的背面放在训练椅的顶部。
- 降低哑铃，直到手臂弯曲约20度。
- 保持该位置40秒以建立更多的肌肉刺激，或保持6~8秒，以获得更大的力量增长。然后换左臂重复。如此为一组动作。

上臂中段应该是身体接触训练椅的唯一部分。

选择正确的重量
选择让你可以保持目标时间的最大重量的哑铃。如果以提升力量为目标，所使用的重量要比侧重于更快的肌肉生长时更重。

变式28
哑铃弯举加静止保持

A
- 握住一对哑铃，在身体两侧垂下手臂，掌心朝前。
- 抬起左前臂，使肘部弯曲90度，并保持这个姿势。

B
- 用右臂进行一组哑铃弯举。完成所有的重复次数后，换手臂，用右臂进行静止保持，左臂进行弯举。

保持肘部弯曲90度不动。

变式 29
锤式弯举转推举

A

- 握住哑铃，在身体两侧垂下手臂，掌心相对。

尽可能站直。

B

- 向着肩部弯举哑铃。

上臂保持不动。

C

- 将哑铃推举过头，直到手臂伸直。

哑铃在肩部正上方。

变式 30
弓步锤式弯举转推举

A

- 站直，一只脚在身前，并放在稍微高于膝盖的训练椅或台阶上。
- 握住哑铃，在身体两侧垂下手臂，掌心相对。

核心收紧。

B

- 向着肩部弯举哑铃。

C

- 将哑铃推举过头，直到手臂伸直。

躯干挺直。

肱二头肌 | 臂弯举

绳索交替弹力弯举

双肘稍微弯曲。

身体挺拔站直。

从开始到完成都让上臂始终保持在相同的位置。

A

- 站在绳索交叉练习器的配重架之间，双手各握住一只高滑轮手柄。
- 双臂保持向两侧伸出，平行于地面，微微弯曲。

膝盖稍微弯曲。

双脚与肩同宽。

B

- 不移动左臂，右手向头部进行弯举。
- 让右臂慢慢伸直，然后用左臂重复动作。

绳索弯举

A
- 将直杆安装到绳索练习器的低滑轮。
- 反握拉杆，双手与肩同宽，双臂垂下。

B
- 上臂保持不动，弯举拉杆，使其尽可能接近胸部。
- 停顿一下，然后下降到起始位置。

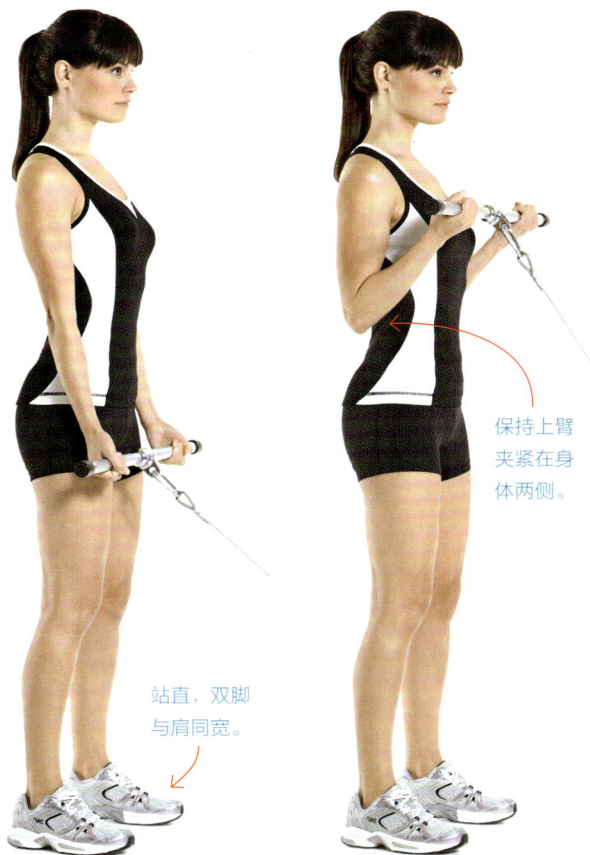

绳索锤式弯举

A
- 将绳子安装到低滑轮绳索，并站在配重架前30~60厘米处。
- 双手各握住绳把的两端，掌心相对。

B
- 肘部夹紧在身体两侧，慢慢地朝肩部弯举。
- 停顿一下，然后慢慢回到起始位置。

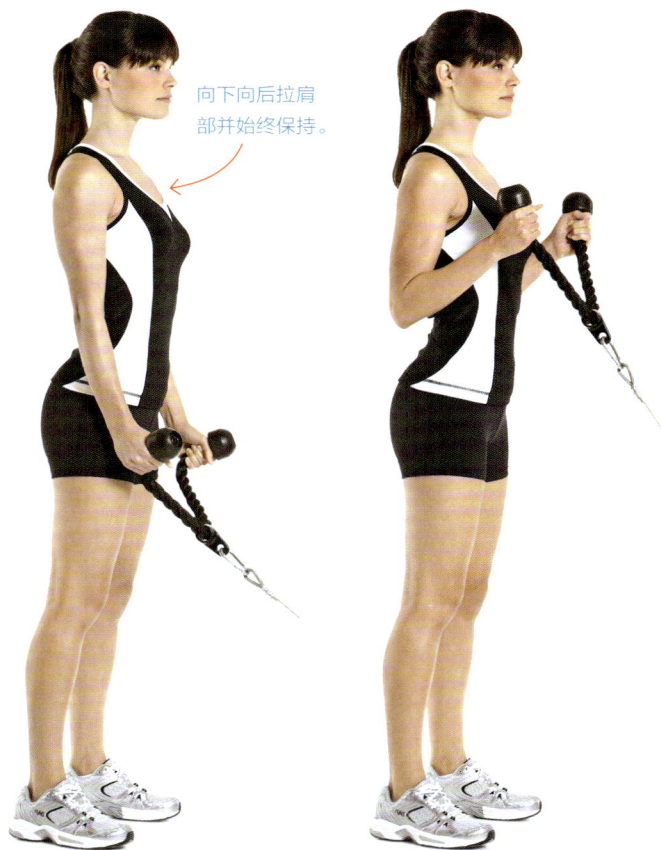

保持上臂夹紧在身体两侧。

站直，双脚与肩同宽。

向下向后拉肩部并始终保持。

肱三头肌 | 臂伸展

臂伸展

这些练习的目标是锻炼肱三头肌。同时上背部和后肩部的肌肉也发挥作用，因为这些肌肉在各式动作中，协助保持肩部稳定。

主要动作
仰卧曲杆肱三头肌伸展

A

- 正握曲杆双手距离略小于肩宽。
- 仰卧在水平训练椅上，伸直双臂，将曲杆举在额头上方，手臂角度倾斜。

手臂稍微后倾并完全伸直。

双脚始终平放在地面上。

你还可以使用杠铃来执行仰卧肱三头肌伸展。

根据《应用生理学》杂志的一项研究，在有氧运动后举重，而不是在之前举重，可增加手臂19%的力量。

19

B

- 上臂不动，弯曲肘部，降低曲杆，直到前臂刚刚越过与地面平行的位置。
- 停顿一下，然后伸直手臂，举起曲杆，回到起始位置。

上臂保持不动。

不要忘记这块肌肉！
肱三头肌占上臂肌肉的60%。所以对肱三头肌的重视程度要不低于肱二头肌，这将帮助你比只关注前面的肌肉更快地让手臂更紧致，更好看。

变式 1

上斜式曲杆肱三头肌伸展

- 进行该动作时仰卧在倾斜的训练椅上，将靠背设置为 30 度角。

将曲杆举在额头上方。

上臂保持不动。

变式 2

瑞士球仰卧曲杆肱三头肌伸展

- 进行该动作时不是仰卧在水平的训练椅上，而是将背部的中上部牢牢地压靠在瑞士球上。抬起髋部，使身体从膝盖到肩部呈一条直线。

前臂弯曲低于地面平行线。

变式 3

静止仰卧曲杆肱三头肌伸展

- 降低曲杆，直到肘部弯曲 90 度。
- 保持该位置 40 秒，以建立更多肌肉参与发力，或保持 6~8 秒，以获得更大的力量增长。此为一组动作。

肘部弯曲 90 度。

握住曲杆在此处保持规定的时间。

双脚平放在地面上。

变式 4

仰卧肱三头肌伸展转窄握卧推

- 首先做仰卧曲杆肱三头肌伸展，执行尽可能次重复，直到自己觉得吃力。然后，不改变双手的位置，立即切换到卧推。以完美姿势完成尽可能多的重复次数。

完成仰卧肱三头肌伸展后，将曲杆降低到下胸部。

向上直线推举曲杆，重复此动作。

肱三头肌 | 臂伸展

主要动作
过头曲杆
肱三头肌伸展

A

- 正握曲杆，双手距离与肩同宽。
- 双臂伸直，将曲杆举起在头部上方。

双臂完全伸直。

曲杆在头部正上方。

向下向后拉肩部并保持此姿势。

核心收紧。

尽可能站直。

双脚与肩同宽。

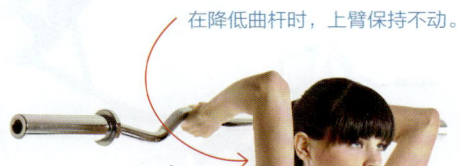

B

- 上臂不动，弯曲肘部，将曲杆降低到头部后方，直到前臂至少和地面平行。
- 停顿一下，然后伸直手臂，让曲杆回到起始位置。

在降低曲杆时，上臂保持不动。

变式 1
坐姿过头曲杆肱三头肌伸展

A

- 不采用站姿，而是在水平训练椅上坐直。

← 保持核心收紧。

双脚平放在地面上。

B

- 上臂不动，弯曲肘部，降低曲杆。

前臂应至少平行于地面。

变式 2
瑞士球过头曲杆肱三头肌伸展

A

- 不采用站姿，而是在瑞士球上坐直。

曲杆在头部上方，双臂伸直。

坐直。

B

- 保持上臂不动，弯曲肘部，并降低曲杆，直到前臂至少与地面平行。

不要向前或向后倾斜。

保持核心收紧。→

165

肱三头肌 | 臂伸展

主要动作
哑铃仰卧肱三头肌伸展

A

- 握住一对哑铃，仰卧在训练椅上。
- 伸直双臂，将哑铃举在头部上方，掌心相对。

手臂稍微向后倾斜。

完全伸直手臂。

B

- 上臂不动，弯曲肘部降低哑铃，直到前臂越过地面的平行线。
- 停顿一下，然后通过伸直手臂将哑铃举起，回到起始位置。

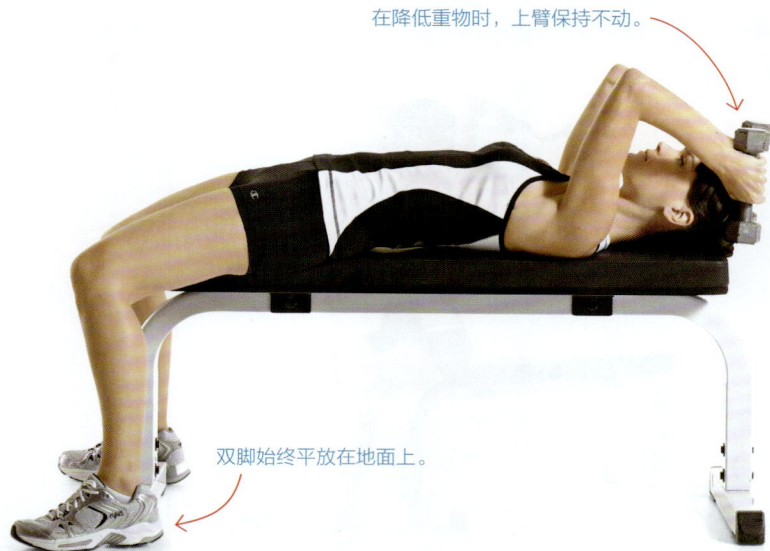

在降低重物时，上臂保持不动。

双脚始终平放在地面上。

变式 1

交替哑铃仰卧肱三头肌伸展

- 握住一对哑铃，仰卧在水平训练椅上，掌心相对，并伸直双臂。
- 不要同时降低两个哑铃，而是以交替的方式一次降低一个哑铃。

手臂稍微向后倾斜。

在降低一个哑铃时，举起另一个。

变式 2

瑞士球哑铃仰卧肱三头肌伸展

- 执行动作时不要躺在水平的训练椅上，而是将背部的中上部牢牢压靠在瑞士球上，抬起髋部，让它与躯干在同一平面。
- 上臂不动，弯曲肘部，降低哑铃，直到前臂越过地面的平行线。

上臂保持不动。

身体应该从肩部到膝盖呈一条直线。

变式 3

仰卧哑铃过头伸展

A

- 握住一对哑铃，仰卧在水平训练椅上。
- 将哑铃举起在肩部的正上方。
- 掌心相对。

手臂伸直。

双脚平放在地面上。

B

- 上臂不动，弯曲肘部，降低哑铃，直到前臂越过地面的平行线。

肘部弯曲90度。

C

- 不改变肘部弯曲角度，在舒适的情况下将哑铃降低到头部后方尽可能远的地方。
- 停顿一下，然后逆向执行动作的每个阶段，返回到起始位置。

在降低上臂时，肘部应该保持弯曲90度。

肱三头肌 | 臂伸展

主要动作
哑铃过头肱
三头肌伸展

双臂完全伸直。

核心收紧。

A

- 握住一对哑铃，站直，双脚与肩同宽。
- 伸直手臂，将哑铃举在头部上方，掌心相对。

2

根据美国俄亥俄州立大学的一项研究，听着音乐做训练的人与在安静环境中训练的人相比，前者在锻炼后参加认知测试所获得的成绩比后者高2倍。

前臂至少平行于地面。

上臂保持不动。

B

- 上臂不动，将哑铃降低到头部后方。
- 停顿一下，然后伸直手臂，使哑铃回到起始位置。

双脚与肩同宽。

变式 1

坐姿哑铃过头肱三头肌伸展

A

- 不采用站姿，而是在水平的训练椅上坐直。

掌心相对。

B

- 上臂不动，降低哑铃，直到前臂至少与地面平行。

在降低重物时，上臂保持移动。

变式 2

瑞士球哑铃过头肱三头肌伸展

- 不采用站姿，而是在瑞士球上坐直。
- 上臂不动，降低哑铃，直到前臂至少与地面平行。
- 停顿一下，然后伸直手臂，使哑铃回到起始位置。

双臂伸直。

保持核心收紧，不要让身体向后或向前倾斜。

双脚应该留在地面上。

肱三头肌 | 臂伸展

绳索过头肱三头肌伸展

A

- 将绳索手柄安装到绳索练习器的高位滑轮上。
- 握住手柄，背对配重架站立。
- 采用双脚前后错开的站姿。
- 在髋部处身体前倾，直到躯干几乎平行于地面。
- 双手在头部后面各握着绳索的一端，肘部弯曲90度。

B

- 上臂不动，向前推前臂，直到肘部绷直。
- 停顿一下，然后返回到起始位置。

背部保持自然拱曲。

上臂保持不动。

在完全伸直手臂时，允许手掌向下转动。

膝盖稍微弯曲。

主要动作
肱三头肌下压

教练提示

如果在肱三头肌下压练习中使用的重量过大，就会导致背部和肩部肌肉的协助参与，但这并不是该练习的目的。有一个策略可以避免这种错误：想象自己穿着紧身吊带，在练习时保持肩部向下拉。不能让肩部向下？那么你需要使用更轻的重量。

允许肘部弯曲超过90度。

向下向后拉肩部，并在整个动作中保持这个姿势。

在执行该练习时不要向前或向后倾斜。

A
- 将直杆安装到绳索练习器的高位滑轮上。
- 弯曲双臂并正握拉杆，双手距离与肩同宽。
- 双臂夹紧在身体两侧。

B
- 上臂不动，将拉杆向下推，直到肘部绷直。
- 慢慢返回至起始位置。

肱三头肌 | 臂伸展

变式 1
反握肱三头肌下压

- 反握拉杆。

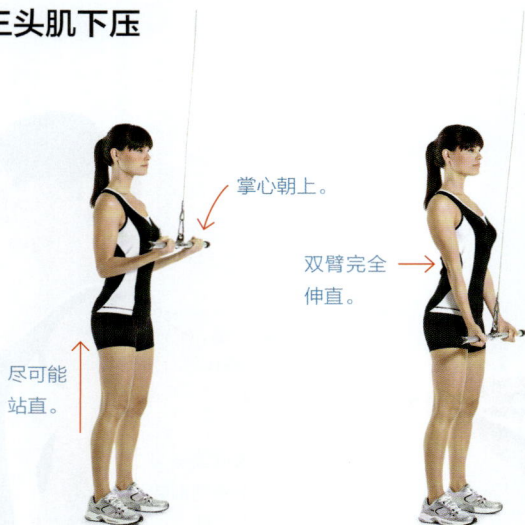

掌心朝上。

双臂完全伸直。

尽可能站直。

变式 2
绳索肱三头肌下压

- 双手各握住绳索的一端。

掌心相对。

在向下拉时，旋转手腕，掌心朝向地面。

变式 3
单臂绳索肱三头肌下压

A

- 用右手握住绳索，掌心朝内。

B

- 用右臂完成规定的重复次数后，立即用左臂做同样的次数。

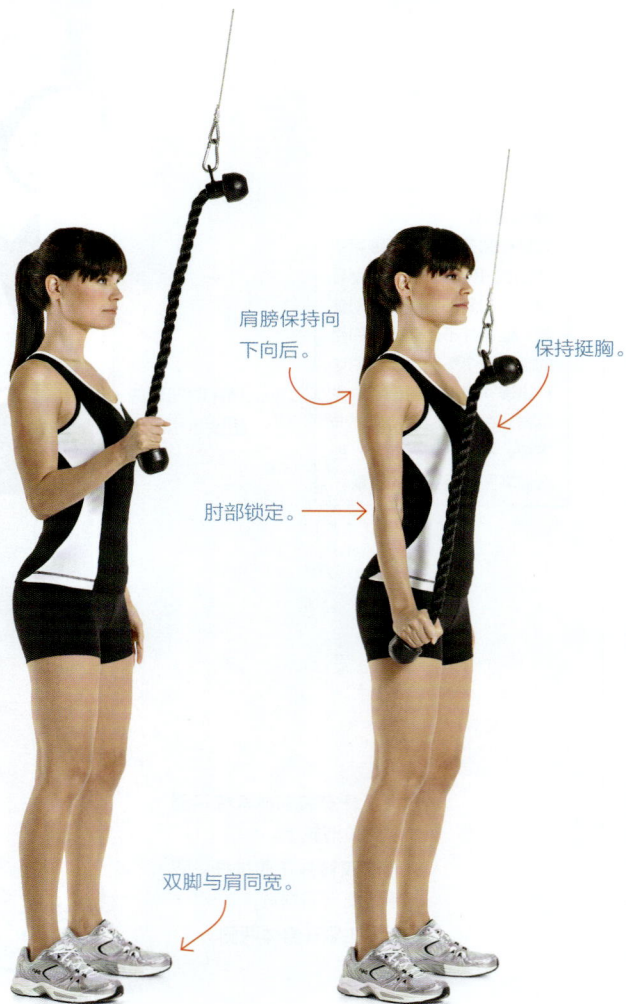

肩膀保持向下向后。

保持挺胸。

肘部锁定。

双脚与肩同宽。

哑铃俯身臂屈伸

上臂平行于地面。

下背部不要拱起。

肘部锁定。

上臂保持不动。

A

- 左手和左膝放在水平的训练椅上。
- 下背部自然拱曲，躯干平行于地面。
- 右上臂保持平行于地面，并且肘部弯曲。

B

- 不移动右上臂，抬起前臂，直到手臂完全伸直。
- 逆向执行动作，回到起始位置。

前臂 | 手腕和手部练习

这些练习主要针对腕屈肌和腕伸肌。它们是贡献握力的前臂肌肉。同时也会锻炼手、手指的肌肉，强大的握力也和这些肌肉息息相关。

屈腕

A

- 反握一对哑铃，双手距离与肩同宽。
- 跪在训练椅前面。
- 把前臂放在训练椅上，掌心朝上，双手自然悬空握住哑铃。
- 允许手腕因哑铃的重量而向后弯曲。

下背自然拱曲。

B

- 向着身体抬起手掌，从而向上弯曲手腕。
- 逆向执行动作，回到起始位置。

动作应只发生在手腕。

伸腕

A

- 正握一对哑铃，双手距离与肩同宽。
- 跪在训练椅前面。
- 把前臂放在训练椅上，掌心朝下，双手自然悬空握住哑铃。
- 允许手腕因哑铃的重量而向前弯曲。

B

- 向着身体抬起手背，从而向上伸展手腕。
- 逆向执行动作，回到起始位置。

不要让前臂抬起离开训练椅。

杠铃静握

- 在髋部高度的架子上放一个杠铃，并加载较大的重量。
- 正握杠铃，双手距离大于肩宽。（双手距离越大，越难撑握住杠铃，更有益于训练。）
- 膝盖下沉，将杠铃从架子上提起，然后针对自己的目标保持适当的时间。若要获得最大力量，请选择可以保持约20秒的最大重量。若要想增肌的话，选择最多可以保持约60秒的最大重量。

保持挺胸。

尽可能站直。

双脚与肩同宽。

粗杠可以更好地锻炼前臂

为了更好地针对前臂和手部的肌肉，用毛巾包裹住握住杠铃或哑铃的部分。这可以增加杠铃的直径，迫使自己更加用力地握住它。任何前臂练习都可以使用这种策略，伸腕、杠铃静握、农夫行走，以及你可以想到的任何动作，如杠铃划船或哑铃弯举皆可。

前臂 | 手腕和手部练习

六角哑铃静握

- 双手各握住一个六角哑铃的顶部。(你也可以单独锻炼每只手。)握住哑铃，针对自己的目标保持适当的时间。
- 若要获得最大力量，请选择可以保持约20秒的最大重量。若要增肌，选择可以保持约60秒的最大重量。

保持挺胸。

为了使六角哑铃静握这个练习更难，尝试以这种方式握住重物的同时进行臂弯举。

握出肌肉
根据美国奥本大学的一项研究，简单地握持杠铃或哑铃可以在12周内分别将手腕和前臂的力量增强25%和16%。

站直，双脚与肩同宽。

农夫行走

- 握住一对较重的哑铃，双臂在身体两侧自然垂下。
- 只要还能拿住哑铃就一直向前走。
- 如果可以步行超过60秒，就要使用更大的重量。

握住哑铃，双臂在身体两侧自然垂下。

夹配重板弯举

A

- 用右手握住两块较轻的杠铃片。
- 用拇指与其余四只手指将两块板夹在一起握着。（如果可以选择的话，你应该夹住杠铃片的光滑面。）
- 双臂伸直，垂在身体两侧。

B

- 不要移动上臂，弯曲肘部，弯举杠铃片，使其尽可能接近肩部。
- 慢慢地将杠铃片降低到起始位置。

将杠铃片夹在一起。

上臂保持不动。

19

根据《欧洲应用生理学》（*European Journal of Applied Physiology*）杂志的一项研究，人们在8周的握力提高练习后，收缩压平均降低19千帕，舒张压平均降低5千帕。

手臂

你从未做过的最佳手臂练习
三站式曲杆弯举

这些动作有何特别之处呢？它们要求你在执行动作的过程中，在三个不同的位置停住10秒。在每个点的停顿增加了在那个关节角度和10度范围内的力量。所以这有助于消除你肌肉可能存在的任何薄弱环节。它也让你的肌肉在每组练习中保持承受张力超过30秒，更加促进肌肉生长。你可以在手臂弯举或手臂伸展的任何变式中应用该技术。

挺胸站直。

上臂保持不动。

A
- 做一个曲杆弯举，但在降低曲杆时，在如图所示的三个位置上分别停顿10秒。一次完整的重复就是一组动作。

B
- 第1站：曲杆降低约5厘米。

C
- 第2站：肘部弯曲90度处。

D
- 第3站：在手臂伸直之前5~10厘米处。

三站式哑铃仰卧肱三头肌伸展

A

- 做一个哑铃仰卧肱三头肌伸展，但在如图所示的三个位置上分别停顿10秒。一次完整的重复就是一组动作。

B

- 第1站：哑铃放下约10厘米处。

C

- 第2站：肘部弯曲约90度处。

D

- 第3站：重物降低到该练习的最低位置。

手臂

最佳肱二头肌拉伸练习

肱二头肌拉伸

它为什么好： 这种拉伸可以放松肱二头肌。当肱二头肌僵硬时，手臂看起来永远都是弯曲的。肱二头肌僵硬也会对肩关节的活动范围有不良影响。

充分利用它： 每只手臂保持此拉伸30秒，然后重复2次，共3组。每天规律进行。

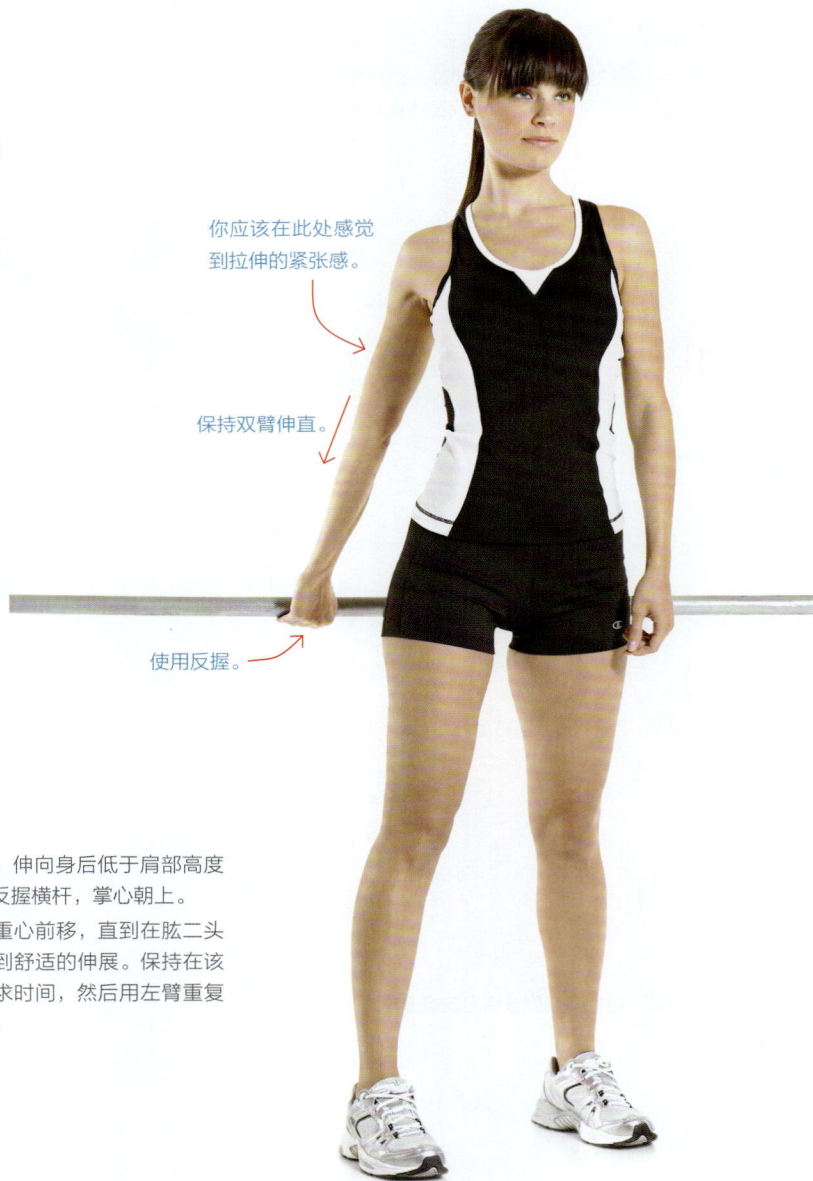

你应该在此处感觉到拉伸的紧张感。

保持双臂伸直。

使用反握。

A

- 右臂伸直，伸向身后低于肩部高度的横杆，反握横杆，掌心朝上。
- 将自己的重心前移，直到在肱二头肌处感觉到舒适的伸展。保持在该位置至要求时间，然后用左臂重复同样动作。

最佳肱三头肌拉伸练习

头顶肱三头肌拉伸

它为什么好：这种拉伸可以放松肱三头肌。当肱三头肌紧张时，你可能会难以将手举过头顶。肱三头肌紧张也会对肩关节的活动范围有不良影响。

充分利用它：每只手臂保持此拉伸30秒，然后重复2次，共3组。每天规律进行。

在头部后方轻拉右臂。

你应该在此处感觉到拉伸的紧张感。

A

- 将右手伸过头顶，然后弯曲肘部，使右手落在头部后方。
- 用左手握住右肘，在头部后方轻轻地拉右臂。当你在上臂的背面感觉到伸展时，保持该位置达规定的时间。然后换手臂并重复动作。

手臂

塑造完美手臂

好的手臂锻炼有一个关键：保持简单。事实上，最好的方法就是将针对手臂的练习留到训练课的最后环节。毕竟，手臂参与了每一个上半身练习。所以，如果它们早早就筋疲力尽，你将不能够让胸部、背部和肩部的肌肉有足够的锻炼强度。尝试来自《累积强度训练》（*Escalating Density Training*）的作者查尔斯·斯塔利设计的这个全臂锻炼计划。它的目的是为手臂提供快速紧致起来所需要的锻炼，并且不需要加长锻炼的时间。相反，你只需要花更少的时间做更多的锻炼——这是一个鲜为人知的肌肉塑造小秘密。

怎么做： 从本章的"肱二头肌"部分选择一个练习，并从"肱三头肌"部分选择一个练习。在每个练习中，都选择允许你完成10次重复的最大重量。然后启动秒表，并进行肱二头肌练习，重复5次，然后5组肱三头肌的练习。休息，时间长度自定，然后重复。继续以这种方式来回交替10分钟。你可以随时根据需要减少重复次数。所以，当你疲劳时，可以每组只是做3次或2次重复——跟着感觉走。但是，请确保记录在10分钟内执行的总重复次数。然后，在下一节训练课时，尝试超越那个数字。每隔4天重复一次这个程序。

附送锻炼计划：肱二头肌塑造练习

　　肱二头肌由快收缩肌和慢收缩肌组成。所以，为了充分训练手臂，需要确保所有这些纤维都得到锻炼。尝试由3个动作组成的这个程序，每周2次，持续4周。它以大重量配低重复次数来锻炼快肌，用中等重量配中等重复次数来锻炼快肌和慢肌的组合，并用小重量和高重复次数来锻炼慢肌。你可以将用手臂在身体后面的姿势进行第一个练习，用手臂与身体呈一条直线的姿势执行第二个练习，用手臂在身体前面的姿势进行第三个练习，从而帮助锻炼组成肱二头肌的整个肌肉纤维组合。

　　怎么做： 将该锻炼方案作为循环训练，每个练习执行一组后，中间没有休息。完成一个循环后，休息2分钟，然后重复该程序1次或2次。从菜单中选择任何练习，但确保不要在所有动作中都使用相同的握法（标准握法、偏小指握法、偏拇指握法、锤式握法、反向握法）。为了保持增肌，每4周选择一次新的练习。为了有更多的变化，你也可以调整练习的顺序。比如，你可以将练习3的动作放在锻炼方案中的最前面，练习1的动作放在第二个，练习2的动作在最后，诸如此类。

练习1
从以下动作中选择任意一个，并做6次重复。
上斜式哑铃弯举（第156页）
上斜式锤式弯举（第156页）
上斜式偏小指握法哑铃弯举
（第156页）
上斜式偏拇指握法哑铃弯举
（第156页）

练习2
从以下动作中选择任意一个，并做12次重复。
站姿哑铃弯举（第154页）
站姿锤式弯举（第157页）
站姿偏小指握法哑铃弯举
（第157页）
站姿偏拇指握法哑铃弯举
（第157页）

练习3
从以下动作中选择任意一个，并做25次重复。
下斜式哑铃弯举（第156页）
下斜式锤式弯举（第156页）
下斜式偏小指握法哑铃弯举
（第156页）
下斜式偏拇指握法哑铃弯举
（第156页）

手臂

附送锻炼计划：全身与手臂锻炼

这个全身锻炼计划在燃烧脂肪的同时塑造手臂，它来自体能训练师克雷格·巴兰坦，同时他也是TurbulenceTraining.com网站的老板。它旨在锻炼所有肌肉。其中有一个以肱三头肌为目标的程序（使用单臂肩上推举、窄距俯卧撑和仰卧哑铃肱三头肌伸展），其他程序以肱二头肌为重点，包括跪姿反握拉力器下拉和哑铃弯举。锻炼的目标：紧实的手臂以及结实的身体。

怎么做：每周3天，交替进行锻炼A和锻炼B，在每节训练课后休息至少一天。所以，如果你打算在每周星期一、星期三和星期五训练，则在星期一和星期五做锻炼A，在星期三做锻炼B。下一周，你将在星期一和星期五做锻炼B，在星期三做锻炼A。每周锻炼3天，在每节训练课后休息至少一天。在每次训练课中，把这些练习作为一个循环训练，完成一个动作后，不要休息，继续进行下一个动作。一旦完成了整个循环，休息2分钟，并重复1到2次。

关于窄距俯卧撑的一个特别注意事项：根据指示进行练习，但如果你无法完成至少6次重复次数，请在倾斜的表面上进行同样的动作（如第36页的上斜俯卧撑）。只需找到一个让你在开始吃力之前可以完成至少6次重复的高度。然后，在每次锻炼时，根据同样这个指引，执行尽可能多次的窄距俯卧撑。（有关更多说明，请参见第13页上的"应该使用多少重量"。）

锻炼A

练习	重复次数
1. 哑铃硬拉（第250页）或杠铃硬拉（第248页）	8
2. 单臂哑铃肩上推举（第122页）	8
3. 哑铃弓步蹲（第209页）	8
4. 窄距俯卧撑（第38页）	AMAP*
5. 三站式哑铃仰卧肱三头肌伸展（第179页）	12

*完成尽可能多的次数。

锻炼B

练习	重复次数
1. 跪姿反握拉力器下拉（第105页）	12
2. 瑞士球臀桥加屈腿（第243页）	15
3. 哑铃登阶（第262页）	10
4. 瑞士球前滚（第292页）	10
5. 站姿哑铃弯举（第154页）	8

第8章　股四头肌和小腿

健美的腿部，健美的身材

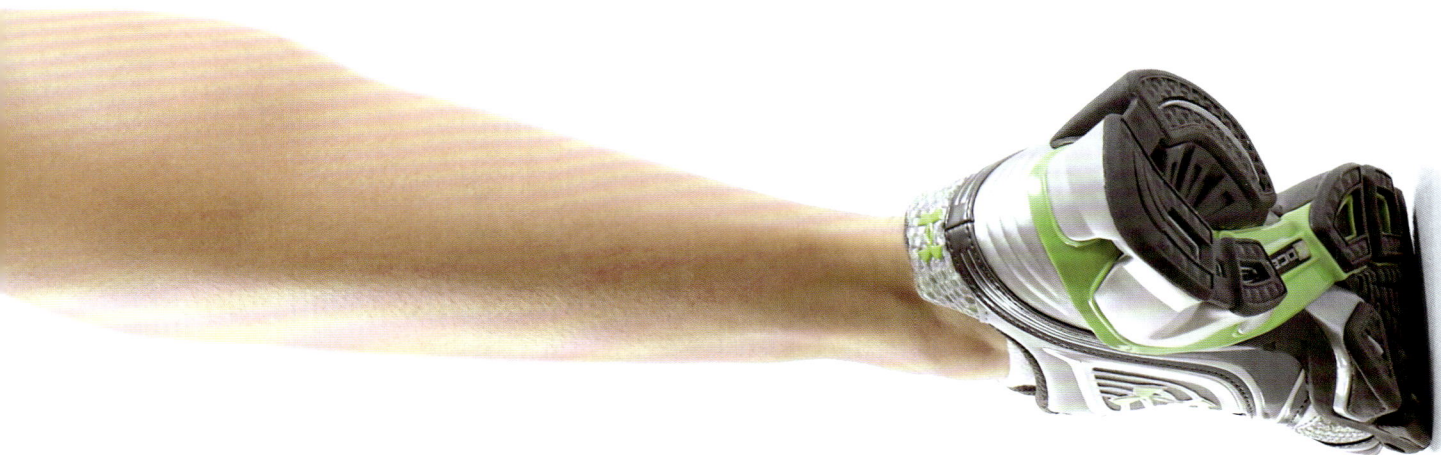

股四头肌
和小腿

人们很容易想忽略锻炼股四头肌的训练，因为对这些肌肉有最大训练效果的动作（比如深蹲和弓步）非常费力。然而，这正是它们的价值所在。

以深蹲为例。它比其他任何练习都燃烧更多的热量。除了以股四头肌为目标，它还可以锻炼到下半身的所有其他肌肉，包括腘绳肌、臀肌和小腿。

所以，深蹲和弓步肯定是困难的，但采用本章中的股四头肌练习，将让你获得更强壮结实的腿部和更苗条的腰腹。若你更加注重于小腿的力量和外型，这一节也包括专门针对小腿的练习。

额外的好处

漂亮的腹部！ 除了帮助你燃烧腹部的赘肉，深蹲还可以锻炼核心部位的肌肉，其效果比许多腹部练习更好。

更好的平衡！ 训练股四头肌也会加强腿部的韧带和肌腱，帮助让膝盖更稳定，更不容易受伤。

更强壮的背部！ 在对做上半身和下半身练习的举重者进行的研究中，挪威的科学家发现，那些强调下半身动作（例如，深蹲和弓步）的人获得了最大的上半身力量。

认识你的肌肉

股四头肌

大腿前面的主要肌肉是股四头肌[1]。这个肌肉群有四个不同的部分：股直肌[A]、股外侧肌[B]、股内侧肌[C]和股中间肌[图中没有显示；隐藏在股直肌下]。

所有这些部分在股四头肌的肌腱[D]处会合，并且附着在膝关节的正下方。总的来说，它们的主要功能是伸直膝盖。这就是为什么深蹲和弓步是锻炼股四头肌的最佳练习：它们要求你对抗一个阻力来伸直双腿，这个阻力即使只是自己的体重也非常有效。

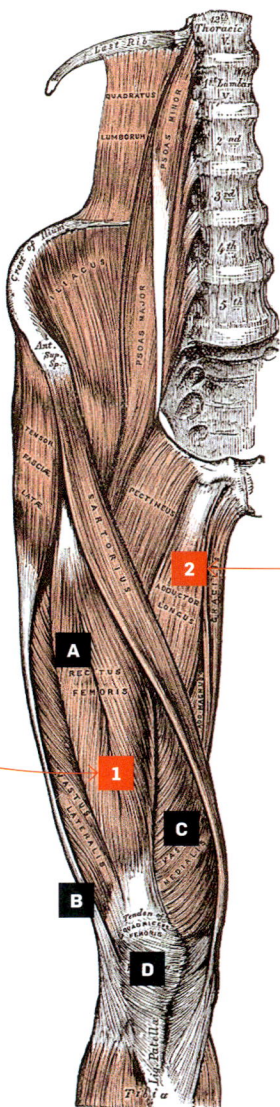

腓肠肌

小腿由两块独立的肌肉组成，都位于小腿背面。最接近皮肤表面的肌肉被称为腓肠肌[3]。它由两个部分组成：一个在腿的内侧，另一个在外侧。这两个部分开始于膝盖上方，并在跟腱[4]处会合，附着在脚踝后方。

髋内收肌

髋内收肌[2]是在大腿内侧（或通常被称为腹股沟处）的肌肉。当腿向侧面伸直时，髋内收肌让你可以把它拉向身体，这个动作被称为"髋关节内收"。这部分肌肉也大量参与到深蹲和弓步的动作当中。

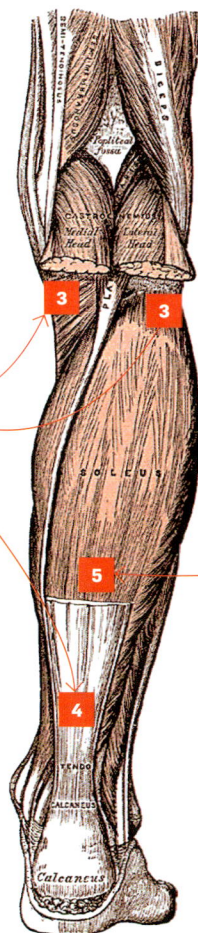

比目鱼肌

另一块小腿肌肉是比目鱼肌[5]，位于腓肠肌下面。它开始于膝盖的下方，并在跟腱处与腓肠肌会合。两块小腿肌肉的主要职责是伸展脚踝。比如当脚平放在地面上时提高脚跟的动作。所以，除了提踵以外，任何具有一定程度的脚踝伸展（如深蹲或跳跃动作）的练习也可以锻炼小腿肌肉。

股四头肌和小腿 | 深蹲

在本章中，你将找到针对大腿前侧和小腿的99个练习。在整个过程中，你将会注意到某些练习被指定为"主要动作"。掌握这种动作的基本版本，就能够用无懈可击的姿势完成所有的变式。

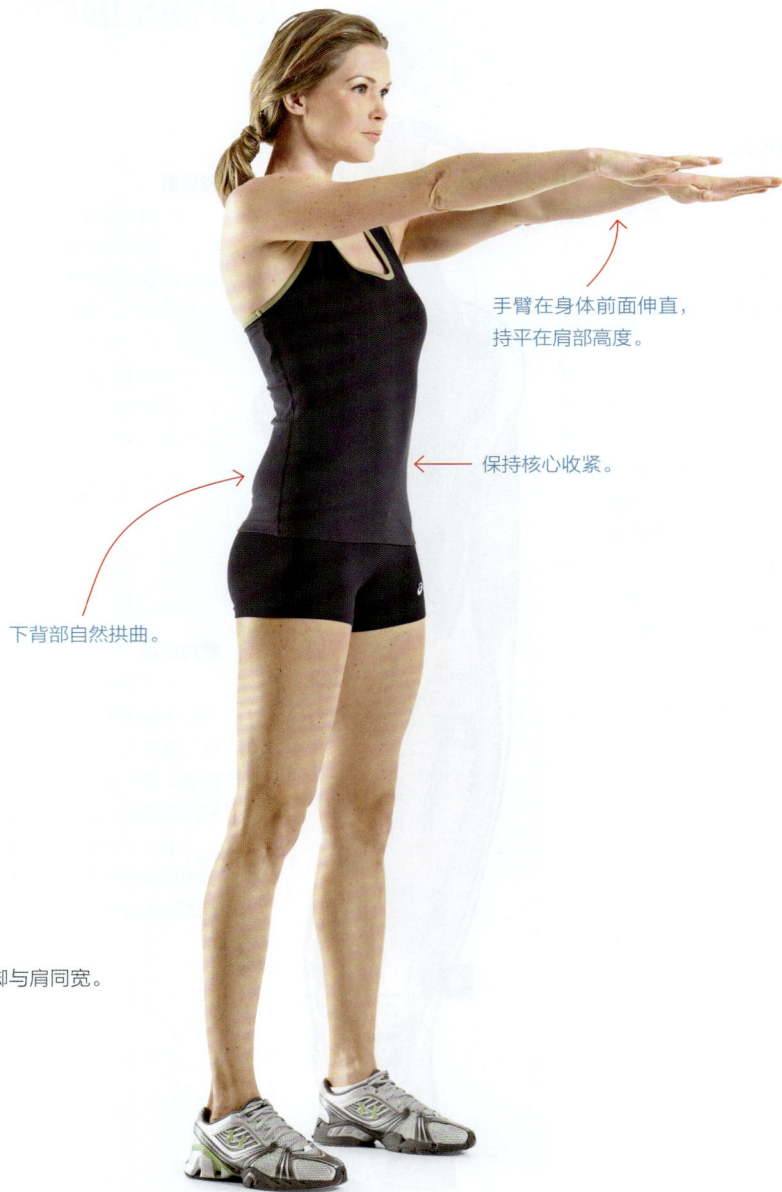

手臂在身体前面伸直，持平在肩部高度。

保持核心收紧。

下背部自然拱曲。

深蹲

这些练习的主要目标是股四头肌。也会锻炼到核心肌肉和几乎所有下半身其他肌肉，包括臀肌、腘绳肌和小腿肌。因此，深蹲是所有动作中最佳的全能练习之一。

主要动作
自重深蹲

A

● 尽量站直，双脚与肩同宽。

529

体重123磅（约55千克）以内的女性深蹲的最大负重纪录为529磅（约240千克）。

准备站姿

连续跳跃3次，要尽量跳得高。然后看看脚的位置。这就是你在深蹲时想要放脚的大致位置。

手臂应该自始至终保持在相同的位置。

躯干尽可能保持挺直。

核心保持绷紧。

不要让下背部外拱。

大腿顶部应该平行于地面或更低。

B

- 向后推髋部并弯曲膝盖，尽可能地降低身体。
- 停顿一下，然后慢慢站起回到起始位置。

在整个动作过程中，保持重心在脚跟上，而不是脚趾上。一个标准：如果重心分布正确，应该能够在举重过程中随时扭动自己的脚趾。

完美深蹲的秘密

梅尔·西夫博士是《超级训练》（*Supertraining*）一书的作者，也是运动科学领域中的权威专家，他设计出以下简单的方法，帮助大脑和肌肉记忆正确的深蹲技术动作。

怎么做：在第一组深蹲练习之前，在训练椅上坐直，背部挺直并自然拱曲，肩膀向后，小腿垂直于地面，至少与肩同宽。手臂在身体前面伸直，持平在肩部高度，平行于地面。从髋部向前弯身（不改变背部的拱曲），并且双脚稍向后移动进行位置调整，找到使自己刚好能够慢慢站起来的位置，而不必在此处前后摆动或改变身体姿势。注意：这就是在深蹲时应该处于的位置。找到位置站起来后，再慢慢地降低身体到坐姿。重复几次，体会记忆此处的肌肉感觉。

股四头肌和小腿 | 深蹲

变式1
囚徒深蹲

- 将双手的手指放在脑后（好像刚被逮捕一样）。

挺胸。

向后拉手肘和肩部。

向后推髋部。

变式2
自重深蹲加膝外推

- 双腿放在50厘米的迷你弹力带中，并将弹力带置于膝盖下方。
- 在深蹲时，专注于将膝盖向外推。

如果膝盖在深蹲时有内扣现象，说明髋部是薄弱环节。因此，针对此情况使用迷你带，可以帮助将膝盖向外推，更好地激活和强化这些重要的肌肉。

在蹲下时，膝盖应该保持在脚中心的正上方。

变式3
自重靠墙深蹲

停顿可增强力量
停顿一下的技巧有助于在整个深蹲动作范围内消除肌肉的薄弱环节。

每个位置保持5~10秒。

在最后一个位置，大腿上部应该平行于地面或更低。

A

- 向后倾斜，靠在墙上，双脚离墙约50~60厘米远，与肩同宽。

B

- 保持背部靠在墙上，稍微弯曲膝盖，使身体下降几厘米。现在保持该位置5~10秒。

C D

- 继续降低4次，每次降低5~10厘米。

E

- 一旦在所有5个位置都停顿一下以后，站起来休息。这是一组。

变式 4
瑞士球自重靠墙深蹲

A

- 背靠着瑞士球站立，使球被固定在背部和墙之间。
- 将双脚放在身体前面约50~60厘米处。

B

- 保持背部与球接触，降低身体，直到大腿至少与地面平行。

> **初学者的深蹲**
> 如果觉得做标准的自重深蹲有因难，可以尝试瑞士球版本。它对核心力量要求较少，这使得该练习更容易，同时帮助你进一步学习完美姿势。

球的中心应该靠着下背部。

膝盖稍微弯曲。

身体保持在低位 1~2 秒，然后返回至站立姿势。

在蹲下时，球会随着你滚动。

股四头肌和小腿 | 深蹲

变式5
自重深蹲跳

A
- 将手指放在头脑后，把肘部向后拉，使其与身体呈一条直线。

B
- 膝盖下沉，准备跳跃。

C
- 爆发式跳起，跳得尽可能高。
- 落地时，立即蹲下并再次跳起。

深蹲减脂
虽然这里介绍的深蹲跳变式对于提高运动成绩来说很有效果，但是若为了减脂而做这个练习，就要使用更深的下蹲。事实上，要降低身体直到大腿顶部平行于地面（如下面的分离爆发式自重深蹲跳所示）。

跳得更高
想象一下，在跳跃的时候，是在推离地面。

变式6
分离爆发式自重深蹲跳

- 将手指放在脑后，把肘部向后拉，使其与身体呈一条直线。
- 向后推髋部，弯曲肘部，并降低身体，直到大腿的顶部平行于地面。
- 在低位停顿5秒。
- 停顿之后，跳得尽可能高。
- 落地并复位。

随时随地锻炼双腿
在该练习过程中的5秒停顿一下可消除肌肉在下蹲时的弹性势能，可以在蹬离地面时激活最大数量的肌肉纤维。这使得它成为一个在无负重情况下的极佳练习。

变式7
撑重深蹲

- 用双手在胸前举起杠铃片，手臂完全伸直。

同样针对肱二头肌！
在执行撑重深蹲时可以在每次重复的顶部做弯举，从而让手臂得到锻炼。双臂向前伸展，只需朝肩部弯举杠铃片，同时不要移动上臂。在降低身体时伸直手臂。

撑重深蹲可以更多锻炼核心部位，有助于提高稳定性、力量和运动表现。它被分类为自重练习，原因是，在胸前举起杠铃片会容易造成肩部疲劳，因此可以使用的重量负荷有限。

高箱跳

A

- 站在一个稳固、安全且足够高的跳箱前面,必须很用力跳跃才可以落在它的顶部。
- 双脚与肩同宽。
- 双膝下沉。

B C

- 跳上跳箱,落地时动作要轻。
- 从跳箱上下来并让双脚复位。

双脚与肩同宽。

如果落地不能"站稳",说明跳箱太高。

跳深

A

- 站在30厘米左右高的跳箱边缘。

B

- 只需踏下跳箱,让双脚同时落地(首先是脚前缘,然后才是脚跟)。

C

- 在与地面接触时,尽可能高地跳起。这是一次重复。

让纵跳增加几厘米

跳深是提高纵跳成绩的最佳训练之一。每周尝试2次,在锻炼开始时做4组或5组,每组3次重复。组间休息60~90秒。

股四头肌和小腿 | 深蹲

主要动作
单腿蹲

A

- 左腿站在大约膝盖高度的长凳或跳箱上。
- 手臂保持向前伸直。

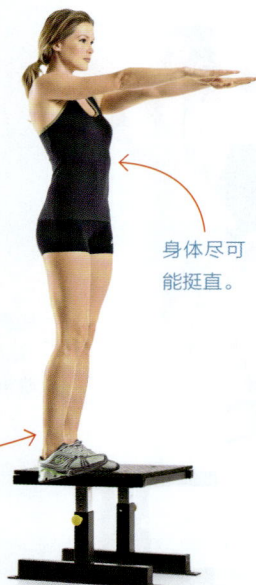

身体尽可能挺直。

弯曲右脚踝，使脚趾高于脚跟。

B

- 以左脚平衡身体，左膝弯曲，慢慢下降身体，直到右脚跟轻触地面。
- 停顿一下，然后向上蹲起来。
- 用左腿完成规定的重复次数，然后立即用右腿做同样次数。
- 如果这项练习太难，可以尝试部分单腿蹲或单腿长凳起立。

变式 1
单腿训练椅起立

A

- 在训练椅上坐直，背部保持挺直并自然拱曲。
- 手臂在身体前面伸直，平举在肩部高度，平行于地面。
- 右脚抬高，离开地面。

下背部自然拱曲。

B

- 不要向前倾斜，蹬地，让身体站立。（如果不能这样做，尝试在起始位置时让脚稍微向后，向着身体滑近一些。）
- 重新坐回训练椅。

将髋部向前推。

伸直左膝。

变式 2
部分单腿蹲

A

- 左腿站在大约膝盖高度的训练椅或跳箱上。
- 手臂保持向前伸直。

弯曲右脚踝，使脚趾高于脚跟。

B

- 将身体降低到极限点上方（见右侧栏的"找到你的极限点"）。
- 停顿一下2秒，然后将自己推回到站立姿势。

左脚跟踩跳箱，用力将身体向上推，回到起始动作。

变式 3
手枪式深蹲

A

- 采用站姿，手臂在身体前面伸直，平举在肩部高度，平行于地面。
- 右脚保持抬高并伸直，离开地面，并保持不动。

核心收紧。

右腿应伸直。

B

- 向后推髋部，尽可能降低身体。
- 停顿一下，然后站起，将身体推回到起始位置。

身体尽可能挺直。

在降低身体时，抬高右腿，使它不接触地面。

找到你的极限点

如果不能做到3次单腿蹲，可以先尝试"部分单腿蹲"。这个动作首先需要了解自己的极限点。极限点是当你不再能控制住降低身体的速度时所处的位置。这可能是在你把自己降低5厘米后，或者可能在几十厘米之后，因个人水平而异。确定极限点位置后，然后遵循部分单腿蹲的动作指示训练。随着力量的增加，极限点会向更低的位置移动，因此记得定时重新测试。

股四头肌和小腿 | 深蹲

快速执行，快速获益
有一个版本的杠铃深蹲被称为"快速深蹲"，以快肌纤维为目标，可以帮助提高力量和爆发力。先确定自己可以深蹲1次的最大重量，选择大约为该重量的50%~70%的重量负荷，然后从开始到结束都尽可能快速地重复深蹲。目标：每次重复只用时1秒。

向后拉肩部，让杠铃可以平稳舒服地放在两侧肩胛骨形成的"架子"上。

下背部自然拱曲。

核心收紧。

大腿的顶部应该平行于地面或更低。

躯干尽可能保持挺直。

主要动作
杠铃深蹲

A

- 正握杠铃，将杠铃架在上背部。

双脚与肩同宽。

B

- 保持下背部拱曲，尽可能降低身体。
- 动作开始首先向后推髋部，然后弯曲膝盖，发起动作。
- 停顿一下，然后返回到起始位置。

把自己向上推回去的时候，脚跟紧踏地面。

变式 1

宽位站姿杠铃深蹲

- 进行深蹲，双脚距离为肩宽的2倍。

为什么要宽距?
使用距离更宽的站姿迫使髋内收肌更加用力，加强腹股沟部位的力量。

如果在做标准杠铃深蹲时，脚跟从地面上抬起来，就表示髋部太紧。但宽站姿版本的练习可以有所帮助。只需将身体降低到宽站姿深蹲的最深的位置，并且不要让脚跟从地面上抬起来。保持2秒。尝试在每次锻炼时让身体多降低一点点。当柔韧性提高时，缩窄站姿，减少脚趾朝外的角度。

脚尖角度微微朝外。

在降低身体时，确保膝盖与脚趾方向一致。

变式 2

杠铃前蹲

A
- 反握杠铃，双手距离略大于肩宽。
- 抬起上臂，直到它们平行于地面。
- 让杠铃向后滚，自然放在肩部前方。

B
- 慢慢降低身体，直到大腿顶部至少平行于地面。
- 停顿一下，然后将身体推回到起始位置。

在整个动作过程中保持上臂平行于地面。这样做可以防止杠铃向前滚动，也帮助你保持更挺拔的姿势。

双脚与肩同宽。

保护带
如果手腕柔韧性不足，无法执行传统版本的杠铃前蹲，可以使用一个技巧：将一对腕带绕在杠铃上（距离为肩宽）并束紧。然后抓住带子，而不需要弯曲手腕让杠铃放在手指上。

股四头肌和小腿 | 深蹲

变式 3
交叉臂杠铃前蹲

- 将杠铃放在深蹲架上，并在身前交叉双臂，让每只手都在杠铃上面。
- 站在杠铃下，让杠铃搁在肩部上面，抬起手臂，避免杠铃滑下。
- 退后一步，并执行深蹲，在整个动作过程中保持手臂在相同的位置。
- 站起，回到起始姿势。

手臂不要落下。

变式 4
曲臂深蹲

- 用臂弯托住杠铃，紧贴胸部，而不是放在背部。
- 站起，回到起始姿势。

你可以使用杠铃垫或卷起的毛巾垫起杠铃。

躯干尽可能挺直。

曲臂深蹲不仅可加强下半身的力量，还可以锻炼肱二头肌和前三角肌，这些肌肉必须保持收缩才可以托住杠铃。

变式 5
杠铃踮脚深蹲

- 在蹲下前，尽可能提高脚跟，并在整个过程中保持这种姿势。

保持脚跟抬起，会迫使小腿更加用力。

变式 6
杠铃 $1/4$ 深蹲

- 身体只降低到膝盖弯曲约60度的位置。

变式 7

垫高脚跟杠铃深蹲

A

- 脚跟放在一对 20 千克的杠铃片上。

垫高脚跟会更能加强股四头肌。

B

- 向后推髋部，弯曲膝盖，并尽可能降低身体。

变式 8

杠铃靠蹲

A

- 手臂在背后垂下，正握杠铃。将脚跟放在 20 千克的杠铃片上。

B

- 尽可能降低身体。

做更多深蹲——马上！

虽然在大多数时间里，最好是使用全活动范围（正如其他版本的深蹲的要求），但 $1/4$ 深蹲可以比蹲得更低时使用多大约 20% 的重量。$1/4$ 深蹲减少了臀肌和腘绳肌的参与，并帮助你加强锻炼股四头肌。但是，每次使用该技术的时间限制为 4 周，以防止股四头肌变得过于强壮，力量大于腘绳肌，发生肌肉不平衡的现象。

股四头肌和小腿 | 深蹲

变式9
杠铃深蹲跳

A

- 把杠铃紧紧地靠在上背。

双脚大约与肩同宽。

18.5千克

根据美国新泽西大学的一项研究，与那些进行相同程序但不做爆发力练习的人相比，在大强度的下半身锻炼中增加深蹲跳的人在5周后的深蹲负重量平均提高18.5千克。

B

- 膝盖下沉，准备跳跃。

C

- 立即向上跳起，从小腿用爆发力向上蹬，以拉直身体，并且让双脚离开地面。
- 尽可能轻轻地以脚尖先落地，然后迅速将重心转移到脚跟。重复动作。

变式10
过头杠铃深蹲

A

- 正握杠铃，将杠铃举在头部上方，双手距离大约为肩宽的两倍。

核心收紧。

双臂完全伸直。

双脚与肩同宽。

塑造腹肌

将杠铃举在头部上方可以增加对核心的挑战，也可以测试肩部和髋部的柔韧性。

B

- 在降低身体时，不要让杠铃向前移动。

在整个举重过程中，手臂应该保持垂直于地面。

下背部保持自然拱曲。

大腿的上部应该平行于地面或更低。

主要动作
哑铃深蹲

A

- 握住一对哑铃,手臂在身体两侧垂下,掌心相对。

B

- 腹肌绷紧,向后推臀部并弯曲膝盖,尽可能地降低身体。
- 停顿一下,然后慢‘曼地将自己推回到起始位置。

保持抬头

美国迈阿密大学的科学家指出,在深蹲时向下看,会让你面临更大的受伤风险。研究人员发现,在该动作过程中向下注视会使身体向前倾斜4~5度。这增加了背部的应力。看着镜子里的自己也可能导致前倾。最好的方法:在降低之前,找到一个稳定的标记,它刚好高过眼睛,在整个动作过程中都始终盯住它。

在整个动作过程中保持躯干尽可能挺直,并且下背自然拱曲。

保持挺胸。

大腿的顶部应该平行于地面或更低。

在整个动作过程中保持重心在脚跟,而不是脚趾。

股四头肌和小腿 | 深蹲

变式1
高脚杯深蹲

- 双手握住哑铃的一头，让哑铃在胸前垂直。（想象它是一个很重的高脚杯。）
- 停顿一下，然后将自己推回到起始位置。

肘部应该擦过膝盖的内侧；事实上，如果它们把膝盖向外推也完全没问题。

肘部应向下指着地面。

不要害怕尽可能深地降低身体。研究表明，在深蹲时最不稳定的膝盖角度是在膝盖弯曲90度的位置——比大腿上部平行于地面的位置高5~10厘米。

变式2
宽位站姿高脚杯深蹲

- 双手握着一个哑铃，使哑铃在胸前垂直。

身体尽可能挺直。

双脚距离约两倍肩宽，脚尖向外倾斜一定角度。

变式3
相扑式深蹲

- 双手各握住一个较重的哑铃的两端，并垂下双臂，将哑铃拿在腰前。

在整个动作过程中保持后背自然拱曲。

双脚距离约两倍肩宽，脚尖略向外转。

变式4
哑铃前蹲

- 握住一对哑铃，掌心相对，将哑铃的一端放在两侧肩部肌肉最丰满的部位上。
- 始终尽可能保持身体挺直。
- 在蹲下时不要让肘部下降。

保持上臂平行于地面有助于避免躯干过度前倾。

变式 5

哑铃深蹲跳

A

- 握住一对哑铃，双臂在身体两侧垂下，掌心相对。
- 膝盖下沉，准备跳起。

B

- 爆发式跳起，跳得尽可能高。
- 在落地时，快速复位，然后重新跳起。

跳得越高，跑得越快

根据《体能训练杂志》（*Journal of Strength and Conditioning*）的一项为期8周的研究，通过简单的深蹲程序可以提高纵跳的成绩和奔跑速度。在研究中，受试者使用的重量是他们可以单次深蹲最大值的30%。自己试试：每周2节训练课，每节做5组，每组6次重复，每组之后休息3分钟。

落地时尽可能轻，脚尖先着地，然后脚跟落到地面。

变式 6

过头哑铃深蹲

A

- 将一对哑铃举在肩部的正上方，双臂完全伸直。

B

- 降低身体，直到大腿的上部至少是平行的。

在蹲下时，不要让哑铃前倾。

核心收紧。

双脚距离略大于髋宽。

上背部应在整个动作过程中保持自然拱曲。

躯干尽可能保持挺直。

43

根据塔夫茨大学的研究，膝关节疼痛患者在进行深蹲等下半身练习4个月后，其疼痛症状减少43%。

容易错误的训练

你认为用史密斯架深蹲更好吗？

虽然史密斯架（一种深蹲架，其杠铃滑动轨迹固定）可能看起来像是一种完全可靠的深蹲方式，但它却有一个风险。因为史密斯架上杠铃必须直线上下移动，而不是像在杠铃深蹲中那样的弧形轨迹。这会对下背部施加更大的压力。此外，加拿大科学家发现，自由负重深蹲对股四头肌的激活效果几乎比使用史密斯架深蹲高50%的成效。

肩部微微后拉，让杠铃可以平稳地搁放在两侧肩胛骨形成的"架子"上。

← 核心收紧。

主要动作
杠铃弓步蹲

A

- 正握握住杠铃，将杠铃扛放在上背部。
- 采用前后脚交错分开的站姿，左脚在前，右脚在后。

前膝稍微弯曲。

后脚的前脚掌着地，脚跟抬起。

双脚距离约60~90厘米。

167

根据美国犹他州立大学的一项研究，当人们被提醒要腹肌收紧（就像准备腹部要挨一拳）时，核心活动会增加167%。如果有人提示，听到指导就会提醒自己可能核心肌不够用力。更重要的是，如果在潜意识中提醒自己，训练效果会更好。受试者只需其中一种提醒方式，最好是你自己的。

B

- 身体慢慢尽可能地降低。
- 停顿一下，然后尽快将自己推回至起始位置。
- 左脚在前完成规定的重复次数，然后换右脚在前，完成同样的次数。

下背部自然拱曲。

身体尽可能挺直。

后膝几乎接触到地面。

股四头肌和小腿 | 深蹲

变式1

前脚垫高式杠铃弓步蹲

- 将前脚放在15厘米高的踏板或跳箱上。

尽可能往下降低身体。

变式2

后脚垫高式杠铃弓步蹲

- 将后脚放在15厘米高的踏板或跳箱上。

抬高后脚可以增加活动范围，从而增加动作的难度。

变式3

杠铃前置弓步蹲

- 正握杠铃，双手距离略大于肩宽。
- 抬起上臂，直到它们平行于地面。

让杠铃向后滚，自然放在肩膀前面。

在整个动作过程中保持上臂平行于地面。

变式4

保加利亚式杠铃弓步蹲

- 把后脚的脚背放在训练椅上。

当执行弓步蹲时，后脚抬得越高，练习难度越大。事实上，保加利亚式杠铃弓步蹲是最具挑战性的练习之一。

自重弓步蹲

你可以在没有负重的情况下做任何版本的弓步蹲。只需在胸前交叉双臂，或将双手放在耳朵后面或者放在髋部上。自重版本是理想的热身运动，如果负重的版本太难，或者当你没有可用的重物，自重练习也是相对合适的选择。

主要动作
哑铃弓步蹲

教练提示

就像做双脚平行站立版本的深蹲那样，在执行这个练习时一定要核心收紧。

A

- 握住一对哑铃，双臂在身体两侧垂下，掌心相对。
- 采用前后脚交错分开的站姿，左脚在前，右脚在后。

B

- 慢慢地尽可能降低身体。
- 停顿一下，然后尽快将自己推回起始位置。
- 左脚在前完成规定的重复次数，然后换右脚在前，完成同样次数。

在整个动作过程中保持躯干挺直。

双脚距离约60~90厘米。

后膝几乎触碰到地面。

股四头肌和小腿 | 深蹲

变式1
前脚垫高式哑铃弓步蹲

- 将前脚放在15厘米高的踏板或跳箱上。

前膝会比做标准弓步蹲时明显弯曲更多。

后膝几乎接触到地面。

变式2
后脚垫高式哑铃弓步蹲

- 将后脚放在15厘米高的踏板或跳箱上。

身体尽可能挺直。

后脚的前脚掌着地，脚跟抬起。

身体站立推起时，前脚用力压向地面。

变式3
过头哑铃弓步蹲

- 将一对哑铃举在肩部正上方，手臂完全平直。

哑铃在肩部的正上方。

双臂完全伸直。

保持核心收紧。

变式4
保加利亚式哑铃弓步蹲

- 把后脚的脚背放在训练椅上。

向后拉肩部。

保持挺胸。

尽可能深地降低身体。

变式 5
哑铃分腿跳

美国北卡罗来纳大学的科学家发现，做3周的分腿跳练习可以让纵跳成绩提升达9%。

身体尽可能挺直。

在空中剪式打腿，落地时，前后腿调换，让另一只脚在前。

A
- 从站姿开始，身体下降呈弓步蹲姿势。

B
- 快速切换方向并用足够的力量跳跃，使双脚离开地面。

C
- 重复动作，每次重复时都交换前后脚。

容易错误的训练
你还在用蹬腿训练器吗？

虽然蹬腿训练器可能看起来像是深蹲和弓步的更安全的替代品，但实际上恰恰相反。案例：美国梅奥诊所的生理学家发现，蹬腿训练器比自重深蹲对膝盖造成的压力更大。为什么呢？因为蹬腿训练器的阻力位于脚踝附近，这导致每次在降低重物时，都会导致膝关节承受极大的扭力。

这些练习的主要目标是股四头肌。然而，它们也适用于几乎下半身的所有其他肌肉，包括臀肌、腘绳肌和小腿。

向后拉肩部。

下背部保持自然拱曲。

核心收紧。

挺胸。

主要动作
杠铃弓步

A

- 正握横跨在上背部的杠铃。

站直，双脚与髋同宽。

1

根据美国鲍尔州立大学的一项研究，为了提高脂肪燃烧激素水平，每组只做一下的重训动作是必要的。

教练提示

当做杠铃弓步时，想象将自己的身体直接向下，而不是向前和向下。

B

- 左腿向前一步，慢慢降低身体，直到前膝盖弯曲至少90度。
- 停顿一下，然后尽快将自己推回到起始位置。
- 左脚在前完成规定的重复次数，然后，换右脚在前，完成相同的次数。

在整个动作过程中保持躯干挺直。

后膝几乎触碰到地面。

前脚的小腿应该几乎垂直于地面。

变式 1
交替杠铃弓步

- 用左脚在前面做一次，然后用右脚在前面做一次。

变式 2
杠铃弓步行进

- 不是将身体向后推到起始位置，而是抬起后脚并向前跨步，使自己向前移动（就像在走路），每次重复都向前一步。每次都换一只脚向前踏步。

变式 3
反向杠铃弓步

- 用右腿向后退一步（而不是用左腿向前一步）。然后降低身体呈弓步。在照片中，这看起来和杠铃弓步一样。完成所有的重复次数，并用另一条腿重复。你也可以使用交替技巧，每次重复使用不同的腿向后踏步。

股四头肌和小腿 | 弓步

变式4

杠铃跳箱弓步

- 把一个15厘米高的踏板或跳箱放在面前约50~60厘米处。
- 左腿向前一步，踏上跳箱，然后降低身体呈弓步。

保持躯干挺直。

前腿的大腿上部应该远低于地面的平行线。

变式5

反向杠铃跳箱弓步

- 站在一个15厘米高的踏板或跳箱上。
- 左腿向后一步，降低身体呈弓步。

后膝应该几乎接触地面。

为了把身体向上推，把前脚的脚跟压向跳箱。

变式6

杠铃跨越

A
- 把一个15厘米高的踏板或跳箱放在面前50~60厘米处，扛铃站立，双脚与髋同宽。

B
- 左腿向前一步，踏上跳箱，然后降低身体呈弓步。

C
- 左脚蹬地站起，让右脚跨过跳箱，落在前面的地面上。

D
- 降低身体呈弓步。
- 逆向执行动作，回到起始位置。

不要让惯性使你的躯干前倾；身体应向上挺直。

前脚的脚跟压向跳箱，以便将身体向上推。

变式 7
杠铃交叉弓步

A

- 站直，同时用上背部托着杠铃。
- 在弓步时不是向正前方一步，而是前脚在后脚前方交叉。

B

- 降低身体，直到后膝几乎触碰到地面。
- 这个练习也被恰如其分地称为"屈膝礼弓步"和"保龄球弓步。"

变式 8
反向杠铃交叉弓步

- 不是向前一步，而是向后一步，并让后脚在前脚的后方交叉。开始和结束的姿势在照片中看起来与杠铃交叉弓步相同。这也被称为"后弓步"。

变式 9
杠铃侧弓步

A

- 正握横跨在上背部的杠铃。

保持核心收紧。

站直，双脚与髋同宽，脚尖向前。

B

- 抬起左脚，向左边跨一大步，同时向后推髋部，并通过放下髋部和弯曲左膝来降低身体。
- 尽可能快地把自己推回到起始位置。用左腿完成规定的重复次数后，用右腿完成同样的次数。

从髋部处身体前倾，但尽量保持上身挺直。

下背部保持自然拱曲。

右脚应保持平放在地面上。

股四头肌和小腿 | 弓步

向后拉肩部。

挺胸。

站得尽可能直。

在整个练习中保持核心收紧。

主要动作

哑铃弓步

A

- 抓住一对哑铃，手臂在身体两侧垂下，掌心相对。

站直，双脚与髋同宽。

50

德国的一项研究发现，在40来岁第一次开始锻炼的人与从来不离开沙发的人相比，前者死于心脏疾病的可能性低50%。

自重弓步

你可以在没有负重的情况下做任何版本的弓步。只需在胸前交叉双臂，或将双手放在髋部上或放在耳朵后面。自重版本是理想的热身运动，也是负重版本很好的替代练习。

B

- 右腿向前一步，慢慢降低身体，直到前膝盖弯曲至少90度。
- 停顿一下，然后站起回到起始位置。
- 用右腿完成规定的重复次数，然后立即用左腿做同样的次数。

在整个动作过程中保持躯干挺直。

前脚的小腿应该几乎垂直于地面。

后膝几乎触碰到地面。

变式 1

交替哑铃弓步

- 用左脚在前面做一次，然后用右脚在前面做一次。

变式 2

哑铃弓步行进

- 不是将身体向后推到起始位置，而是抬起后脚并向前跨步，使自己向前移动（就像在走路），每次重复都向前一步。每次都换一只脚向前踏步。

变式 3

反向哑铃弓步

- 用右腿向后退一步（而不是用左腿向前一步）。然后降低身体呈弓步。在照片中，这看起来和杠铃弓步一样。完成所有的重复次数，并用另一条腿重复。你也可以使用交替技巧，每次重复使用不同的腿向后踏步。

股四头肌和小腿 | 弓步

变式 4
哑铃跳箱弓步

- 把一个15厘米高的踏板或跳箱放在面前约50~60厘米处。
- 左腿向前一步，踏上跳箱，然后降低身体呈弓步。

站得尽可能直。

保持躯干挺直，下背部自然拱曲。

变式 5
反向哑铃跳箱弓步

- 站在一个15厘米高的踏板或跳箱上，左腿向后一步，降低身体呈弓步。

挺胸。

在柔韧性许可范围内，尽可能降低身体。

向后一步。

变式 6
哑铃弓步跨箱

A	B	C	D
- 把一个15厘米高的踏板或跳箱放在面前约50~60厘米处，手持哑铃站立。	- 左脚向前一步，踏上跳箱，然后降低身体呈弓步。	- 左脚蹬地站起，让右脚跨过跳箱，落在前面的地面上。	- 降低身体呈弓步。 - 逆向执行动作，回到起始位置。

双脚距离与髋同宽。

脚跟压向跳箱，以便将身体向上推。

变式 7

反向哑铃跳箱弓步加向前压

握住哑铃，掌心相对。

保持下背部自然地拱曲。

向后一步。

- 站在一个15厘米高的踏板或跳箱上，在身体两侧握住一对轻哑铃。
- 左脚向后一步呈弓步，同时身体在髋部向前倾斜，压向大腿。逆向执行动作，回到起始位置。

变式 8

哑铃交叉弓步

- 在弓步时不是向正前方一步，而是前脚在后脚前方交叉，就像在行屈膝礼。

身体尽可能挺直。

变式 9

反向哑铃交叉弓步

- 不是向前一步，而是向后一步，并让后脚在前脚的后方交叉。

变式 10

哑铃弓步加旋转

- 握住哑铃的两端，放在下巴下方。
- 向前一步，呈弓步。当弓步时，将上半身转向与踏前一步的腿相同的一侧。

如果左腿向前一步，躯干向左转。如果右腿向前一步，则向右转。

在整个动作过程中保持核心收紧。

变式 11

过头哑铃弓步

- 将一对哑铃举在肩部正上方，手臂完全伸直。
- 右脚向前一步呈弓步。

不要因重物负荷身体前倾。相反，在向前踏步时想象髋部要直接下沉。保持腹部收紧并挺胸。

变式 12

过头哑铃反向弓步

- 这一次，左腿向后一步呈弓步。

股四头肌和小腿 | 弓步

变式13
单侧哑铃弓步

- 右手握着一个哑铃，放在肩部旁边，手臂弯曲。
- 右脚向前一步呈弓步。
- 在右侧完成规定的重复次数，然后换一只手臂，并用左腿完成同样次数的弓步。

躯干始终保持直立。

左臂在身体左侧垂下。

向前一步。

强化核心肌群
只在身体的一侧举起重物可以增加对核心保持身体稳定的要求。

变式14
单侧哑铃反向弓步

- 左手握着一个哑铃，放在肩部旁边，手臂弯曲。
- 右脚向后一步呈弓步。
- 在右侧完成规定的重复次数，然后换一只手臂，并用左腿向后完成同样次数的弓步。

向前一步。

变式15
哑铃旋转弓步

A

- 握住一对哑铃，双臂在身体两侧垂下，掌心相对。
- 抬起左脚，并向左后方一步，使左脚与身体斜交，并指向8点钟方向。

B

- 将重心转移到左腿，以右脚为轴转身，并降低身体呈弓步，躯干和哑铃同时向左旋转，让哑铃越过前腿。
- 逆向执行动作，将自己推回到起始位置。
- 用左腿完成规定的重复次数，然后用右腿完成同样的次数。（右脚将指向4点钟方向。）

在旋转躯干时，保持核心收紧。

站直，双脚与髋部同宽，指向正前方12点钟方向。

右脚应该旋转到与左脚相同的方向。

左脚应该指向相对于起始位置的8点钟方向。

变式 16
哑铃侧弓步

- 握住一对哑铃，双臂在身体两侧垂下，掌心相对。
- 抬起左脚，向左边跨一大步，同时向后推髋部，并通过放下髋部和弯曲左膝盖来降低身体。
- 停顿一下，快速把自己推回到起始位置。

右脚应保持平放在地面上。

在高位和低位时，双脚都应该指向正前方。

变式 17
哑铃斜弓步

- 不是向正前方一步，而是以45度角的斜线跨出弓步。
- 完成所有的重复次数，然后换腿并重复。

沿这个方向前后做弓步动作。

变式 18
反向哑铃斜弓步

- 你也可以通过以45度角的斜线向后跨步来执行此练习。

变式 19
哑铃侧弓步加触地

A
- 握住一对哑铃，双臂在身体两侧垂下。

B
- 当降低身体呈侧弓步时，上半身在髋部处前倾身，并让哑铃触及地面。

如果在触地时不得不拱起背部，就改为在保持背部自然拱曲的条件下尽可能降低。

你将必须在髋部处向前倾斜，但要专注于保持抬头挺胸，而不是让躯干向前塌下。

不要让右脚抬起离开地面。

这些练习的目标是髋内收肌——一处位于大腿上部内侧的肌肉。

主要动作
站姿绳索髋关节内收

A

- 将脚踝吊带连接到绳索练习器的低位滑轮上，然后将踝套套在右脚踝上。
- 站立时身体右侧朝向配重架。
- 从配重架反方向跨一大步，使得右腿向配重架移动时，绳索仍然是拉紧的。
- 右腿向侧面抬起，朝着配重架移动。

将手放在稳固的物体上，以获得支撑。

绳索上应有张力。

左膝盖稍微弯曲。

B

- 不要弯曲膝盖，右腿向侧面拉，使它在左腿前面交叉。
- 停顿一下，然后慢慢返回到起始位置。用右腿完成规定的重复次数，然后用左腿完成同样的次数。

保持躯干挺直。

右腿几乎绷直。

变式 1
滑行盘髋关节内收

A

- 跪在地面上，双膝各放在一个滑垫上。

躯干挺直。

大腿并拢。

B

- 膝盖尽可能向外推开。
- 停顿一下，然后再次将膝盖拉回来。

从这个位置，让双膝向中间合拢。

股四头肌和小腿 | 提踵

这些练习的目标是腓肠肌和比目鱼肌。

主要动作
站姿杠铃提踵

A

- 正握杠铃，并让它平稳地搁在上背部。
- 将双脚的前脚掌分别放在一块 20 千克的杠铃片上。

B

- 踮起脚尖，踮得尽可能高。
- 停顿一下，然后慢慢降低到起始位置。

保持躯干挺直。

尽可能站直。

尽可能高地提起脚跟。

第8章

变式1
单腿站姿哑铃提踵

A

- 右手握住一只哑铃，站在踏板、砖块或20千克的杠铃片上。
- 左脚在右脚踝后面交叉，并在右脚的跖球上平衡自己，右脚跟在地板上或悬在台阶上。

左手放在稳定的东西上，例如墙壁或者配重架。

B

- 尽可能高地抬起脚跟。停顿一下，然后降低并重复动作。
- 用右脚完成规定的重复次数，然后用左脚完成相同的次数（同时换左手握住哑铃）。

变式2
单腿屈膝提踵

- 在执行练习时保持屈膝。

变式3
单腿驴式提踵

- 保持背部自然拱曲，在髋部处弯身前倾，直到上半身几乎平行于地面。
- 用右腿完成规定的重复次数，然后用左腿完成同样的次数。

不要弓起下背部。

将手放在稳固的物体上，以获得支撑。

尽可能高地提起脚跟。

屈膝带来漂亮的小腿

在构成小腿的两块肌肉中，当膝盖弯曲时，比目鱼肌会更多地参与脚踝伸展。当膝盖伸直时，腓肠肌会承受更大的负担。因此，屈腿提踵主要以比目鱼肌为目标，而站姿提踵（执行时膝盖伸直）则主要针对腓肠肌。这就是为什么如果你的小腿肌肉似乎没有什么变化时，许多专家会建议这两个版本的练习都要做的原因。

股四头肌和小腿

你从未做过的最佳股四头肌练习
宽握过头杠铃弓步蹲

这个动作被称为"大爆炸"练习，因为它可以同时锻炼多块肌肉。虽然在该动作的弓步分腿蹲部分中，双腿是明显的锻炼重点，但把重物举过头则挑战了肩、手臂、上背部和核心。所以它是一个很好的力量练习和增肌练习，并且会燃烧大量的卡路里。如果你害怕将杠铃举过头顶，开始时可以改为只用扫帚或棍子来代替执行。

A

- 正握杠铃，将杠铃举在头部正上方，双手距离大约两倍于肩宽。
- 采用前后脚交错站立的姿势，双脚分开约60~90厘米。

B

- 慢慢地尽可能降低身体。
- 停顿一下，接着快速起身回到起始位置。
- 用左脚在前完成规定的重复次数，然后用右脚在前完成同样的次数。

锁定肘部。

肩膀保持向下向后。应该努力在肩部和耳朵之间创造尽量多的空间。

核心收紧。

左脚应在右脚前面。

在蹲下时，不要让杠铃向前移动。

双臂应该伸直。

在整个动作过程中保持躯干挺直。

后膝几乎触碰到地面。

前膝弯曲。

你从未做过的最佳小腿练习
踮脚农夫行走

这个练习不仅可以锻炼小腿，还可以增进心血管功能。选择让你在进行该练习时可以坚持60秒最重负荷的一对哑铃。如果你觉得可以坚持更长时间，则在练习下一组动作时使用更大的重量。

保持抬头。

挺胸。

身体尽可能站直。

A

- 抓住一对较重的哑铃，并且双臂在身体两侧垂下。

B

- 提起脚跟，向前（或绕圈）走60秒。

行走时踮脚以脚尖行走。

股四头肌和小腿

最好的股四头肌拉伸练习
跪姿髋屈肌拉伸

它为什么好： 这种拉伸可以放松大腿上部的肌肉。当这些肌肉紧张时，它们会将骨盆向前拉，这增加了对下背部的压力，并缩小了髋部的活动范围。

充分利用它： 在每侧保持此拉伸30秒，然后重复2次，共3组。每天规律进行，如果肌肉真的非常紧，每天可以做多达3次。

左臀（屁股）收缩。

腹部收紧。

保持该姿势。

手伸向尽可能远的地方。

你应该在此处感受到拉伸的紧张感。

A
- 左膝跪地，右脚在地面上，右膝弯曲90度。
- 右手伸向尽可能高的地方。

B
- 躯干向右侧弯曲伸展。

C
- 躯干向右旋转，右手尽可能向身后伸展。保持此姿势达规定的时间长度。
- 右膝跪地，换手并重复动作。

10

根据《运动科学与医学》（*Journal of Science and Medicine in Sport*）杂志的一项研究，髋关节活动范围每增加1度，腹股沟受伤的风险就降低10%。

最佳小腿拉伸练习

直腿小腿拉伸

它为什么好： 主要强调腓肠肌。

充分利用它： 在每侧保持此拉伸30秒，接着重复2次，共3组。每天规律进行，如果肌肉真的很紧，每天可做多达3次。

- 前后脚错开，站在墙前大约50~60厘米处。
- 双手放在墙上，并且身体向墙倾斜。
- 将重心转移到后脚，直到在小腿处感觉到拉伸。保持规定的时间长度。
- 换腿并重复。

保持双臂伸直。

你应该在此处感受到拉伸的紧张感。

左脚在前，右脚在后。

屈腿小腿拉伸

它为什么好： 主要强调比目鱼肌。

充分利用它： 在每侧保持此拉伸30秒，接着重复2次，共3组。每天规律进行，如果肌肉真的很紧，每天可做多达3次。

- 该练习的完成与直腿小腿拉伸相同，只是要向前移动后脚，让后脚的脚趾与前脚的脚跟在同一水平线上。
- 两个膝盖都弯曲，直到在后腿的脚踝上方感觉到舒适的拉伸。

你应该在此处感受到拉伸的紧张感。

脚跟保持在地面上。

保护好脚踝

美国北卡罗来纳大学的研究人员发现，踝关节受过伤的人与脚踝健康的人相比，两者的踝关节活动范围不同，受过伤的活动范围更受限制。另外紧张的腓肠肌和比目鱼肌也会限制脚踝的活动范围。

股四头肌和小腿

塑造完美股四头肌和小腿

尝试来自凯利·巴格特的训练计划，凯利是位于美国密苏里州斯普林菲尔德一家知名美体诊所（Transformation Clinics）的体能教练兼合伙人。股四头肌程序是一个自创式的锻炼计划，旨在塑造大腿，使其紧实并有力。小腿锻炼则是凯利的个人最爱，因为他说，"你可以随时随地执行它。"即使在你的客厅。

股四头肌锻炼计划

怎么做： 从A组练习中选择一个动作，从B组练习中选择一个动作。对于练习A，完成4组，每组6~8次重复，组间休息3分钟。对于练习B，每侧腿做2组，每组10~12次重复，组间休息2分钟。每周完成1次或2次该锻炼计划。

A组练习
哑铃深蹲（第203页）
高脚杯深蹲（第204页）
哑铃前蹲（第204页）
杠铃深蹲（第198页）
垫高脚跟杠铃深蹲（第201页）
杠铃前蹲（第199页）

B组练习
反向哑铃弓步（第217页）
反向杠铃弓步（第213页）
保加利亚式哑铃弓步蹲（第210页）
保加利亚式杠铃弓步蹲（第208页）
单腿蹲（第196页）
手枪式深蹲（第197页）

小腿锻炼计划

怎么做： 按照以下所示的顺序，每个练习做1组，没有休息。对于每个练习，完成尽可能多次重复。有一点要注意：按照本章中的动作完成练习，只是不使用哑铃——该训练计划仅为了以身体自重进行训练。每周完成2次该锻炼计划。

练习
单腿站姿哑铃提踵（第225页）
单腿屈膝提踵（第225页）
单腿驴式提踵（第225页）

第9章　臀肌和腘绳肌

不容忽视的肌肉

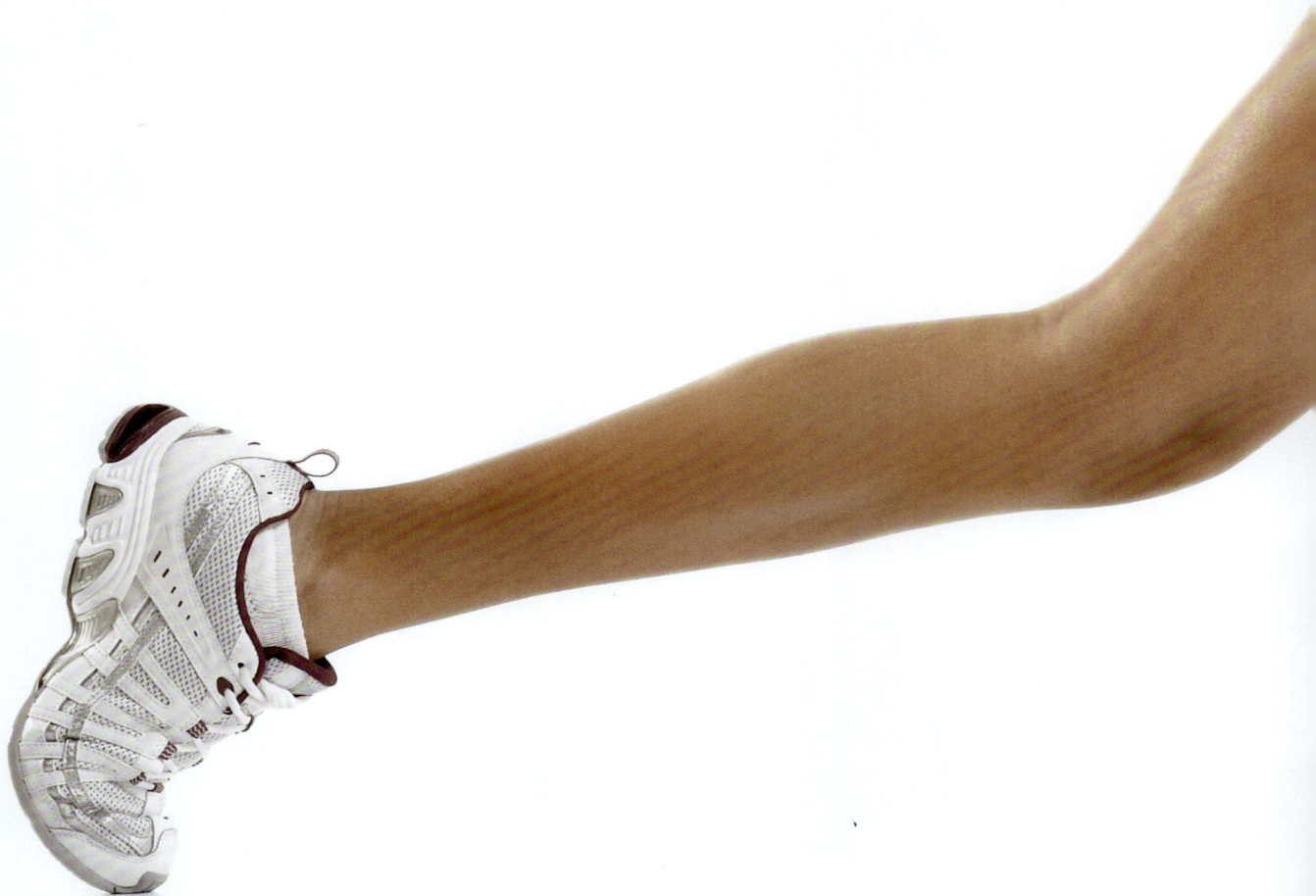

臀肌
和腘绳肌

当我们站着的时候，臀肌和腘绳肌都在工作。问题是，我们大多数人坐着的时间越来越多——坐在电脑前，或者坐在46英寸的等离子电视机前。

长时间坐在椅子上会产生一个影响：我们的髋关节肌肉不仅变弱，它们还会忘记如何收缩，特别对于臀肌尤其如此。这是最浪费的情况，因为臀肌是身体中最大的，而且也许是最有力的肌群。

更重要的是，当臀肌或腘绳肌力量较弱时，就会扰乱身体的肌肉平衡，可能会导致膝盖、髋部和下背部的疼痛和伤害。解决办法是什么呢？使用本章的练习，并让臀肌或腘绳肌的锻炼成为首要任务。

额外的好处

燃料更多卡路里！ 由于臀肌是最大的肌肉群，所以它们也是燃烧最多卡路里的部位。

骨盆区不再有赘肉！ 力量弱的臀肌会导致髋部前倾，这会对脊柱施加更多的压力，从而导致下背部不适，也会将下腹部向外推，使肚子凸出来。所以要减掉骨盆区的赘肉或隆起的小腹，加强臀肌锻炼！

更健康的膝盖！ 强壮的腘绳肌可以帮助前交叉韧带（ACL）更好地稳定膝盖，降低受伤风险。

认识你的肌肉

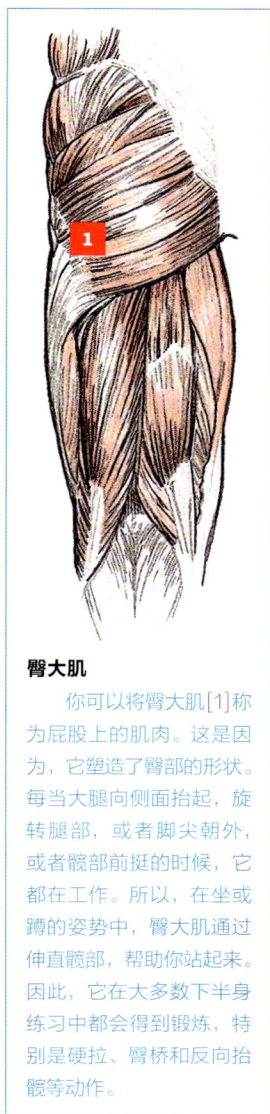

臀中肌和臀小肌

臀部还有另外两块肌肉：臀中肌[2]和臀小肌[3]。这些肌肉帮助臀大肌向侧面抬起大腿。当腿伸直的时候，它们也会向外旋转大腿，而在屈髋时，它们向内旋转大腿。

腘绳肌

腿后肌群被统称为腘绳肌[4]，实际上是三块独立的肌肉：股二头肌[A]、半腱肌[B]和半膜肌[C]。它们的主要功能是屈膝，并协助臀大肌伸展髋关节。股二头肌也有助于向外旋转大腿；半膜肌和半腱肌则协助向内旋转大腿。

臀大肌

你可以将臀大肌[1]称为屁股上的肌肉。这是因为，它塑造了臀部的形状。每当大腿向侧面抬起，旋转腿部，或者脚尖朝外，或者髋部前挺的时候，它都在工作。所以，在坐或蹲的姿势中，臀大肌通过伸直髋部，帮助你站起来。因此，它在大多数下半身练习中都会得到锻炼，特别是硬拉、臀桥和反向抬髋等动作。

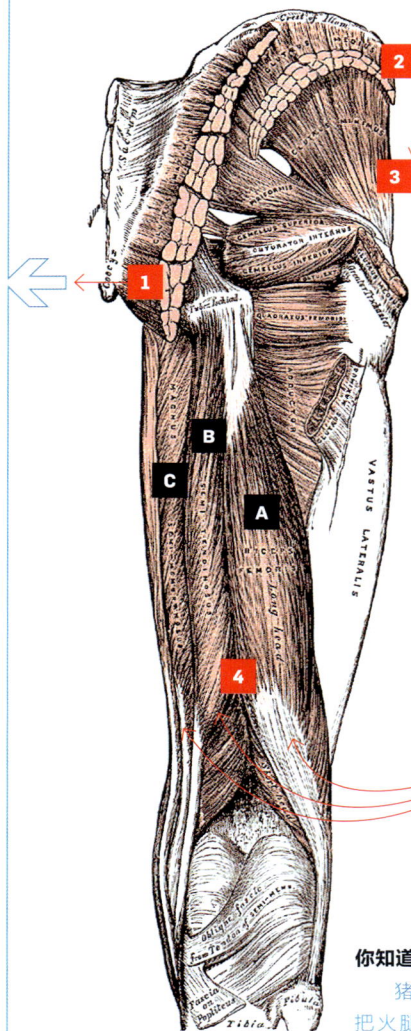

你知道吗？

猪的腘绳肌的肌腱可用于在腌制期间把火腿（ham）吊起来，这就是腘绳肌（hamstring，ham-火腿，string-绳子）的名称起源。

容易错误的训练

股四头肌锻炼频率比腘绳肌更多会发生什么？

《美国运动医学杂志》（*American Journal of Sports Medicine*）的一项研究发现，70%的患有复发性腘绳肌伤病的运动员，都出现了股四头肌和腘绳肌之间不平衡的情况。在通过加强腘绳肌来矫正肌肉失衡后，参与研究的每个人在随后整整12个月中都没有再次受伤。可以说，这是一剂功效强大的良药。

臀肌和腘绳肌 | 臀桥

在本章中，你将找到针对臀肌和腘绳肌的63个练习。

在整个过程中，你将会注意到某些练习被指定为"主要动作"。掌握这种动作的基本版本，就能够用无懈可击的姿势完成所有的变式。

臀桥

这些练习的目标是臀肌和腘绳肌。此外，它们要求你激活腹部和下背部的肌肉，以保持身体稳定——所以这也是非常好的核心练习。

主要动作
臀桥

A

● 仰卧在地面上，膝盖弯曲，双脚平放在地面上。

确保用脚跟撑地。为了让练习更简单，可以调整脚的位置，翘起脚尖。

双臂放在身体两侧，与身体呈45度角，掌心朝上。

让臀部挂上挡

如果在执行臀桥时，腘绳肌发生痉挛（抽筋），这说明臀肌力量较弱。因为臀肌乏力，腘绳肌不得不代偿更加用力才能保持髋部抬起。为了获得最佳效果，每次动作都抬起髋部并保持3~5秒。每周2次，每次做2~3组，每组10~12次重复。

B

- 抬起髋部，使身体从肩部到膝盖呈一条直线。
- 在高位停顿达5秒，然后将身体降回起始位置。

15

《体育和运动心理学杂志》（*Journal of Sports and Exercise Psychology*）中的研究表明，15分钟的训练就可以使心情愉快。

用脚跟推地面，而不是用脚趾。

在抬起髋部时收紧臀肌。

臀肌和腘绳肌 | 臀桥

变式1
负重臀桥

● 在进行练习时将一块杠铃片放在髋部上。

变式2
臀桥加膝外推

● 在膝盖上方套一条50厘米长的迷你弹力带，并在执行练习时保持双膝距离，不让两侧接触。

膝盖对抗弹力带向外推，可以进一步激活臀大肌和臀中肌的肌肉参与程度。

变式3
臀桥加夹膝

A

● 在双膝之间放一条卷起的毛巾或一块Airex平衡软垫，并在执行动作时保持夹紧。

B

● 在抬起髋部时不要让垫子滑动，身体从肩部到膝盖呈一条直线。

> **教练提示**
> 在抬起髋部时注意，如果你在执行动作时膝盖容易外弯，可能是髋内收肌或大腿内侧肌肉的力量很弱。做练习时保持毛巾或垫子夹紧不跌落，有助于加强大腿内侧的这些肌肉。

变式 4
军步臀桥

- 抬起髋部并保持姿势。

- 向胸部抬起一侧膝盖，接着降低回到起始位置；然后向胸部抬起另一侧膝盖。来回交替进行。

变式 5
瑞士球臀桥

- 执行动作时，小腿放在瑞二球上。

变式 6
瑞士球军步臀桥

A

- 双脚平放在瑞士球上。

B

- 向胸部抬起一侧膝盖，接着降低回到起始位置；然后向胸部抬起另一侧膝盖。来回交替进行。

不要让髋部下垂。

臀肌和腘绳肌 | 臀桥

主要动作
单腿臀桥

A

- 仰卧在地板上，左膝弯曲，右腿伸直。
- 抬起右腿，直到它与左大腿在同一平面上。

双臂放在身体两侧，与躯干呈45度角，掌心朝上。

B

- 向上提起臀部，保持右腿抬高。
- 停顿一下，然后慢慢将身体和腿降低到起始位置。
- 用左腿完成规定的重复次数，然后换腿，并用右腿做同样的次数。

在抬起髋部时，右腿与左大腿保持在同一平面上。

身体应该从肩部到膝盖呈一条直线。

可以翘起脚尖，以确保从脚跟处施力。

变式 1
抱膝单腿臀桥

- 在执行练习时，将一侧膝盖抱向胸部并保持。

教练提示

抱住一侧膝盖有助于确保是使用臀肌来抬高髋部——而不是使用下背部的肌肉。

变式 2
脚踏 Bosu 球单腿臀桥

- 左脚放在 Bosu 球上。
- 抬起髋部，放下，并重复动作。

变式 3
踏板单腿臀桥

- 臀部下方靠着一个 15 厘米高的踏板。
- 左脚放在踏板上。
- 抬起髋部，放下，并重复动作。

变式 4
脚踏训练椅单腿臀桥

- 左脚的脚跟放在训练椅上，臀部在地面上。
- 抬起髋部，放下，并重复动作。

变式 5
脚踏泡沫轴单腿臀桥

- 左脚放在泡沫轴上。
- 抬起髋部，放下，并重复动作。

将脚放在泡沫轴上会使负责稳定的肌肉更加用力，以防止滚轴向前或向后移动。

变式 6
脚踏药球单腿臀桥

- 左脚放在药球上。
- 抬起髋部，放下，并重复动作。

将脚放在药球上会使负责稳定的肌肉更加用力，以防止球向前、向后或向旁边移动。

臀肌和腘绳肌 | 臀桥

变式 7
头靠 Bosu 球臀桥

- 头部和上背部靠在 Bosu 球上。

垫高上半身会增加其对臀肌的要求。

变式 8
头靠 Bosu 球单腿臀桥

- 头部和上背部靠在 Bosu 球上，左腿举在空中，与右大腿平行。

变式 9
头靠瑞士球臀桥

- 头部和上背部放在瑞士球上。

在瑞士球上执行该练习迫使核心更加用力，以防止球向前、向后或向旁边移动。

变式 10
头靠瑞士球单腿臀桥

- 头部和上背部靠放在瑞士球上，右腿举在空中，与左大腿在同一平面上。

主要动作

瑞士球臀桥加屈腿

A

- 仰卧在地板上，把小腿和脚跟放在瑞士球上。

双臂放在身体两侧，与躯干呈45度角，掌心朝上。

B

- 向上推髋部，使身体从肩膀到膝盖呈一条直线。

C

- 不要停顿，将脚跟拉向自己，将球滚动到尽可能接近屁股的地方。
- 停顿1秒或2秒，然后逆向执行动作，让球滚回至身体呈一条直线。把髋部放回地面。

在将球拉向自己时，注意保持髋部与身体上身躯呈一条直线。

肌肉动作

当做标准的瑞士球臀桥加屈腿时，脚尖应向上。通过调整脚尖朝内或朝外，能改变腘绳肌所针对训练的部分。

变式1

瑞士球臀桥加屈腿，脚尖向外

把小腿放在球上，双脚脚跟与球接触，脚尖朝外。

脚尖朝外可加强对腿部外侧腘绳肌的训练。

变式2

瑞士球臀桥加屈腿，脚尖向内

把小腿放在球上，双脚脚跟约与肩同宽，脚尖朝内相对。

脚尖转向内可加强对腿部内侧腘绳肌的训练。

臀肌和腘绳肌 | 臀桥

变式 3

瑞士球单腿臀桥加屈腿

A

- 右腿举在空中，使其离球5~10厘米，几乎与左大腿在同一平面上。

双臂放在身体两侧，与躯干呈45度角，掌心朝上。

B

- 向上提髋，使身体从肩部到膝盖呈一条直线。

在抬起髋部时收紧臀肌。

核心收紧。

C

- 不要停顿，将左脚的脚跟拉向自己，将球滚动到尽可能接近屁股的地方。

左腿腘绳肌会有感觉。

主要动作
滑垫屈腿

A

- 仰卧在地面上，双脚的脚跟分别放在一个滑垫上，膝盖弯曲，脚跟靠近臀部。

核心收紧，在抬起髋部时，收紧臀肌。

B

- 保持髋部与躯干呈一条直线，向外滑动脚跟，直到双腿伸直。
- 逆向执行动作，回到起始位置。

身体应该从肩部到膝盖呈一条直线。

变式
单腿滑垫屈腿

A

- 左脚置于滑垫上，右腿举在空中，与左大腿在同一平面上，在进行练习时保持此姿势。

B

- 保持髋部与躯干呈一条直线，向外滑动脚跟，直到腿部伸直。

身体应该从肩部到膝盖呈一条直线。

容易错误的训练
你只在机器上做屈腿弯举吗？

屈腿弯举机要求你做动作时屈膝，屈膝是腘绳肌的工作之一。然而，腘绳肌的主要功能是伸展髋关节或将髋部向前推，就像它在直腿硬拉和臀桥中的作用。此外，另一种类型的屈腿练习（比如瑞士球臀桥加屈腿）要求膝关节和髋关节同时伸展。所以，这也是比经典的器械版本更好的选择。

臀肌和腘绳肌 | 抬髋

主要动作
反向抬髋

A

- 趴在训练椅或罗马椅的边缘，使躯干在训练椅上，但髋部在外面。

双腿几乎完全伸直。

B

- 抬起双腿，直到大腿与躯干呈一条直线。
- 停顿一下，然后降回到起始位置。

在抬起髋部时收紧臀肌。

25

根据《大脑、行为和免疫》（*Brain, Behavior, and Immunity*）的研究，25分钟的重量训练可提高随后注射流感疫苗的有效性。预约了要去打针？提前6到12小时锻炼一下吧。

变式 1

屈膝反向抬髋

- 开始时膝盖弯曲 90 度，然后在抬起髋部时伸直双腿。

变式 2

瑞士球反向抬髋

- 俯卧趴在瑞士球上，双手平放在地面上。

变式 3

屈膝瑞士球反向抬髋

A

- 开始时膝盖弯曲 90 度，俯卧趴在瑞士球上，双手平放在地面上。

B

- 在抬起髋部时伸直双腿。

臀肌和腘绳肌 | 屈膝硬拉

屈膝硬拉

这些练习的目标是臀肌和腘绳肌，同时锻炼其他许多肌肉。事实上，硬拉还可以强烈激活肌四头肌、核心、背部和肩部肌群，是最好的全身练习之一。

主要动作
杠铃硬拉

A

- 装好杠铃，并让它靠着小腿胫骨，拉起时沿着胫骨滚动。
- 俯身屈膝，正握杠铃，双手距离略大于肩宽。

B

- 不要让下背部拱曲，将身体向后向上拉起，向前挺髋，手握杠铃站起。
- 在执行动作时收紧臀肌。
- 将杠铃放回地面，尽可能靠近身体。

> **教练提示**
> 你也可以以双脚分别站在一块25磅（约11千克）的杠铃片上来执行硬拉和宽握硬拉。这增大了必须提起重物的距离，让肌肉接受更大的挑战。

髋部位置略高于膝盖。

下背部稍微拱曲，但不要前弓。

双臂应该伸直。

在拉起杠铃时，保持让它尽可能靠近自己的身体。

变式 1

宽握杠铃硬拉

A

- 使用正握，双手距离约两倍于肩宽。

B

- 站起身后，则逆向执行动作，慢慢地把杠铃放回地面。

终极硬拉？

使用更宽的握法有 3 个额外的好处：
（1）它增加对上背部肌肉的要求；
（2）迫使前臂和手的肌肉更用力；
（3）增加活动范围。

这个练习也被称为抓举硬拉，因为其握法与奥运举重运动员在进行抓举时所使用的握法相同。

变式 2

单腿杠铃硬拉

- 在身后约 50~60 厘米处放一张训练椅，把一只脚的脚背放在训练椅上。
- 右脚在训练椅上完成规定的重复次数，然后换左脚完成同样的次数。

变式 3

相扑式硬拉

- 采用站姿，双脚距离约两倍于肩宽，脚趾微微向外。
- 握住杠铃的中部，双手距离 30 厘米左右，掌心朝向自己。

臀肌和腘绳肌 | 屈膝硬拉

主要动作
哑铃硬拉

A

- 在身体前方地面上放一对哑铃。
- 俯身屈膝，正握哑铃。

B

- 下背不要拱曲，握住哑铃起身。
- 将哑铃放回地面。

490

体重123磅（约55千克）以内的女性硬拉
的最大负重纪录为490磅（约222千克）。

双臂应该伸直，下背部稍
微拱曲，但不要拱成圆。

在站起来时，向后
上方拉躯干。

向前挺髋。

保持挺胸。

变式 1
单臂硬拉

A

- 在这个版本的练习中只使用一个哑铃。将哑铃放在右脚踝旁边的地面上。

B

- 右手握住重物完成规定次数，然后换左手做相同的次数。

这个练习也被称为行李箱硬拉，因为它与拿起行李箱是同样的动作。

变式 2
单腿硬拉

A

- 握住一对较轻的哑铃，左脚单腿站立（如果使用哑铃练习感觉太难，可以只使用自身的体重，如图所示）。
- 右脚在身后抬起，弯曲膝盖，让右小腿平行于地面。

B

- 在髋部处前倾，慢慢地尽可能降低身体，或直到右小腿几乎触及地面。
- 停顿一下，然后起身回到起始位置。
- 如果这项练习太困难，请继续按照说明执行动作，但是可以不抬起非练习腿的脚，而是让脚尖放在地面上，以辅助平衡。

向后拉肩部并挺胸。

保持抬头。

下背部不要弓腰。

膝盖弯曲90度。

臀肌和腘绳肌 | 直腿硬拉

直腿硬拉

这些练习的目标是臀肌和腘绳肌。同时也锻炼核心肌群，尤其是下背部的肌肉。这个动作另一个好处是：它们可以帮助改善你腿后肌群的柔韧性，因为每次放下杠铃或哑铃时都会拉伸到这些肌肉。

A

主要动作
杠铃直腿硬拉

A

- 正握杠铃，双手距离略大于肩宽，双臂垂下，将杠铃放在髋部前方。

挺胸。

核心收紧。

膝盖微微弯曲。

双脚与髋同宽。

B

- 不改变膝盖的弯曲角度，在髋部处前倾，降低躯干，直到它几乎平行于地面。
- 停顿一下，然后抬起身体回到起始位置。

下背部不要弓腰。在降低身体时，下背部应该保持自然拱曲。

在整个动作过程中保持核心收紧。

臀肌和腘绳肌 | 直腿硬拉

变式1
单腿杠铃直腿硬拉

- 执行动作时，在一条腿上保持平衡，而不是双腿。
- 用一条腿完成规定重复次数，然后换另一条腿做相同的次数。

变式2
杠铃躬身

- 不要垂下双臂将杠铃拿在身体前面，而是将其搁在上背部，并双手正握杠铃。

变式3
杠铃分腿躬身

A

- 将杠铃搁在上背部，并正握杠铃。
- 站在一个15厘米高的踏板前约30厘米的位置，并把左脚跟放在踏板上面。

B

- 保持下背部自然拱曲，在舒适的情况下，髋部尽可能前倾。
- 停顿一下，然后抬起躯干回到起始位置。

核心收紧。

下背部不要弓腰。

右膝稍微弯曲。

左腿完全伸直。

变式 4

单腿杠铃躬身

- 将杠铃搁在上背部，并正握杠铃。
- 执行动作时，在一条腿上保持平衡，而不是双腿。

向后拉肩部，让杠铃可以平稳地搁在后方肩胛骨形成的架子上。

变式 5

曲臂杠铃躬身

- 用臂弯托住杠铃，并在执行动作时保持紧贴身体。

你也可以用毛巾包裹住杠铃，或使用杠铃垫来缓冲。

为了安全固定杠铃，将前臂压向上臂。

变式 6

坐姿杠铃躬身

A

- 在训练椅上坐直，将杠铃搁在上背部。

双脚张开，平放在地面上。

B

- 保持下背部自然拱曲，在髋部处前倾，在保证动作舒服的前提下，尽可能降低躯干。
- 停顿一下，然后抬起躯干回到起始位置。

保持核心收紧。

臀肌和腘绳肌 | 直腿硬拉

主要动作
哑铃直腿硬拉

A

- 正握一对哑铃，双臂垂下，放在大腿前方。
- 采用站姿，双脚距离与髋同宽，膝盖稍微弯曲。

B

- 不要改变膝盖的弯曲角度，在髋部处前倾，并降低躯干，直到它几乎平行于地面。
- 停顿一下，然后抬起躯干回到起始位置。

核心收紧。

在整个动作过程中，背部应该保持自然拱曲。

在放下哑铃时，保持哑铃尽可能靠近自己的身体。

变式 1

单腿哑铃直腿硬拉

A

- 执行哑铃直腿硬拉时在一条腿上保持平衡，而不是双腿。

B

- 用一条腿完成规定重复次数，然后用另一条腿做相同的次数。

右腿应该保持与身体呈一条直线。

变式 2

旋转哑铃直腿硬拉

A

- 右手握住一个较轻的哑铃，用左脚站立，膝盖微微弯曲。
- 右脚从地面上抬起，膝盖稍微弯曲。

B

- 不改变左膝的弯曲角度，在髋部处前倾降低躯干，同时躯干向左方旋转，并用哑铃触碰左脚。
- 停顿一下，然后抬起躯干回到起始位置。
- 用左脚站立，右手握着重物，完成规定重复次数。然后换右脚完成同样的次数。

握住哑铃一侧，使其垂直向下。

保持核心收紧。

臀肌和腘绳肌 | 直腿硬拉

主要动作
背部伸展

A

- 趴在背部伸展练习器上，并将双脚勾在腿部固定器下面。
- 保持背部自然拱曲，在舒适的情况下，尽可能降低躯干。

不要让下背部前弓。

双手在胸前交叉。

B

- 收紧臀肌，抬高躯干，直到它与下半身呈一条直线。
- 停顿一下，然后慢慢降低躯干回到起始位置。

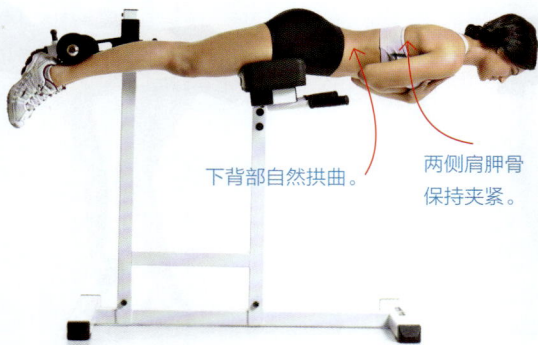

下背部自然拱曲。

两侧肩胛骨保持夹紧。

变式
单腿背部伸展

A

- 趴在背部伸展练习器上，只有一只脚勾在腿部固定器下面。

保持核心收紧。

B

不要过度伸展背部；抬高至身体呈一条直线即可。

主要动作
绳索硬拉

A

- 将绳子手柄连接到绳索练习器的低位滑轮上。
- 双手各握住绳把的两端，并背对配重架站立。
- 髋部和膝盖弯曲，并降低躯干，直到躯干与地面形成大约45度角。

B

- 向前挺髋，并抬起躯干回到起始位置。

在整个动作过程中，保持下背部自然拱曲。

双脚与肩同宽。

在整个动作过程中，双臂保持伸直。

在向前推髋部时，收紧臀肌。

膝盖稍微弯曲。

臀肌和腘绳肌 | 登阶

登阶

这些练习的主要目标是臀肌和腘绳肌。因为你在执行动作时必须有力地向前推髋。登阶练习还可以锻炼股四头肌，因为它要求你对抗伸直膝盖的阻力。

主要动作
杠铃登阶

A

- 站在训练椅、跳箱或踏板前，左脚稳稳地放在踏板上。

B

- 左脚跟压着踏板，将身体向上推，直到左腿伸直。
- 然后降低身体，直到右脚碰到地面，并重复。
- 用左腿完成规定的重复次数后，换右腿完成同样次数。

向后拉肩部，让杠铃可以平稳地搁在肩胛骨形成的架子上。

踏板应该足够高，让膝盖弯曲至少呈90度。

在整个动作过程中，左脚都保持在这个位置。

保持右脚抬起。

变式
杠铃侧向登阶

A

- 站在踏板旁边，身体的左侧对着踏板，并且左脚放在踏板上。

B

- 像执行标准杠铃登阶那样将身体向上推。然后降低身体。
- 用左腿完成规定的重复次数后，换右腿完成同样次数。

在向上推身体时，
保持躯干挺直。

在向下触地时，确保
右脚与左脚平行。

臀肌和腘绳肌 | 登阶

主要动作
哑铃登阶

A

- 握住一对哑铃，手臂在身体两侧垂下。站在训练椅、跳箱或踏板前，左脚稳稳地放在踏板上。
- 踏板应该足够高，让膝盖弯曲呈90度。

B

- 左脚跟压着踏板，将身体向上推，直到左腿伸直，在踏板上单腿站立，保持右脚抬起。
- 降低身体，直到右脚碰到地面，这是一次重复。
- 用左腿完成规定的重复次数后，换右腿完成同样次数。

变式 1
哑铃侧向登阶

A

- 握住一对哑铃，站在踏板旁边，身体的左侧对着踏板。
- 左脚放在踏板上。

B

- 左脚跟压着踏板，将身体向上推，直到双腿伸直。
- 下降回到起始位置。
- 用左腿完成规定的重复次数后，用右腿完成同样的次数。

变式 2
哑铃交叉登阶

A

- 握住一对哑铃，站在踏板旁边，身体的左侧对着踏板。
- 右脚放在踏板上。

B

- 右脚跟压着踏板，将身体向上推，直到双腿伸直。
- 降低身体，回到起始位置。
- 用右腿完成规定的重复次数后，用左腿完成同样的次数。

右腿应该在左腿前面交叉。

在向下触地时，确保右脚与左脚平行。

臀肌和腘绳肌 | 髋关节外展

髋关节外展

这些练习主要锻炼髋关节外展肌群，主要是锻炼一块名称为臀中肌的髋部肌肉。

主要动作
站姿绳索髋关节外展

A

- 将脚踝吊带连接到绳索练习器的低滑轮位，然后将带子套在左脚踝上。
- 站立时身体右侧朝向配重架。
- 左腿应该在右腿前面交叉（你应该站得离配重架足够远，让绳索保持拉紧）。

手扶在稳固的物体上，以获得支撑。

站直；不要驼背。

左腿近乎绷直。

5

B

- 不改变膝盖的弯曲角度，左腿
  向左侧尽可能抬高。
- 停顿一下，然后慢慢返回到起
  始位置。
- 用左腿完成规定的重复次数，
  然后转身，用右腿完成同样的
  次数。

臀肌和腘绳肌 | 髋关节外展

站姿绳索髋关节外展变式
站姿阻力带髋关节外展

A

- 不使用绳索练习器，只需将一根弹力带固定到一个稳固的物体上，然后将它环绕在脚踝上。

B

- 腿向侧面尽可能抬高。

将手放在稳固的物体上，以获得支撑。

不同于这个练习的绳索版本，左腿在右腿前面交叉时，你将无法保持弹力带绷紧。所以，在开始练习时，在练习腿上保持阻力的同时要让双腿尽可能靠近。

在抬腿时保持上半身不动。

阻力带侧抬腿

- 向左侧躺在地面上。
- 用迷你弹力带套住双脚的脚踝。
- 头靠在左臂上。
- 右手在胸前撑着地面。
- 不要移动身体的任何其他部分，尽可能高地抬起右腿。
- 停顿一下，然后返回到起始位置。

双腿伸直，右腿在上面，并且在左腿的后面一点。

蛤壳运动

- 向左侧卧在地面上，髋和膝弯曲45度。
- 右腿在左腿的上面，脚跟并拢。
- 保持双脚互相接触，尽可能高地抬起右膝盖，同时不要移动骨盆。
- 停顿一下，然后返回到起始位置。
- 不要让左腿离开地面。

顾名思义，在做这个练习时，想象着一个张开的蛤壳。

弹力带横向行走

A

- 用迷你弹力带套住双脚膝盖下方的位置。

B

- 小步向右走6米左右；然后向左走6米。这是一组。

教练提示
这项练习非常适合用作任何下半身练习前的热身运动，并且几乎对于任何运动项目都是有用的——特别是需要横向移动的运动项目，例如篮球、网球和壁球。可以在上场之前做一组。

臀肌和腘绳肌

你从未做过的最佳练习
单臂哑铃摆举

这个动作锻炼腘绳肌和臀肌的爆发力。这意味着，训练目标是非常重要的快肌纤维。快肌纤维是随着年龄增长而萎缩得最快的肌纤维，并且它们在你所做的几乎每一个动作中都至关重要——哪怕只是让自己站起来。所以可以说，这个练习将有助于保持身体年轻。它也可以锻炼核心肌肉、股四头肌和肩部，对于缺少训练时间的人来说，这是一个非常好的练习。

A

- 单手正握哑铃，并垂下手臂，保持哑铃在腰前（你也可以用双手做这个练习，双手都握住哑铃）。
- 弯曲髋关节和膝盖，身体前倾，直到躯干与地面呈45度角。
- 在双腿之间摆动哑铃。

B

- 保持双手臂伸直，挺髋，伸直膝盖，并在站直的时候将哑铃摆动到胸部齐平的高度。
- 重新蹲下，再次在双腿之间摆动哑铃。
- 用力将哑铃来回甩摆。

附送练习！
壶铃摆举

- 执行相同的动作时握住壶铃，而不是哑铃。

保持下背部稍微拱曲。

向后推髋。

在双腿之间摆动哑铃。

手臂应该随惯性向上摆动。

双脚距离大于肩宽。

268

最佳腘绳肌拉伸练习
站姿腘绳肌拉伸

它为什么好：此动作从髋部和膝盖两个方向拉伸腘绳肌。膝盖弯曲会增加髋部附近的拉伸；保持膝盖伸直则会增加膝盖处的拉伸。

充分利用它：在每侧保持此拉伸30秒，然后重复2次。每天规律进行，如果肌肉非常紧，每天可做多达3次。

A

- 将右脚放在训练椅或稳固的凳子上。
- 右腿完全伸直。
- 左腿稍微弯曲。
- 站直，背部自然拱曲。
- 双手放在髋部上。

B

- 下背部不要拱曲，在髋部处前倾，并降低躯干，直到感觉到舒适的拉伸，并在该位置保持规定的时间。

脚尖向外旋会强调腘绳肌的内侧部分；脚尖向内旋会强调外侧部分。

你应该在此处感受到拉伸的紧张感。

臀肌和腘绳肌

最佳臀肌拉伸练习
仰卧臀肌拉伸

它为什么好：它可以放松臀肌。当这些肌肉紧张时，你更容易出现下背部疼痛的问题。

充分利用它：在每侧保持此拉伸30秒，然后重复2次，共3组。每天规律进行，如果肌肉非常紧，每天可做3次。

A

- 仰卧在地板上，膝盖和髋部弯曲。
- 左腿在右腿上方交叉，将左脚踝放在右大腿上。

B

- 双手抱住左膝，将它拉向胸部中间，直至臀肌感觉到舒适的拉伸。

你应该在此处感受到拉伸的紧张感。

请翻页

打造完美臀部的秘密就在下一页

臀肌和腘绳肌

塑造完美臀部

这个为期4周的锻炼计划可以完美塑造你的臀肌和腘绳肌，它来自体能训练师，同时也是印第安纳波利斯体能训练中心的负责人迈克·罗伯逊。

虽然这个计划旨在锻炼整个下半身（包括股四头肌）与核心，但它的焦点是大腿后侧肌肉。长期的力量不足会导致不良姿势，还会导致背痛和孱弱体格，这个程序有助于改善这一情况。当然，因为你在锻炼大块的下半身肌肉时，会燃烧大量的卡路里。所以作为额外的奖励，这个锻炼也将有助于减少腰腹部的脂肪。

怎么做：每周锻炼一次，在两次锻炼之间休息至少2天。所以，你可以在星期二做锻炼A，在星期五做锻炼B。在每次锻炼之前注意热身，热身的目的是帮助提升柔韧性，并让肌肉为即将进行的锻炼做好准备。请注意，在每次锻炼中，每周都增加要执行的重复次数。这有助于确保你的肌肉不断受到挑战。

热身

来回交替以下动作，中间不休息。每次动作持续30秒，然后继续做另一个练习。总共各完成3组。

跪姿髋屈肌拉伸（第228页）
臀桥（第236页）

锻炼 A

练习	第1周			第2周			第3周			第4周		
	组数	重复次数	休息	组数	重复次数	休息	组数	重复次数	休息	组数	重复次数	休息
杠铃直腿硬拉（第252页）	2	8	90	3	8	90	3	10	90	3	12	90
哑铃弓步蹲（第209页）	2	8	90	3	8	90	3	10	90	3	12	90
单腿杠铃直腿硬拉（第254页）	2	8	90	3	8	90	3	10	90	3	12	90
背部伸展（第258页）	2	8	60	3	8	60	3	10	60	3	12	60
杠铃前滚（第292页）	2	8	60	3	8	60	3	10	60	3	12	60

锻炼 B

练习	第1周			第2周			第3周			第4周		
	组数	重复次数	休息	组数	重复次数	休息	组数	重复次数	休息	组数	重复次数	休息
撑重深蹲（第194页）	2	8	90	3	8	90	3	10	90	3	12	90
绳索硬拉（第259页）	2	8	90	3	8	90	3	10	90	3	12	90
哑铃登阶（第262页）	2	8	90	3	8	90	3	10	90	3	12	90
瑞士球臀桥加屈腿（第243页）	2	8	60	3	8	60	3	10	60	3	12	60
平板支撑（第278页）	2	8	60	3	8	60	3	10	60	3	12	60

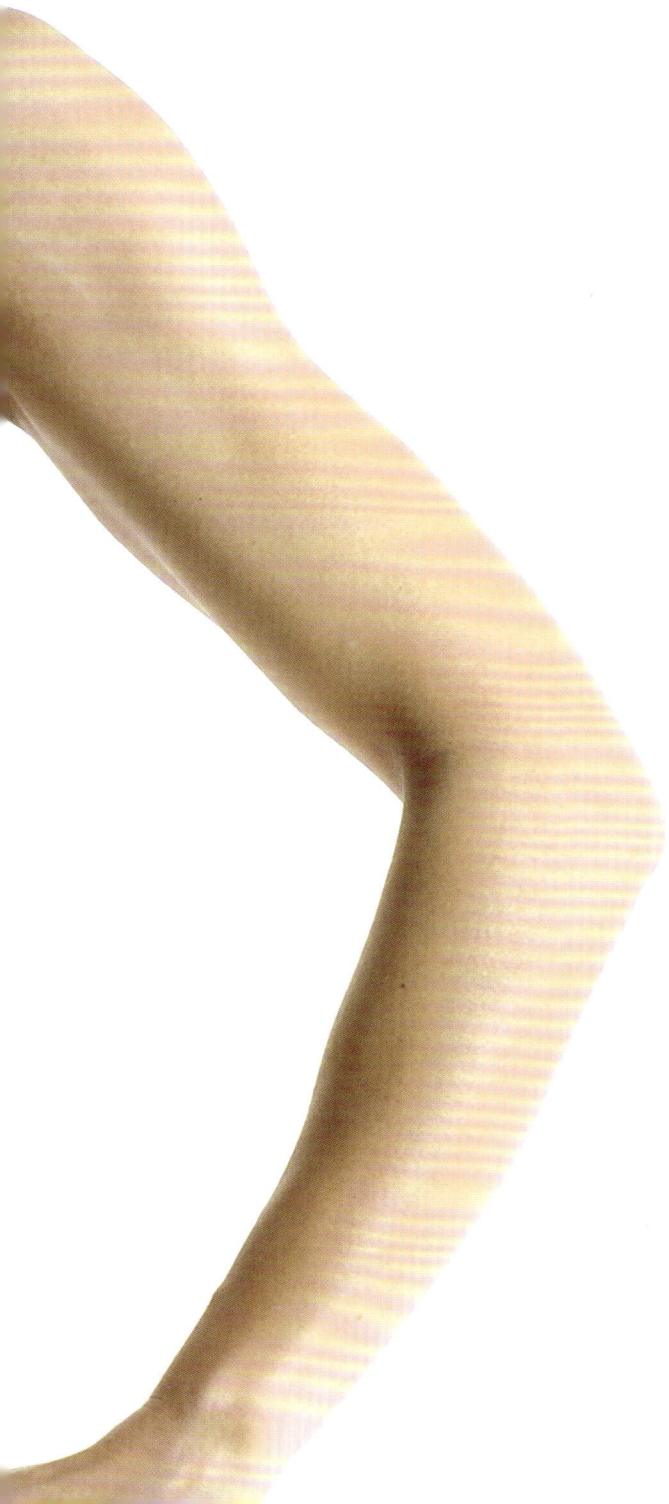

第10章 核心

魅力的中心

核心

如果产品电视直销广告算是一种依据的话，人们花在腹肌上的钱绝对比任何其他肌肉群更多。为什么呢？腹肌（或更具体的说，核心，也包括下背部和髋部的肌肉）参与你的每一个动作。不仅仅是在健身房的训练，如果没有核心肌的话，你甚至不能站立或坐直。

当然，所有这些通常与大多数女性对紧实腹部的渴望无关。真正的动机或许是结实的腰线所产生的视觉吸引力。

这是因为，平坦的腹部是健美身材的外部标志。关键信息：塑造紧实的腹部不仅让身材更好看，还让身体运作得更好，更加健康。

额外的好处

更加长寿！ 在加拿大有一项历时13年的研究，调查了超过8 000人，结果发现，腹部肌肉弱的人与核心强壮的人相比，前者的死亡率是后者的两倍以上。

举得更重！ 更强壮的核心支撑着脊椎，使整个身体结构更稳固，让你在每个练习中可以负荷更大的重量。

摆脱背部疼痛！ 加利福尼亚州立大学的研究人员发现，当人们坚持为期10周的核心训练计划时，他们的背痛几率减少了30%。

认识你的肌肉

腹部

　　毫无疑问，最受欢迎的腹部肌肉是腹直肌[1]，也就是通常所谓的六块腹肌（s x-pack）。尽管有这个昵称，这块肌肉实际上由被称为筋膜[A]的致密结缔组织隔开的8个分段组成。这块肌肉与伸展下背部肌肉的拉力对抗，是帮助保持脊柱稳定的肌肉之一。它的另一个主要职责是将躯干拉向髋部。这就是为什么可以通过仰卧起坐和卷腹来训练腹直肌的原因。然而，训练腹直肌和整体核心肌最好的方式是脊柱稳定性练习，如平板支撑和侧平板支撑。躯干两侧的腹部肌肉分别是腹外斜肌[2]和腹内斜肌[3]。这些肌肉帮助向两侧弯曲躯干，并协助左右转动身体，但实际最重要的工作，是对抗躯干的旋转。因此，跪姿旋转下劈等旋转练习可以训练这些肌肉，像跪姿稳定劈砍等抗旋转练习也同样可以训练它们。

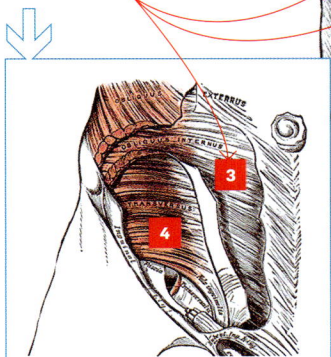

核心肌的定义

　　虽然核心肌和腹肌这两个词通常互换使用，但这并不完全准确。这是因为术语核心实际上描述了在腹部、下背部和髋部一共20多块肌肉，它们共同稳定脊椎，保持躯干直立。此外，核心肌肉允许你向前、向后、向两侧弯曲躯干，以及旋转。因此，核心对你所做的一切事情都很重要，或许只有睡觉除外。

腹白线是一长条筋膜，沿腹部中间分出一条线，并协助防止腹肌被腹外斜肌撕开。

髋部

　　在髋部前面的一组肌肉，被称为髋屈肌[5]，也在核心力量中发挥了宝贵的作用。原因：它们起源于脊椎或骨盆，这个区域可以说是身体核心的基础。许多肌肉都可以作为髋屈肌，但主要的是阔筋膜张肌[B]、腰大肌[C]和髂肌[D]。顾名思义，这些肌肉让你可以弯曲髋部。形象地说，想象将大腿抬向胸部。可以通过反向卷腹和悬空抬腿等练习来训练这些肌肉。

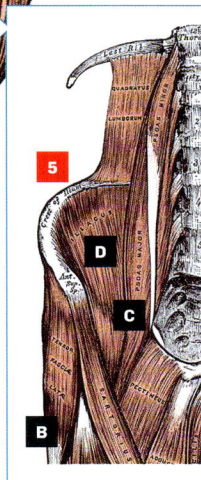

最深的腹部肌肉是腹横肌[4]。这块肌肉位于腹直肌和腹内斜肌下面，它的工作是将腹壁向内拉，例如，吸肚子或缩小腹的动作。

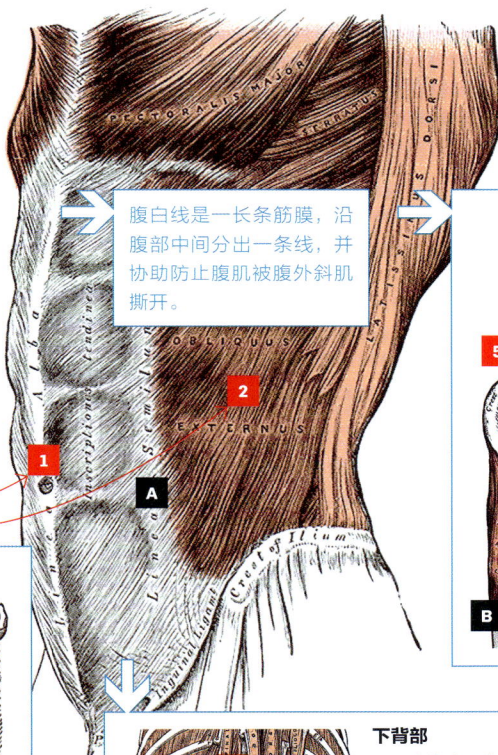

下背部

　　有许多下背部肌肉对核心力量都有所贡献，主要的肌肉有竖脊肌（显示为骶棘肌）[6]、多裂肌[7]和腰方肌[8]。总的来说，这些肌肉帮助保持脊柱稳定，并让脊柱可以向后弯曲和侧向弯曲。最好用稳定性练习来训练它们，比如，平板支撑、侧平板支撑和俯卧眼镜蛇式，以及需要弯身或拉伸的任何练习。此外，虽然臀大肌严格来说也是髋部肌肉（在第9章中深入讨论过），但在这里也值得一提。因为，它通过结缔组织连接到下背部，因此，它也与其他核心肌肉连接并一起活动。

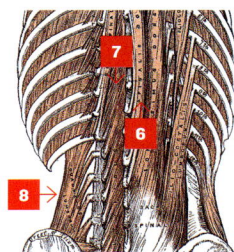

核心 | 稳定性练习

在本章中，你将找到针对核心肌肉的100多种练习。你会注意到某些练习被指定为"主要动作"。掌握这种动作的基本版本，就能够用无懈可击的姿势完成其所有的变式。

稳定性练习

这些练习的目的是提高你稳定自己脊椎的能力。稳定的脊柱对于下背部健康和在任何运动中的表现都息息相关。当然，腹肌也属于训练重点，稳定性练习对于训练最容易被注意到的"六块腹肌"，也是非常有效的。

主要动作
平板支撑

- 首先进入俯卧撑姿势，但弯曲肘部，将重心放在前臂，而不是放在双手。
- 身体应该从肩部到脚踝呈一条直线。
- 收缩腹部，收紧核心，就像腹部准备要挨一拳那样。
- 保持这个姿势30秒（或指示的时间），同时注意深呼吸。

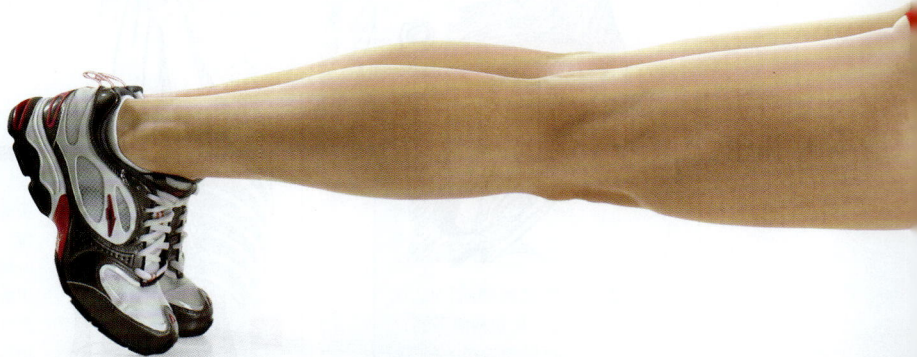

如果你不能保持平板支撑姿势**30秒**，那就
坚持5~10秒，休息5秒，并根据需要重复多次，
总计累积30秒。每次进行该练习时，在每次重
复中尽量坚持更长时间，以更少的重复次数达到
30秒的目标。想要更多选择？尝试45度平板支
撑、跪姿平板支撑或四足爬姿，并按照自己的程
度逐渐升级到标准平板支撑。

臀肌绷紧。

如果放一把横杆在背上，
它应该与头部、上背部
和臀部接触。

肘部应该在肩
部的正下方。

任何时候都不要
让髋部塌下。

容易错误的训练
你认为卷腹会让你苗条吗？

美国弗吉尼亚大学的研究人员发现，燃烧掉1磅脂肪需要做250 000次卷腹，即连续7年每天做100次卷腹。所以简单地训练深埋在肚子下面的腹肌并不会轻松给你"6块"。最好的减脂策略是训练身体的所有肌肉，花大部分时间去训练下半身和背部的大肌肉。因为，训练的肌肉越多，燃烧的卡路里就越多。

核心 | 稳定性练习

变式 1
45度平板支撑

- 将前臂放在训练凳上,而不是在地面上。

当肘部放在训练凳上时,平板支撑会更容易,因为你不必支撑大部分的体重。

肘部的位置应该尽量使双臂和躯干成90度。

变式 2
跪姿平板支撑

- 进行练习时不是直腿,而是弯曲膝盖,以帮助支撑体重。

身体从肩部到膝盖呈一条直线。

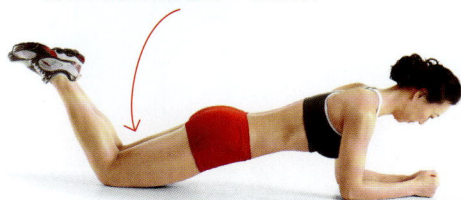

变式 3
脚高架平板支撑

- 双脚放在训练凳上。

架高双脚会增加练习的难度。

变式 4
单脚高架平板支撑

- 将一只脚放在训练凳上,并且另一只脚保持在它上面5~10厘米的位置。每组动作换腿。

变式 5
伸展式平板支撑

- 把重心放在双手上(就像俯卧撑那样)。向前移动手会带来更大的挑战。

双手的位置越往前,练习越难。

变式 6
宽距平板支撑——单腿抬起

- 向外移动双脚至大于肩宽,并将一只脚抬起,离地面5~10厘米。每组换一次腿。

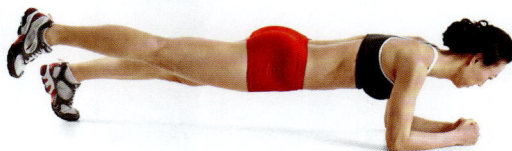

变式 7
宽距平板支撑——单臂斜举

- 向外移动双脚至大于肩宽，而不是让双脚并拢。
- 右臂伸直并举起，拇指向上，并且右臂保持与躯干斜交。
- 保持5~10秒，然后换一只手臂。这是一次重复。

变式 8
宽距平板支撑——对侧手脚抬起

- 向外移动双脚至大于肩宽。
- 左脚和右臂离开地面5~10秒，然后换另一侧的手臂和腿，并重复。这是一次重复。

在抬起手臂和腿时，专注于保持髋部和躯干的位置不变。

变式 9
瑞士球平板支撑

- 双脚和小腿放在瑞士球上。

变式 10
瑞士球平板支撑——双脚抬高平行

- 前臂放在瑞士球上，双脚放在训练凳上。

两倍的腹部锻炼
加拿大研究人员确定，在瑞士球上做平板支撑对腹部的训练效果几乎是在地面上做平板支撑的两倍。

双脚放在训练凳上是为了将脚提升到与肘部一样的水平，类似于在地面上做平板支撑，但瑞士球的不稳定性会让你更难保持姿势。

核心 | 稳定性练习

■

主要动作
四足爬姿

膝盖弯曲
90度。

大腿垂直
于地面。

双膝与髋同宽。

A

- 双手双膝着地，手掌平放在地面上，与肩同宽。
- 放松核心，让下背部和腹部保持在自然位置。

B

- 下背不要抬起或弓起，收紧腹肌，就像腹部要挨一拳那样。保持腹部紧张5至10秒，在整个动作过程中深呼吸。这是一次重复。

变式 1
四足爬姿内外抬腿

A

- 不改变下背部姿势，提高右膝盖，使其尽可能接近胸部（膝盖可能不会向前移动很多）。

B

- 保持右膝弯曲，向侧面抬起大腿，不要移动髋部。

C

- 向正后方踢出右腿，直到它与躯干呈一条直线。这是一次重复。

变式 2
四足爬姿加抬腿

- 不改变下背部姿势，抬高并伸直左腿，直到它与身体呈一条直线。保持5~10秒。
- 返回到起始位置。用右腿重复。保持来回交替。

↑ 腹部收紧。

变式 3
猎鸟犬式

- 收紧腹肌，抬起右臂和左腿，直到它们与身体呈一条直线。保持5~10秒。
- 返回到起始位置。用左臂和右腿重复。保持来回交替。

换手臂和腿时也要尽量保持髋部和背部静止。

瑞士球抬对侧手脚

- 趴在瑞士球上，肚脐在瑞士球的中心。
- 双脚的前脚掌着地，双手平放在地面上。
- 收紧腹肌，抬起右臂和左腿，直到它们与身体呈一条直线，并保持这个姿势几秒。
- 返回到起始位置。换左臂和右腿重复。保持来回交替。

猫拱背式

- 双手和双膝着地。
- 轻轻地拱起下背，不需要用力推，然后头部下垂低至肩部之间，并向着天花板方向弓起上背部，让脊椎圆起来。这是一次重复。
- 缓慢地来回移动，在动作的两端都不要过于迅猛发力。

消除背痛

　　猫拱背式可能看起来很滑稽，但在较小的活动范围内慢慢地弯曲和伸展脊椎是一种很好的方式，可以帮助核心为所有活动做好准备。此外，这个动作有助于防止背痛，因为这个动作会使得在下背部的神经慢慢离开脊椎管，这有助于保持神经不被挤压，降低如坐骨神经痛等疼痛的风险。它也可以帮助松开已被挤压的神经。可以培养规律的好习惯：做5~10次重复。

主要动作
侧平板支撑

A

- 面向左侧卧，膝盖伸直。
- 用左肘和前臂支撑上半身。

B

- 用力收缩腹部，收紧核心，就像腹部准备要挨一拳那样。
- 抬起髋部，直到身体从脚踝到肩部呈一条直线。
- 在整个练习过程中保持深呼吸。
- 保持这个姿势30秒（或其他指示时间）。这是一组。
- 转身，面向右侧卧，并重复动作。

> 如果你不能保持侧平板支撑姿势30秒，坚持5~10秒，休息5秒，并根据需要重复多次，总计30秒。每次进行该练习时，在每次重复中尽量坚持更长时间，以更少的重复次数达到30秒的目标。

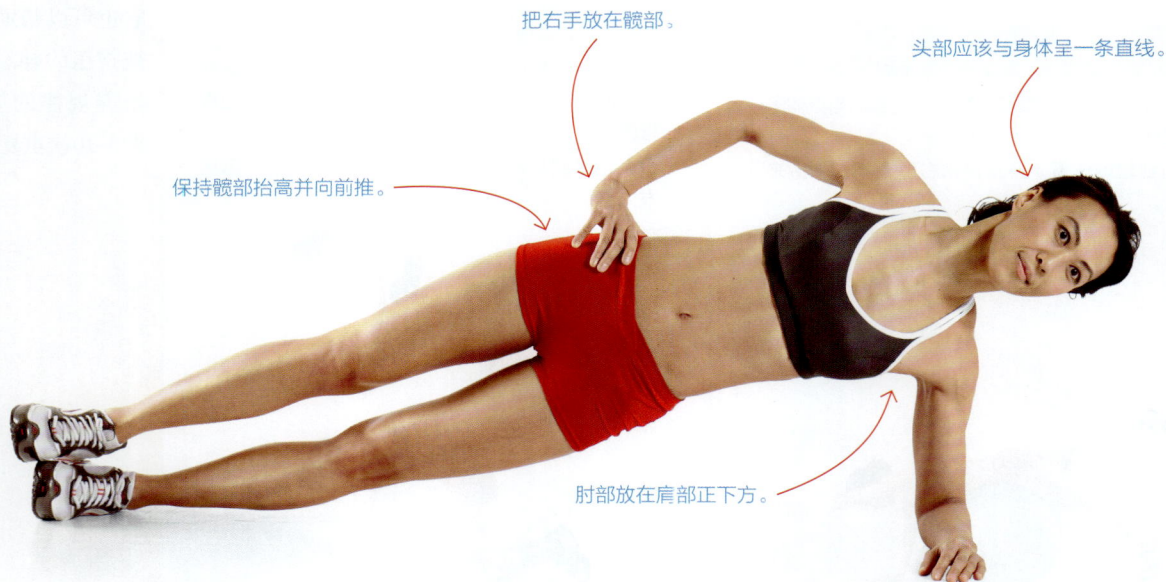

把右手放在髋部。

头部应该与身体呈一条直线。

保持髋部抬高并向前推。

肘部放在肩部正下方。

变式 1
改版侧平板支撑

● 膝盖弯曲90度。

弯曲膝盖减少了必
须抬起的体重。

变式 2
侧向旋转平板支撑

● 从面向右侧开始执行侧平板支撑。保持1秒或2秒，然后转动身
体，用双肘支撑（变成平板支撑），并保持1秒。然后，继续转动
身体到用左肘支撑，使你面向相反的方向执行侧平板支撑。再保持
1秒或2秒。这是一次重复。确保每次转动时将全身作为一个整体
移动。

变式 3
脚高架侧平板支撑

● 双脚放在训练凳上。

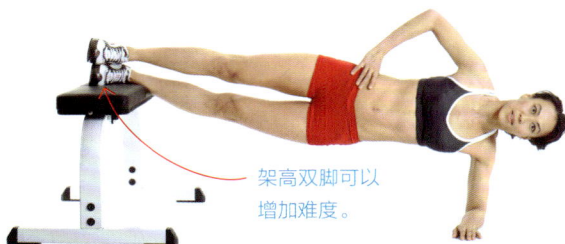

架高双脚可以
增加难度。

变式 4
瑞士球侧平板支撑

● 前臂放在瑞士球上。

瑞士球的不稳定性
迫使核心更加用力。

变式 5
单腿侧平板支撑

● 上面的腿尽可能
抬高，并在整个
练习过程中保持
不动。

保持核心收紧。

变式 6
屈膝侧平板支撑

● 向着胸部抬起下面的腿，并在整个练习过程中保持不动。

髋部不要塌下，下背
部不要弓起。

变式 7

侧平板支撑下伸

- 抬起身体呈侧平板支撑，右臂向正上方举起和地面垂直。
- 右手向下穿过身体下方，然后将手臂抬起到起始位置。这是一次重复。

保持腹部收紧，向右旋转躯干，右臂伸到身体下方。

变式 8

增强式侧平板支撑

- 稍微抬起上腿，并以平稳的速度前后移动。

腿的前后移动可以增加对核心的挑战，迫使在不同的力量和动作下稳定重心。

在尝试这个练习之前，你应该能够保持60秒的侧平板支撑。

变式 9

侧平板支撑加划船

- 将手柄安装到绳索练习器的低滑轮上，右手抓住握把。
- 收紧核心，抬起身体呈侧平板支撑。

手臂应该伸直。

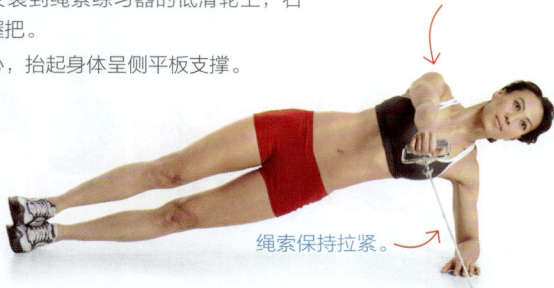

绳索保持拉紧。

- 弯曲肘部，将手柄拉向肋骨，抬起髋部保持前推。
- 慢慢向前面伸直手臂。这是一次重复。

抵抗肩部和髋部的旋转推动力。

T字形固定

A

- 采用俯卧撑姿势。
- 身体应该从头部到脚踝呈一条直线。

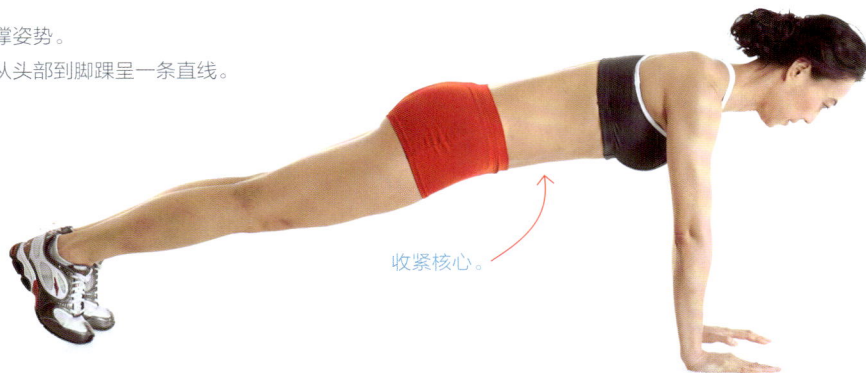

收紧核心。

B

- 保持手臂伸直，身体绷紧，将重心转移到左臂，向上和向右旋转躯干，直到面向侧面。
- 停顿3秒，然后再下降到起始位置。
- 旋转到左侧。这是一次重复。
- 继续左右来回重复动作。

保持核心收紧，从一侧旋转到另一侧。

你符合标准吗？

芬兰研究人员发现，下背部肌肉耐力较差的人与那些耐力正常或良好的人相比，前者发生下背部问题的可能性高出3.4倍。事实证明，侧平板支撑测试是衡量这种耐力的最佳方法之一。执行侧平板支撑，不能让髋部下降或偏向后面。标准成绩的时间为60秒，如果你不符合这个标准，就要开始更多地关注自己的核心训练。

核心 | 稳定性练习

主要动作
登山式

A

- 采用俯卧撑姿势，双臂完全伸直。

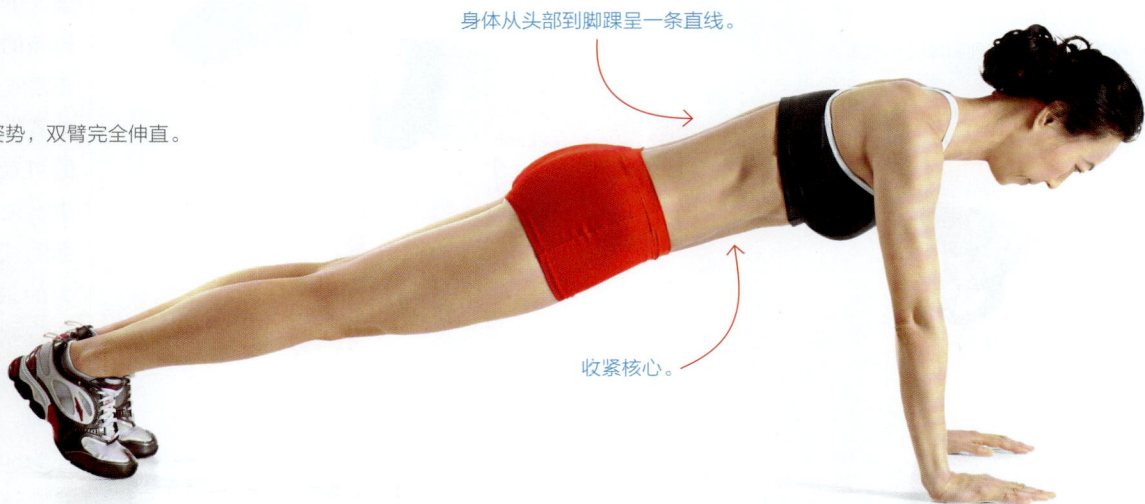

身体从头部到脚踝呈一条直线。

收紧核心。

B

- 右脚从地板上抬起来，膝盖慢慢地靠近胸部。
- 用右脚触地。
- 返回到起始位置。
- 用左腿重复。来回交替30秒。

在抬起膝盖时，不要改变下背部的姿势。

变式 1
训练椅登山式

- 双手放在训练椅上，然后交替抬起膝盖。

变式 2
药球登山式

- 双手放在药球上，然后交替抬起膝盖。

变式 3
瑞士球登山式

- 双手放在瑞士球上，然后交替抬起膝盖。

变式 4
滑垫登山式

- 双脚分别放在一个滑垫上，脚向前滑动，使膝盖朝向胸部移动。

与标准登山式一样，你也可以双手在训练椅、瑞士球或药球上执行这个动作。

变式 5
交叉登山式

- 向左肘抬起右膝，放下，然后向右肘抬起左膝。

变式 6
瑞士球双脚交叉登山式

- 双脚在瑞士球上，向左肘抬起右膝，放下，然后向右肘抬起左膝。

核心 | 稳定性练习

主要动作
瑞士球屈腿卷体

A

- 采用俯卧撑姿势，双臂完全伸直。
- 小腿放在瑞士球上。
- 身体从头部到脚踝呈一条直线。

B

- 不改变下背部姿势，通过用脚向前拉动瑞士球，让它滚向自己的胸部。
- 停顿，然后通过降低髋部并向后滚动球，将球送回到起始位置。

身体呈一条直线。

双手距离略大于肩宽。

保持核心收紧。

下背不要圆起。

变式
单腿瑞士球屈腿卷体

A

- 只用一条腿进行练习，当向前拉球时，在空中举起另一条腿。

B

- 抬起同一条腿完成规定的重复次数，然后抬起另一条腿做相同的次数。

下背部不要弓起。

保持非练习腿处于抬高状态。

主要动作
麦吉尔卷卧

A

- 仰卧在地面上，右腿伸直，平放在地面上。左膝弯曲，左脚平放在地面上。
- 将手掌放在地面上，下背部自然拱曲（背部不要紧贴地面）。

B

- 头和肩部慢慢地抬起，离开地面，不要弯曲下背部，并保持这个姿势7秒或8秒，在全过程中保持深呼吸。这是一次重复。
- 完成规定的重复次数，然后伸直左腿并弯曲右腿，重复相同次数。

麦吉尔卷卧练习迫使你训练整个腹部肌肉群，同时保持下背部的自然拱曲。所以它最大限度地减少了对脊柱的压力，同时增加了肌肉的耐力。这使它成为一个可以帮助防止下背部疼痛的完美练习。

不要收下巴。

在卷身起来的时候不要拉平下背部。

变式
抬肘卷卧

- 在卷卧时，肘部抬起，离开地面。

抬起肘部使得这个练习更难。

容易错误的训练
忽略了稳定性练习

多年来，科学家认为腹部肌肉的主要功能是弯曲脊柱。也就是在做仰卧起坐时圆起下背部的姿势。但事实是，腹肌最重要的工作是稳定脊柱，避免它弯曲。而这些肌肉正是躯干保持直立，而没有在重力作用下向前倾的原因。所以稳定性练习（像这里看到的练习）可能是训练核心的最佳方法之一。

核心 | 稳定性练习

瑞士球前滚

A

- 跪在瑞士球前，并把前臂和拳头放在球上。

B

- 慢慢地向前滚动球，伸直手臂，并尽可能伸展身体，不要让下背部"塌下"。
- 使用腹部肌肉将球拉回膝盖。

下背部自
然拱曲。

保持核心收紧。

肘部弯曲
约90度。

不要让髋部塌下。

保持核心收紧。

杠铃前滚

A

- 在杠铃杆两端分别装上一个10磅的铃片，并固定卡夹。
- 跪在地面上，正握杠铃杆，双手距离与肩同宽。
- 开始时，肩部应该在杠铃杆的上方。

B

- 慢慢地向前滚动杠铃，尽可能伸展身体，并且不要让髋部塌下。
- 使用腹部肌肉将杠铃拉回膝盖。

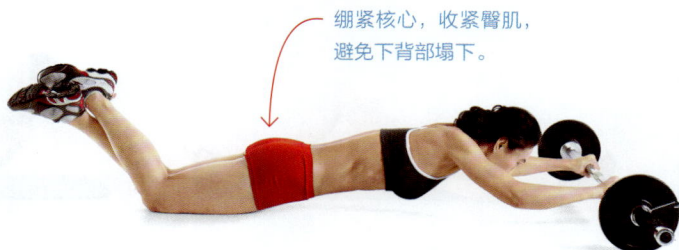

开始时，肩部
应该在杠铃杆
的上方。

绷紧核心，收紧臀肌，
避免下背部塌下。

主要动作
滑出

A

- 跪在地板上，双手放在一个滑垫上。

保持身体绷紧。

双手在肩部正下方。

B

- 慢慢地向前推滑垫，尽可能伸展身体，不要让髋部塌下。
- 使用腹部肌肉将双手拉回到肩部下面。

变式
滑垫交替前伸

A

- 双手分别放在一个滑垫上，并采用俯卧撑姿势，手臂完全伸直，并且双腿伸直。

身体应该从头部到脚踝呈一条直线。

B

- 保持身体绷紧，双臂伸直，在舒适的情况下，右手尽量向前滑出。
- 逆向执行动作，将滑垫拉回来，回到起始位置。
- 整个动作过程中，身体应该保持绷紧。
- 换左手重复，每次重复都换一只手。

核心 | 稳定性练习

瑞士球侧滚

A

- 仰卧在瑞士球上，上背部平稳地压靠在球上。
- 抬起髋部，使身体从膝盖到肩部呈一条直线。
- 拿着一根长杆或扫帚柄，双臂向两侧伸出。

B

- 不允许髋部或手臂下垂，双脚小步走，将瑞士球滚动到一侧尽可能远的地方。
- 反方向走，并将球滚动到另一侧尽可能远的地方。

保持核心收紧。

髋部不要塌下。

静态背部伸展

- 趴在背部伸展架上，将脚搁在腿部固定器下面。
- 抬起躯干，直到它与下半身呈一条直线。
- 保持这个姿势60秒，或坚持到你不能保持完美的姿势。

将两侧肩胛骨压向彼此。

背部应该稍微拱曲。

俯卧眼镜蛇式

A

- 俯卧在地面上，双腿伸直，双臂在身体两侧，掌心朝下。

B

- 收缩臀肌和下背部的肌肉，并且头、胸部、手臂和腿从地面抬起。
- 同时旋转双臂，使拇指指向天花板。这时，髋部应该是身体与地面接触的唯一部分。保持此姿势60秒。

如果你不能保持俯卧眼镜蛇式姿势60秒，坚持5~10秒，休息5秒，并根据需要重复多次，总计60秒。每次执行该练习时，在每次重复中尽量坚持更长时间，以更少的重复次数达到60秒的目标。如果觉得这个练习太容易，你可以在做练习的时候手握较轻的哑铃。

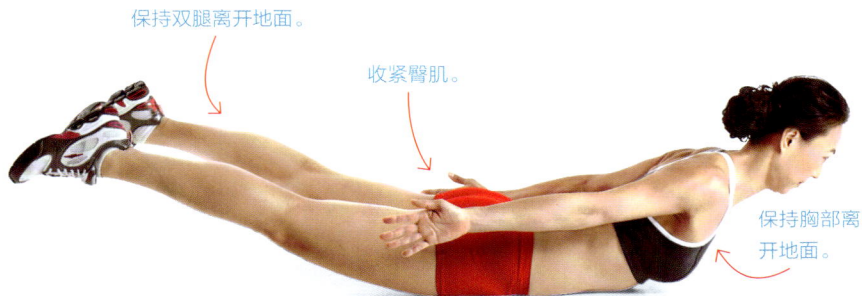

保持双腿离开地面。

收紧臀肌。

保持胸部离开地面。

绳索核心前推

A

- 交叠握住手柄，手柄绳索连接到绳索练习器的中滑轮位。
- 身体右侧朝向配重架站在，双脚与肩同宽，膝盖略微弯曲。
- 离开配重架几步，使绳索拉紧。让手柄靠着下胸部，并收紧腹部。

B

- 手臂慢慢地向前推，直到完全伸直，停顿1秒，然后返回起始位置。
- 完成所有重复次数后，转身训练另一侧。

这个练习的目的是抵抗身体旋转。所以，如果你的髋部被拉起，或者旋转肩部，就说明你使用的重量太大。收紧腹肌，保持挺胸部和向后拉肩部，并以缓慢稳定的速度移动手臂。

核心 | 稳定性练习

主要动作
跪姿稳定劈砍

A

- 将绳子手柄安装到绳索练习器的高位滑轮上，跪在手柄旁边，身体的右侧朝向配重架。
- 双手正握绳把。
- 肩部转向绳把，但肚脐朝向前方。

手臂伸直抓住右肩前方的绳把。

双手的距离应该大约45厘米。

收紧核心。

收紧臀肌。

B

- 在整个动作过程中保持躯干挺直。
- 不移动躯干，把绳子拉过左髋。
- 逆向执行动作，回到起始位置。
- 拉向左侧，完成规定的重复次数。然后换身体左侧靠近配重架跪下，并拉向右侧，完成相同的重复次数。

只移动双臂和肩部来将绳子向下拉过身体。

不要旋转躯干。

伸直手臂。

变式 1
半跪姿稳定劈砍

A

- 单膝跪下，外侧膝盖在地面上，内侧膝盖弯曲90度，内侧脚平放在地面上。

躯干挺直。→

内侧膝盖。→

外侧膝盖。

B

- 躯干不动，将绳子拉向外侧髋部。

伸直手臂。

保持核心收紧。

变式 2
站姿稳定劈砍

A

- 执行该动作时前后脚交错站立，内侧脚在外侧脚的前面。

双臂伸直。

膝盖稍微弯曲。→

B

- 不移动躯干，将绳子拉向外侧髋部。

下腹部保持朝前。

主要动作
跪姿稳定反向劈砍

A

- 将绳子手柄安装到绳索练习器的低滑轮位。跪在手柄旁边，身体的右侧朝向配重架。
- 双手正握绳把。
- 肩部转向绳子，但下腹部朝向前方。

B

- 在整个动作过程中保持躯干挺直。
- 不移动躯干，把绳子拉过左肩。
- 逆向执行动作，回到起始位置。
- 拉向左侧，完成规定的重复次数，然后换身体左侧朝向配重架跪下，并拉向右侧，完成相同的重复次数。

只移动双臂和肩部来将绳子向上拉过身体。

收紧核心。

收紧臀肌。

伸直手臂，在右髋前握住绳把。

双手的距离应该大约45厘米。

伸直手臂。

不要移动躯干。

变式 1

半跪姿稳定反向劈砍

A

- 单膝跪下，外侧膝盖在地面上，内侧膝盖弯曲90度，内侧脚平放在地面上。

核心收紧。

B

- 不移动躯干，把绳子拉过外侧肩部。

伸直手臂。

下腹部朝向前方。

变式 2

站姿稳定反向劈砍

A

- 执行该动作时前后脚交错站立，外侧脚在内侧脚的前面。

膝盖稍微弯曲。

B

- 不移动躯干，把绳子拉过外侧肩部。

伸直手臂。

保持躯干挺直。

核心 | 旋转练习

旋转练习

这些练习针对所有的腹部肌肉，尤其是腹斜肌。它们还帮助训练腹肌与下背及髋部肌肉的协调配合，使你可以用更大的力量来旋转身体。这些练习非常适合于打网球、垒球或高尔夫球的人，因为它们可以提升投掷和挥击的爆发力。

10

根据美国查尔斯顿学院（College of Charleston）的一项研究，人们一边训练一边听着自己喜欢的音乐时，可以多完成10次重复。

主要动作
俄罗斯旋转

A

- 坐在地面上，膝盖微微弯曲，双脚平放在地面上。
- 手臂在胸前伸直，双掌并拢。
- 躯干向后倾斜，与地面呈45度角。

B

- 收紧核心，并尽可能向右旋转。

旋转时不要抬高或降低躯干。

C

- 停顿一下，然后逆向执行动作，并尽可能向左旋转。

变式 1
负重俄罗斯旋转

A

- 执行动作时用双手握住杠铃片的两侧或哑铃的两端和药球等。

双臂伸直。

把整个动作过程中，躯干保持45度角。

B

- 收紧核心，躯干尽可能向右旋转。

双脚始终平放在地面上。

C

- 尽可能向左旋转。

变式 2
脚高架俄罗斯转体

A

- 执行动作时双脚抬起5~10厘米，离开地面，并保持住。

收紧核心。

膝盖弯曲。

B

- 躯干向右旋转。

不要放下双脚。

C

- 躯干向左旋转。

变式 3
蹬车式俄罗斯旋转

A

- 抬起双腿，使其平行于地面。
- 伸展左腿，向右侧转身，同时把右膝拉向胸部。在移动过程中任何时候双脚都不触碰地面。

B

- 向左侧转身，同时把左膝拉向胸部，并伸直右腿。

变式 4
瑞士球俄罗斯旋转

A

- 仰卧在瑞士球上，中上背部平稳地压着球。
- 抬起髋部，使身体从膝盖到肩部呈一条直线。
- 手臂在脸前伸直，双掌并拢。

B

- 收紧核心，并且上半身尽可能向右滚动。

C

- 逆向执行动作，尽可能地向左滚动。

不要让髋部塌下，但允许其自然转动。

> **上球运动！**
> 在《体能训练研究》(*Journal of Strength and Conditioning Research*) 期刊上发表的一项研究指出，做瑞士球俄罗斯旋转的人在腰腹部建立的稳定性要比没有做瑞士球练习的人高4倍。

主要动作
仰卧转髋

A

- 仰卧在地面上，双臂向身体两侧伸出，掌心朝上。
- 双腿从地面抬起，使髋部和膝盖弯曲90度。

大腿垂直于地面。

这个练习也被称为"下半身俄罗斯旋转"或"雨刷"。

小腿平行于地面。

B

- 收紧腹肌，并且在保持舒适的情况下，双腿尽可能向右降低，注意肩部不要从地面抬起。

C

- 逆向执行动作，并向左旋转。继续左右来回交替。

保持核心收紧。

不要让肩部从地面抬起。

核心 | 旋转练习

变式
瑞士球扭髋

A

- 将瑞士球固定在小腿和大腿背部之间。

B

- 收紧腹肌，双腿尽可能向右降低

用双腿夹住球。

C

- 逆向执行动作，转向左侧。

保持肩膀在地板上。

> ⇒ **打造防弹身躯**
> 转髋练习和平板支撑等核心练习可以让你保持健康体魄。《运动医学与科学》报告指出，研究人员在赛季前跟踪了大学生篮球运动员和田径运动员的情况，他们发现，那些下半身有伤病的人与没有这种伤病的人相比，前者的核心力量弱了32%。在髋部、下背部和腹部强壮的稳定肌为没有伤病的运动员提供了安全的运动基础。

哑铃劈砍

A

- 用双手握住一个哑铃，举在右肩上方。
- 向右侧旋转躯干。

手臂伸直。

核心收紧。

双脚与肩同宽。

B

- 向左旋转并在髋部弯身，将哑铃向下挥至左膝盖外侧。
- 逆向执行动作，返回到起始位置。
- 左侧完成规定的重复次数后，右侧完成相同的重复次数。

下背部不要弓起。

药球侧投

A

- 拿着一个药球，站在离砖墙或混凝土墙约1米处，身体左侧朝向墙壁。
- 在胸前持球，双臂伸直，并且躯干向右旋转。

B

- 快速切换方向并对着左侧的墙壁尽可能用力投掷。
- 当球从墙上弹出来时，接住并重复动作。
- 完成规定的重复次数后，然后身体右侧朝向墙壁，从左侧投球，完成同样的重复次数。

30

在完成11周的训练计划（包括药球旋转练习）后，高尔夫球手在果岭上的控制力提升30%。

双臂伸直，并平行于地面。

核心收紧。

双脚与肩同宽，膝盖稍微弯曲。

允许髋部自然旋转。

转身，使双脚都转向掷球的方向。

核心 | 旋转练习

主要动作
跪姿旋转劈砍

A

- 将绳子手把安装到绳索练习器的高滑轮位。跪在手柄旁边，身体右侧朝向配重架。
- 旋转身体，用双手抓住绳把。
- 躯干应该转向绳索练习器。

B

- 在整个动作过程中保持躯干挺直。
- 用连续的动作将绳子向下拉过左髋，同时旋转躯干。
- 逆向执行动作，回到起始位置。
- 拉向左侧，完成规定的重复次数，然后身体的左侧朝向配重架，拉向右侧，完成相同的重复次数。

双手距离大约45厘米。

核心收紧。

在将绳子向下拉过身体时，允许躯干旋转。

手臂伸直。

下背部不要弓起。

变式 1

站姿分腿旋转劈砍

- 执行动作时采用前后交错站姿，内侧脚在外侧脚的前面。

核心收紧。

膝盖应弯曲。

变式 2

站姿旋转劈砍

- 采用站姿执行动作，双脚与肩同宽。

转向左侧，将绳把向下拉到左侧。

稍微弯曲膝盖。

双脚朝向配重架。

变式 3

半跪姿旋转劈砍

A

- 单膝跪下，外侧膝盖在地面上，但内侧膝盖弯曲90度，内侧的脚平放在地面上。

拉绳把的时候，左臂弯曲，右臂伸直。

保持核心收紧。

B

- 将绳把拉过外侧髋关节。

主要动作
跪姿旋转反向劈砍

A

- 将绳子手把安装到绳索练习器的低滑轮位。跪在手柄旁边，身体右侧朝向配重架。
- 收紧核心，旋转身体，用双手抓住绳把。
- 肩部应该转向绳索练习器。

B

- 在整个动作过程中保持躯干挺直。
- 用连续的动作将绳子向下拉过左肩，同时向左旋转躯干。
- 逆向执行动作，回到起始位置。
- 拉向左侧，完成规定的重复次数，然后身体的左侧朝向配重架，转向右侧，完成相同的重复次数。

伸直手臂，在右髋前握住绳子。

下背部不要弓起。

双手的距离大约45厘米。

手臂伸直。

在将绳子向上拉过身体时，允许躯干旋转。

变式 1

站姿分腿旋转反向劈砍

- 执行动作时采用前后交错站姿，外侧脚在内侧脚的前面。

核心收紧。

稍微弯曲膝盖。

变式 2

站姿旋转反向劈砍

- 采用站姿执行动作，双脚与肩同宽。

转向左侧，将绳索向上拉到左侧。

膝盖弯曲。

双脚朝向配重架。

变式 3

半跪姿旋转反向劈砍

A

- 单膝跪下，内侧膝盖在地面上，但外侧膝盖弯曲90度，外侧的脚平放在地面上。

保持躯干挺直。

B

- 将绳把拉过外侧肩部。

手臂伸直。

核心 | 躯干弯曲练习

躯干弯曲练习

　　这些练习的目标是你的腹直肌，即常说的"6块腹肌"。同时，这些动作也训练腹内斜肌和腹外斜肌。

主要动作
仰卧起坐

A

- 仰卧在地面上，膝盖弯曲，脚平放在地上。

将手指置于耳后。

肘部与身体呈一条直线。

23

根据哈佛大学的一项研究，每周只需进行 30 分钟的重量训练，心脏疾病风险可降低 23%。

B

- 抬起身体呈坐姿。
- 动作应该流畅，而不是忽动忽停——如果是后者，你需要使用更容易的变式。
- 慢慢降低躯干，回到起始位置。

容易错误的训练
你做仰卧起坐来保护背部

虽然这些练习很好地针对腹肌，但它们需要反复弯起下背部。这实际上可能会造成一些人的下背部问题，并让本来存在的伤患恶化。所以，如果你已经有背部疼痛，就应该避免这类练习。作为一般原则，核心训练以稳定性练习作为主要部分，因为它们已经被证明有利于脊柱健康。

保持向后拉肘部。

抬起躯干，直到坐直。

双脚始终平放在地面上。

核心 | 躯干弯曲练习

变式 1
逆向仰卧起坐

- 坐在地上，双脚平贴地面，双腿弯曲（就好像刚刚做完一个仰卧起坐那样），慢慢地降低身体。

> 在逆向仰卧起坐期间，尝试从头到尾以相同的速率降低躯干。如果不能控制速度，就要记住开始控制不住的点，接着在每次重复时，在即将到达那一点的位置保持5秒。

肘部向后展开。

变式 2
改版仰卧起坐

- 保持手臂在身体两侧完全伸直，微微抬起，使它们平行于地面。

在整个动作过程中保持手臂平行于地面（身体抬起时手臂也会抬起）。

变式 3
交叉臂仰卧起坐

A

- 双臂交叉在胸前执行仰卧起坐。

B

- 收缩腹肌，向上卷曲躯干。

抬起躯干，呈坐姿。

变式 4
负重仰卧起坐

- 执行仰卧起坐时在胸前拿着一块杠铃片。

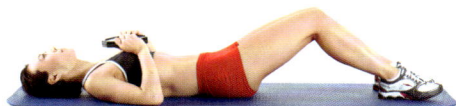

让杠铃片紧靠胸部。

变式 5
交替仰卧起坐

- 抬高躯干时，向左旋转它，让左肘碰到左膝。放回身体，并执行下一个仰卧起坐，旋转到另一侧，让右肘碰到右膝。

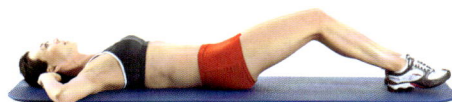

在每次重复时更换转体的方向。

变式 6
下斜仰卧起坐

A

- 将双脚放在向下倾斜的训练椅的腿部固定器下面，仰卧。

B

- 将躯干抬高，呈坐姿。

在抬高身体时，头部不要用力前伸。如果无法控制要这样做，表示这个练习对你来说难度太高。

核心 | 躯干弯曲练习

主要动作
卷腹

A

- 躺在地面上，膝盖弯曲，双脚平放在地面上。
- 将手指放在耳朵后面，向后拉肘部，使其与身体呈一条直线。

B

- 抬高头和肩部，胸腔朝着骨盆卷曲。
- 停顿一下，然后慢慢返回到起始位置。

头部不要用力向前伸。

变式1
交叉臂卷腹

● 双臂交叉在胸前执行卷腹。

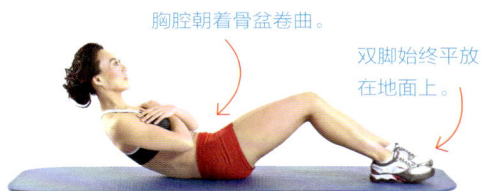

胸腔朝着骨盆卷曲。

双脚始终平放在地面上。

变式2
负重卷腹

● 执行卷腹时在胸前拿着一块杠铃片。

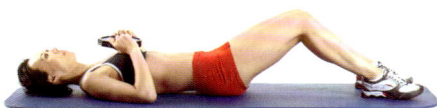

让杠铃片靠着胸部。

变式3
肘碰膝卷腹

● 仰卧，髋部和膝盖弯曲90度，使小腿平行于地面。
● 双手手指放在耳侧。
● 将肩部从地面上抬起来，并保持此姿势。
● 上半身转向右侧，同时尽可能快地将右膝盖拉近身体，直到它接触左肘。同时伸直左腿。
● 返回到起始位置，并转向右侧重复。

变式4
抬腿卷腹

● 仰卧，髋部弯曲90度，双腿伸直。
● 双臂举起在胸部上方。
● 头和肩部抬高，离开地面，双手伸向脚趾。
● 放下头和肩部，回到起始位置。

双腿朝向天花板。

核心 | 躯干弯曲练习

主要动作
V字两头起

A

- 仰卧在地面上，双腿和双臂伸直。
- 保持手臂伸过头顶。

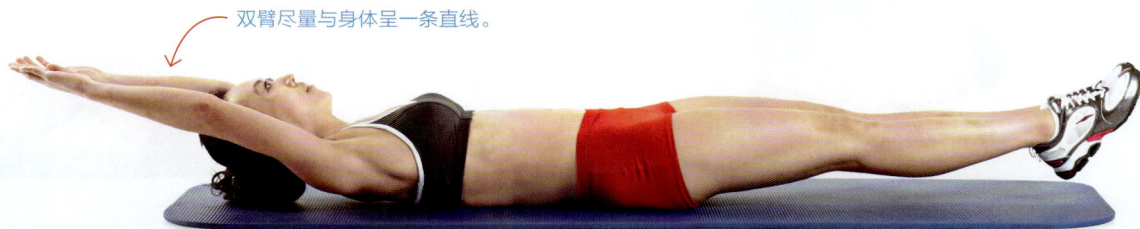

双臂尽量与身体呈一条直线。

B

- 以连续的动作同时抬起躯干和腿，好像尝试要摸到脚趾那样。
- 将身体降低到起始位置。

躯干和腿呈一个V字。

保持头与身体呈一条直线；脖子不要用力向前伸。

双腿伸直。

变式 1

药球 V 字两头起

A

● 在做 V 字两头起练习时握住药球。

双臂伸直。

B

● 以连续的动作同时抬起躯干和腿，好像要将球碰到脚一样。

变式 2

改版 V 字两头起

A

● 仰卧在地面上，双腿伸直，双臂保持在身体两侧。

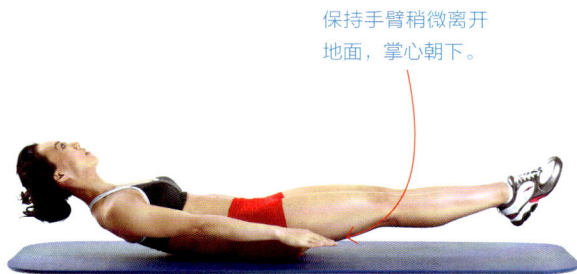

保持手臂稍微离开
地面，掌心朝下。

B

● 以连续的动作迅速抬起躯干至正直姿势，同时将双膝拉向胸部。
● 将身体降低到起始位置。

保持双臂平行于地面。

主要动作
瑞士球卷腹

A

- 仰卧在瑞士球上，髋部、下背部和肩部与球面接触。
- 将手指放在耳朵后面，并向后拉肘部，使它们与身体呈一条直线。

保持向后拉肘部。

双脚平放在地面上。

B

- 抬起头和肩部，胸腔朝着骨盆卷曲。
- 停顿一下，然后慢慢返回到起始位置。
- 在向上卷曲的过程中不要让髋部塌下。

脖子不要用力向前伸。

变式 1

负重瑞士球卷腹

A

• 在胸前拿着一块杠铃片。

让杠铃片紧靠胸部。

B

• 头和肩部抬起，离开球面。

胸腔朝着骨盆卷曲。

核心 | 躯干弯曲练习

主要动作

药球下砸

A

● 拿着一个药球，高举过头。

B **C**

● 尽可能向后拉，然后快速将球砸到面前的地面上。

双臂稍微弯曲。

用力将球砸在地面上。

双脚与肩同宽。

320

跪姿绳索卷腹

A

- 将绳子手把安装到绳索练习器的高滑轮位，背对配重架跪在地上。
- 把绳把搭在脖子上，双手在胸前分别握住绳把的一端。

B

- 胸腔朝着骨盆卷曲。
- 停顿一下，然后慢慢返回到起始位置。

站姿绳索卷腹

A

- 将绳子手把安装到绳索练习器的高滑轮位，背对配重架站立。
- 把绳把搭在脖子上，双手在胸前分别握住绳把的一端。
- 肘部应该直接指向地面。

B

- 胸腔朝着骨盆卷曲。
- 停顿一下，然后慢慢返回到起始位置。

肘部指向地面。

膝盖稍微弯曲。

训练腹肌，动作要快！

西班牙的科学家发现，以快节奏进行腹部练习可以比慢节奏的练习激活更多的肌肉。研究人员说，因为肌肉必须产生更大的力量才可以提高动作的速度。他们建议：在20秒内完成尽可能多的重复次数。你的目标是快肌纤维，从肌肉尺寸和力量增长的角度而言，它们都具有最大的潜力。

屈髋练习

这些练习的目标是髋关节屈肌和腹外斜肌。它们同时也训练许多其他核心肌肉，包括腹直肌。

主要动作
反向卷腹

A

- 仰卧在地面上，掌心朝下。
- 髋部和膝盖弯曲90度。

并拢双腿。

B

- 髋部抬起，离开地面，并向内卷曲。

膝盖朝着胸部移动。

想象是在倒空放在骨盆上的一桶水。

髋部和下背部抬起，离开地面。

C

- 停顿一下，然后慢慢降低双腿，直到脚跟几乎接触地面。

从头到尾都不要改变膝盖的弯曲度。

变式 1

瑞士球反向卷腹

A

● 仰卧在瑞士球上，双腿弯曲。

扶着一个稳固的物体作为支撑。

稍微弯曲膝盖，并保持此姿势。

背部的中间压在球上。

B

● 髋部抬起并向内卷曲，停顿一下，然后慢慢将髋部降低到起始位置。

膝盖朝着胸部抬起。

髋部和下背部应该抬起，离开球面。

变式 2

上斜反向卷腹

A

● 仰卧在训练椅斜板上，髋部低于头部。抓住头后面的横杠作为支撑，或只是抓住训练凳的两侧。

B

● 膝盖朝着胸部抬起。

并拢双腿。

髋部和下背部应该抬起，离开训练椅。

C

● 慢慢地向地面降低双脚。

在能够以完美姿势进行练习的情况下，尽可能降低双腿。

为了使上斜反向卷腹更困难，可以在执行练习时，在鞋子的内侧边缘夹住一个哑铃（如图所示）。保持双脚并拢，让哑铃不掉落。

主要动作
凳上泡沫轴反向卷腹

A

- 仰卧在训练凳上，在脚踝和大腿之间夹着一根泡沫轴。
- 大腿的正面应该朝向胸部。
- 在头部附近抓住训练凳的两侧。

在脚踝和大腿之间夹着泡沫轴会减少髋关节屈肌作用，迫使腹部肌肉更多出力。

B

- 抬起髋部，将膝盖带向肩部，同时不要松开滚轴。
- 停顿一下，然后放下。

抬起髋部和下背部。

70

根据美国威斯康星大学的研究，与每周训练3次的人相比，不进行训练的人出现与年龄相关的黄斑变性（成年人失明的主要原因）的可能性高70%。

变式 1
哑铃支撑泡沫轴反向卷腹

A

- 仰卧在地面上，而不是在训练凳上，抓住一个较重的哑铃，放在身后的地面上。

B

- 抬起髋部，将膝盖带向胸部。

因为哑铃不如训练凳稳固（它的重量小），这种变化迫使腹部更加用力。

变式 2
药球支撑泡沫轴反向卷腹

A

- 仰卧在地面上，而不是在训练凳上，抓住一个药球，放在身后的地面上。

B

- 抬起髋部，将膝盖带向胸部。

与该练习的哑铃变式相比，拿着药球要求腹部有更强的力量。

核心 | 屈髋练习

主要动作
降腿练习

A

- 仰卧在地面上，抬起大腿，直到它们垂直于地面。
- 稍微弯曲膝盖。

并拢双腿。

核心收紧。

手臂应该向身体两侧伸直，掌心朝上。

如果降腿练习太容易：
双腿再伸直一点，并持续努力，直到可以直腿进行练习，并且不允许下背部的拱曲度增加。另外也可以尝试在上斜训练椅上进行该练习，姿势与上斜反向卷腹相似。

如果太难：
确定下背部的拱曲度开始增加的位置，并且每次重复都在刚刚高于该点时停顿，数2秒，然后返回到起始位置。另外也可以尝试单侧降腿练习。

B

- 不改变下背部的拱曲度或膝盖的角度，收紧核心，并尝试用3~5秒来降低双脚，使其尽可能接近地面。一个窍门：在执行该动作时，将下背部压向地面。
- 一旦双脚碰到地面，就抬起回到起始位置，并重复动作。

膝盖从头到尾保持同样的弯曲角度。

当你无法阻止下背部的拱曲度增加时，抬起双腿回到起始位置。

变式
单侧降腿练习

- 用双手抱着一条腿，靠向躯干。完成所有的重复次数，然后换腿并重复。

核心 | 屈髋练习

瑞士球屈体

- 采用俯卧撑姿势，双臂完全伸直。
- 双手距离稍大于肩宽。
- 小腿放在瑞士球上。
- 身体应该从头部到脚踝呈一条直线。

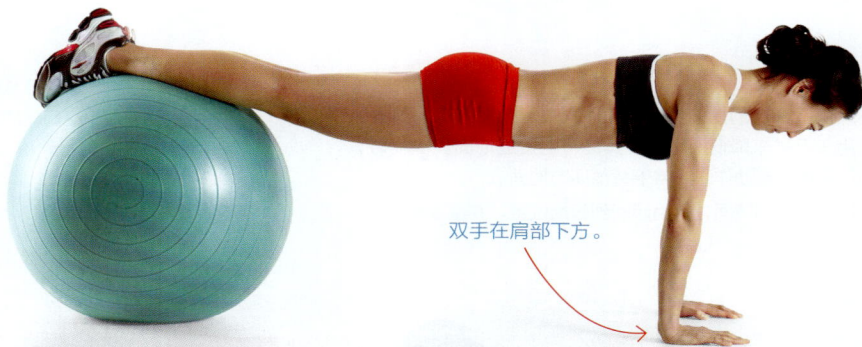

双手在肩部下方。

- 不要弯曲膝盖，向着身体滚动瑞士球，尽可能高地抬起髋部。
- 停顿一下，然后降低髋部并向后滚动球，将球返回到起始位置。

将髋部推向天花板。

下背部不要弓起。

主要动作
悬垂举腿

A

- 正握单杠，双手距离约为 1.5 倍肩宽，吊在单杠上，膝盖稍微弯曲，双脚并拢（如果你有护肘，即悬挂在单杠上的像吊带一样的器材，你可能在此处更愿意使用它们）。

B

- 同时弯曲膝盖，提高髋部，并卷曲下背部，朝着胸部抬起大腿。
- 当大腿的正面到达胸部时，停顿一下，然后慢慢地把双腿降低到起始位置。

如果有足够的力量来进行这项练习，就不需要身体向后倾斜。事实上，肩部应该保持在原位或稍微向前倾。

不要只是弯曲膝盖并抬起双腿。而是要想象提起髋部，并将髋部拉向自己。

变式
单腿悬垂举腿

- 保持上身挺直，尽可能高地抬起一条腿，另一条腿保持不动。停顿一下，然后慢慢下降到起始位置，并用另一条腿重复。左右来回交替。

核心 | 屈髋练习

悬垂跨栏

A

- 在单杠下面放一张训练凳，两者互相垂直。
- 吊在单杠上，双腿在训练凳的一侧，双脚并拢，膝盖稍微弯曲。

B

- 不改变膝盖或肘部的弯曲，抬起双腿，越过训练凳上跨到另一侧。
- 来回重复10~15秒。

进阶挑战:
保持练习，使自己可以做2组60秒的动作，组间休息60~90秒。

药球降腿练习

A

- 仰卧在地面上，在双脚的脚踝之间夹着一个较轻的药球。
- 双腿保持几乎伸直，把它们举在髋部的正上方。

B

- 让双腿直接下落得尽可能低，不要碰到地面（应该觉得自己双腿在"踩刹车"）。
- 在同一动作中，尽可能快地将腿部返回到起始位置。这是一次重复。

膝盖从头到尾保持同样的弯曲角度。

核心收紧。

必要时，可以用篮球来代替药球。

双脚不要碰到地面。

核心 | 侧屈伸练习

侧屈伸练习

这些练习的目标是腹内斜肌和腹外斜肌，即躯干两侧的肌肉。同时还可以训练到腰方肌，这是协助你侧面弯曲的下背部肌肉。

侧卷腹

A

- 仰卧，膝盖并拢，弯曲90度。
- 不要移动上半身，向右降低膝盖，使其碰到地面。
- 将手指放在耳朵后面。

B

- 向着髋部抬起肩部。
- 停顿1秒，然后用2秒将上半身降回到起始位置。

头部不要用力向前伸，以免拉紧脖子。

过头哑铃侧弯

A

- 将一对哑铃举在头部上方，与肩部呈一条直线，双臂伸直。

B

- 不要扭转上半身，尽可能慢慢地向左侧弯曲。
- 停顿一下，返回到直立姿势，然后向右侧弯曲。左右交替进行。

肘部锁定。

核心收紧。

身体侧弯时，手臂保持原来的姿势。

悬垂斜举

A

- 正握单杠，伸直手臂悬挂在上面。
- 抬起双腿，直到髋部和膝盖弯曲90度角。

B

- 将右髋抬向右腋。
- 停顿一下，然后返回到起始位置，将左髋抬向左腋。左右重复来回交替。

小腿几乎平行于地面。

瑞士球侧卷腹

A

- 侧卧在瑞士球上，右脚支撑在墙壁或重物上。将手指放在耳朵后面。

B

- 抬起肩部，并向着髋部侧向卷曲。
- 停顿一下，然后返回到起始位置。
- 在一侧完成规定的重复次数后，在另一侧完成同样的次数。

让躯干包裹在球面上。

将左脚平放在地面上，以保持平衡稳定。

核心

你从未做过的最佳核心练习
核心稳定性

这个练习不是通过旋转核心来移动重物，而是让重物围绕核心移动。不断地改变负载的位置，会迫使核心肌肉始终都在调整，才可以保持身体稳定。这不仅可以训练腹肌，还可以更接近地模仿核心肌肉在各项运动时的发力方式——让你随时带着优势踏上场。

A

- 坐在地面上，膝盖弯曲。
- 双臂在胸前伸直，并抓住一块重量板。
- 向后倾斜，让躯干与地面呈45度角，并收紧核心。

下背部不要拱起来。

脚跟平放在地面上。

B

- 不移动躯干，尽可能慢慢地（用2秒）向右旋转手臂。停顿3秒。

保持核心收紧。

双臂保持伸直。

C

- 慢慢地尽可能向左旋转手臂。
- 再次停顿，然后继续来回交替，坚持指定的时间。建议时间：30秒。

下腹部始终朝向正前方。

躯干保持在原位。

最好的核心拉伸练习
半跪姿旋转

它为什么好： 长时间坐在桌子或方向盘前可能会降低上脊柱旋转和向侧面弯曲的能力。这可能会导致圆肩及驼背等不良姿势。这种拉伸可以提高脊柱上段特别的活动范围，改善姿势，并增强你在高尔夫、网球和垒球等运动中的旋转能力。

充分利用它： 在每次重复中保持此拉伸30秒，重复做15次，一共做3组。每天规律进行，如果肌肉非常紧，每天可做多达3次。

A

- 拿着一把横杆，横跨在上背部。
- 左膝跪地，右膝弯曲90度，右脚平放在地面上。
- 保持腹肌收紧。

← 躯干挺直。

B

- 背部保持自然拱曲，左肩朝右膝旋转。保持该姿势达规定时间。
- 返回到起始位置。这是一次重复。
- 向右侧旋转，完成规定的重复次数，然后向左侧旋转，完成同样的次数。

← 保持核心收紧。

核心

塑造完美腹部

　　以下是来自体能训练师托尼·甄图科尔的最前沿的核心训练计划，以前所未有的方式训练你的腹肌。托尼是位于马萨诸塞州哈德逊的克雷西体能中心（Cressey Performance）的联合创始人，也是健身领域专业网络电台的主持人，他提供的这3组训练计划中，每一种都可以塑造你的"6块腹肌"，通过迫使腹肌对抗旋转，并来回双倍出力以保持脊柱的稳定性。

　　怎么做： 在3个训练计划中选择一个，并按照所示的顺序，使用规定的组数、重复次数和休息时间来执行练习。将这些练习作为一个循环训练来做，连续地完成1组各个练习。一旦每个练习都完成了1组，再重复整个循环2次。为了获得最佳效果，每周都要完成这个训练。4周后，再选择另一个计划。

锻炼 A

练习1： 绳索核心前推（第295页）
每一侧做10次重复，然后休息30~45秒，再继续下一个练习。

练习2： 反向卷腹（第322页）
做12次重复，然后休息30~45秒，再继续下一个练习。

练习3： 杠铃前滚（第292页）
做8次重复，然后休息60秒，再重复整个循环2次。

锻炼 B

练习1： 跪姿稳定劈砍（第296页）
每一侧做8次重复，然后休息30~45秒，再继续下一个练习。

练习2： 瑞士球平板支撑（第281页）
保持30秒，然后休息30~45秒，再继续下一个练习。

练习3： 瑞士球前滚（第292页）
做8次重复，然后休息60秒，再重复整个循环2次。

锻炼 C

练习1： 单臂绳索胸前推（第58页）
每一侧做10次重复，然后休息30~45秒，再继续下一个练习。

练习2： 站姿稳定劈砍（第297页）
每一侧做10次重复，然后休息30~45秒，再继续下一个练习。

练习3： 侧向旋转平板支撑（第285页）
每个位置保持30秒，然后休息60秒，再重复整个循环2次。

附送腹部训炼方案!

每个训练程序都要按照所示的顺序，使用规定的组数、重复次数和间歇时间来执行练习。第 1 级程序是最简单的，适合于初学者；第 3 级程序是最难的。为了获得最佳效果，每周完成 2 次该训练方案。假设你从第 1 级训练开始，执行 3 周或 4 周，然后进展到第 2 级，以此类推。

第1级

1. 平板支撑（第278页）
保持平板支撑30秒。休息30秒，然后重复一次。

2. 训练椅登山式（第289页）
每次都朝胸部抬起膝盖，停顿2秒，然后将腿慢慢降低到起始位置。双腿来回交替30秒。休息30秒，然后重复一次。

3. 侧平板支撑（第284页）
保持侧平板支撑30秒。休息30秒，然后重复一次。

第2级

1. 脚高架平板支撑（第280页）
保持侧平板支撑30秒。休息30秒，然后重复一次。

2. 瑞士球登山式（第289页）
每次都朝胸部抬起膝盖，停顿2秒，然后将腿慢慢降低到起始位置。双腿来回交替30秒。休息30秒，然后重复一次。

3. 脚高架侧平板支撑（第285页）
保持平板支撑30秒。休息30秒，然后重复一次。

第3级

1. 伸展式平板支撑（第280页）
保持侧平板支撑30秒。休息30秒，然后重复一次。

2. 瑞士球屈腿卷体（第290页）
做2组，每组15次重复，组间休息30秒。

3. 单腿侧平板支撑（第285页）
保持平板支撑30秒。休息30秒，然后重复一次。

额外训练方案：7分钟挽救你的背部

为了减少背部受伤的机会，请尝试这个来自滑铁卢大学的脊柱生物力学教授，斯图尔特·麦吉尔博士的训练方案，同时他也是《下腰背紊乱综合症》(*Low Back Disorders*)的作者。这个7分钟（或更短时间）的训练方案可以增加背部和腹部的深层肌肉的耐力，从而提高脊柱稳定性，并最终减少下背部的压力。每天进行一次，只需将这些练习作为一个循环训练来执行，每个动作做一组，中间不休息。

猫拱背式（第283页）
做 5~8 次重复。

麦吉尔卷卧（第291页）
保持卷曲向上的位置 7 秒或 8 秒，然后放下一段时间，如此为一次重复。做 4 次重复，然后换腿并重复动作。

侧平板支撑（第284页）
保持侧平板支撑姿势 7 秒或 8 秒，然后降低髋部一段时间，如此为一次重复。做 4 次或 5 次重复，然后换另一侧并重复动作。

猎鸟犬式（第283页）
保持猎鸟犬姿势 7 秒或 8 秒，然后放下手臂和腿一段时间，如此为一次重复。做 4 次重复，然后换另一侧的手臂和腿重复动作。

第11章 全身

整体完美，无可挑剔

全身

你可能会说，可以训练全身的练习对于不喜欢训练的任何人来说都是理想选择。为什么？因为它可以同时针对几个大肌肉群，通过比以前更少的练习，花更短的时间达到一个高强度的心肺训练，燃烧更多的卡路里并促进新陈代谢。当然，出于完全相同的原因，全身动作也是非常适合于那些真正热爱训练的人。

在本章中，你将找到 18 个全身练习。有些练习会看起来很熟悉，因为它们是前面章节中练习的组合，也有一些练习是全新的。但它们都有一个特点：这些动作是燃烧脂肪和塑造全身肌肉的最快途径。

额外的好处

运动员体格！全身练习可以提升协调性和平衡能力，所以你会在每一项运动中都更加优雅——不论是网球、跑步，还是沙滩排球。

健康心脏！组合练习将让你相信，术语心肺功能不仅仅适用于有氧运动。

更加有力！全身练习要求全身肌肉都参与发力。这增强了从头到脚的力量，帮助消除可能存在的薄弱环节。

组合练习

大多数这些练习是出现在前面各章节中动作的组合。每个练习都能训练上半身、下半身及核心的肌肉，也可以搭配任何减重计划，是减脂训练一个很好的补充。

杠铃前蹲转推举

A

- 正握杠铃杆，双手距离略大于肩宽。
- 抬起上臂，直到它们平行于地面。
- 双脚与肩同宽。

B

- 保持上臂平行于地面，向后推髋部，弯曲膝盖，并尽可能降低身体。

C

- 在将杠铃推举到头部上方的同时，把身体推回到起始位置。

尽可能站直。

允许杠铃向后滚动，让它落在手指上，而不是手掌上。

向上推举重物，直到手臂完全伸直。

保持肘部和上臂抬起。

下背部不要拱起。

全身 | 组合练习

杠铃直腿硬拉转划船

A

- 正握杠铃杆，保持手臂伸直，杠铃自然垂于大腿前方。
- 采用站姿，双脚与肩同宽，膝盖稍微弯曲。

膝盖稍微弯曲，并在整个举重过程中保持。

双脚与肩同宽。

B

- 下背部保持自然拱曲，在髋部处身体前倾，直到几乎平行于地面。

下背部不要弓起。

C

- 把杠铃拉到上腹部位置。
- 停顿一下，然后逆向执行动作，回到起始位置。

把两侧肩胛骨压向彼此。

哑铃直腿硬拉转划船

A

- 双臂垂下，在髋部前面握住一对哑铃。

掌心朝向大腿。

B

- 在髋部处身体前倾，并降低躯干，呈俯身姿势。

下背部保持自然拱曲。

C

- 把哑铃拉到躯干的两侧。

身体不动，进行划船。

深蹲推举

A

- 握住一对哑铃,举在肩部旁边,掌心彼此相对。
- 站直,双脚与肩同宽。

B

- 降低身体,直到大腿的顶部至少平行于地面。

C

- 身体站起回到起始位置,并同时将哑铃推举到肩部的正上方。
- 放下哑铃,回到起始位置。

教练提示

通过向后推髋部来发起这个动作,然后弯曲膝盖,并尽可能下沉身体,蹲得越深越好。

在整个动作过程中,保持躯干尽可能挺直。

哑铃锤式弯举弓步转推举

A

- 握着一对哑铃,双臂在身体两侧垂下,掌心相对。
- 站直,双脚与髋同宽。

B

- 右腿向前一步,身体下沉,直到前膝弯曲至少90度。
- 在弓步前蹲时,弯举哑铃。

C

- 再将哑铃推举到肩部正上方。

D

- 身体站起回到起始位置,然后降低哑铃并重复动作。

在整个动作过程中保持躯干挺直。

后膝几乎接触到地面。

双臂伸直。

容易错误的训练

全身动作无法让肌肉更紧实

大错特错。能否看得见肌肉主要取决于有多少脂肪在外层覆盖。因为全身训练比局部离式训练,如肱二头肌弯举和肱三头肌伸展等,燃烧更多的热量。全身动作更有助于让手臂线条清晰。要记住,无论做什么练习,你都不能选择脂肪燃烧的位置,这也是一个整体。

全身 | 组合练习

单臂登高推举

A

- 右手握住一个哑铃，举在肩部外侧，掌心朝向肩部。
- 将左脚放在大约膝盖高度的跳箱或训练凳上。

收紧核心。

B

- 左脚跟向下踩，站到箱子上，同时将哑铃推举到右肩的正上方。
- 降低右脚，放回地面，回到起始位置。
- 用左腿在箱子上，右手举重物，完成规定的重复次数，然后换另一侧的手臂和腿，完成同样的次数。

完全伸直手臂。

右腿保持悬空。

单臂反向弓步推举

A

- 右手握住一个哑铃，举在右肩外侧，掌心朝内。

2

据美国阿拉巴马大学科学家的研究，每周3天全身训练的人与每周只做局部肌肉各训练1次的人相比，前者的脂肪减少量是后者的2倍。

B

- 右腿向后退一步，降低身体呈后弓步，同时将哑铃推举到肩部的正上方。
- 返回到起始位置，放下哑铃，同时站起。这是一次重复。
- 完成所有的重复次数，然后换另一侧的手臂和腿，重复动作。

手臂应该伸直。

侧弓步推举

A

- 握住一对哑铃，双脚与髋同宽站立。
- 将哑铃推举到头部上方，手臂伸直。

核心收紧。

B

- 向右侧跨一步，降低身体呈侧弓步，同时把右侧的哑铃降低到肩部。
- 逆向执行动作，身体站起回到起始位置。

保持躯干尽可能挺直。

土耳其起立

A

- 仰卧，双腿伸直。
- 左手握着一个哑铃，手臂在身体的正上方伸直。

肘部锁定。

滚身到右侧，并用右肘支撑自己。

任何时候都不要让视线离开哑铃。

一只脚平放在地面上。

B **C** **D**

- 站起身来，同时全过程保持手臂伸直，并且哑铃在身体的正上方。

把身体撑起呈半跪姿。

E

- 站起身后，再逆向执行动作，回到起始位置。
- 完成规定的重复次数，然后用右手举哑铃完成同样的次数。

全身 | 组合练习

爆发力练习

　　这些练习的目标是快肌纤维，快肌纤维也是最容易增加肌肉大小和力量的纤维类型。因此，训练的要点就是你要尽可能快地执行这些动作，同时始终保持对重物的控制。如果你参加某些运动专项，这些练习是你提升爆发力水平的理想选择。爆发力是力量和速度的组合，是跳得更高，跑得更快和投掷更远的关键。

杠铃高拉

A

- 在杠铃杠上加上较轻的配重铃片，并靠在小腿胫骨前。如果增加重量会使得练习太难，就只使用杠铃杠（如图所示）。
- 正握杠铃杠，双手距离略大于肩宽。
- 身体前倾，膝盖弯曲蹲下。
- 挺起胸部和髋部，直到手臂伸直。

B

- 在弯曲肘部和提起上臂时，爆发性用力站起，并尽可能高地拉起杠铃。
- 踮起脚尖。
- 逆向回复动作，回到起始位置。

下背部微微拱曲。

将身体后拉。

用力向前猛推髋部。

踮起脚尖。

杠铃吊拉

A

- 开始时杠铃刚好低于膝盖。

下背部不要弓起。

B

- 尽可能拉高杠铃。

将髋部向前推。

哑铃吊拉

A

- 正握一对哑铃，并保持它们刚好在膝盖下面。

双脚与肩同宽。

B

- 突然用力向上拉哑铃。

弯曲肘部，拉起哑铃。

以连续的动作，拉直髋部、膝盖和脚踝。

适合所有人的奥林匹克举

本章中的杠铃高拉和其他爆发力练习可被认为是奥林匹克举的简化版本，在夏季奥运会的举重比赛中使用的就是奥林匹克举。虽然奥林匹克举的技术性很强，比较难学习，但高拉和跳跃耸肩也可以提供类似的训练益处，但其难度低得多。原因是，它们都有基本拉的动作，但去掉了"接住"的阶段，这个阶段对肌肉的训练很少，却使这些练习变得更复杂。

杠铃跳跃耸肩

A

- 正握杠铃，双手距离略大于肩宽。
- 弯曲髋部和膝盖，直到杠铃悬垂在膝盖下方。

B

- 在向前挺髋的同时，用力耸起肩部，并尽力跳高。
- 落地时动作尽可能轻，并重新调整姿势复位。

保持双臂伸直。

下背部应稍微拱曲。

保持杠铃靠近身体。

18

根据美国威斯康星大学研究人员的数据，同等负荷下，人们在跳跃耸肩中产生的爆发力比在高翻中产生的爆发力大**18%**，后者是奥林匹克举的黄金标准动作。

宽握跳跃耸肩

- 使用正握，双手距离约两倍于肩宽。

向前挺髋。

杠铃悬在膝盖下面。

尽力跳高。

哑铃跳跃耸肩

- 握住一对哑铃，垂下手臂，掌心相对。

用力耸起肩部。

双臂伸直。

下背部不要弓起。

从地上跳起来。

哑铃应该悬在膝盖下面。

单臂哑铃抓举

A

- 正握一个哑铃。
- 身体前倾蹲下，髋部和膝盖弯曲，哑铃在双脚中间，手臂伸直。

B

- 以连续的动作，尝试将哑铃甩向天花板，但手不要松开。

C

- 利用举起哑铃的惯性，让前臂向上向后旋转，直到手臂伸直且掌心朝前。
- 身体在哑铃下方。

弯曲手臂，尽可能提高肘部。

将髋部向前推。

下背部应稍微弯曲。

哑铃始终尽可能靠近身体。

脚跟用力压着地面。

双脚距离应稍大于肩宽。

你应该非常用力地将哑铃向上甩，以至于要踮起脚尖。

单臂哑铃高抓

- 不是从地面开始，而是把哑铃置于膝盖下方。

单臂壶铃抓举

- 用壶铃代替哑铃。

爆发力练习可增强训练效果

尝试在传统的力量练习之前做一个爆发力动作。例如，在深蹲之前执行单臂抓举或跳跃耸肩，或在标准俯卧撑之前执行爆发式俯卧撑。在《体能训练研究》期刊上发表的一项研究中，在做完爆发力练习后执行深蹲的人与不做爆发力练习的人相比，前者的深蹲表现更好。研究者推测，执行爆发力练习会导致肌肉纤维内发生化学变化，更多的神经在第二个练习的过程中被激活。

第12章 热身练习

非常重要的过程

热身
练习

你可能想直接翻过这一章。毕竟，谁有那么多时间热身呢？

答案是所有人都需要热身。健身专家在多年前就已发现，在训练之前做一些适当的动作就像是打开肌肉的力量开关一样。科学家认为，被称为动态拉伸的练习，你可能认为是一种柔软体操，似乎可以增强大脑和肌肉之间的沟通，让你在健身房实现最佳效果。换而言之，你可以更快地减脂和获得更好的效果。当然，你是不想错过它的。

因此，本章提供了一个练习库，你可以在任何训练之前执行它们。除了激活肌肉，所选择的动作也将改善你的柔韧性、灵活性和姿势——这些保持身体年轻并避免运动损伤的所有关键因素。并且它只需要5~10分钟的时间去完成。

等等，还有更多！你还会找到一个泡沫轴练习的板块。这些动作有助于确保肌肉如预期般正常运作。更重要的是：你可以随时做这些练习——可以作为健身房训练的一部分，也可以晚餐后在客厅的地面上做。如果说人体是一台机器，只需将这些练习视为让这台机器始终良好运行所需的正常保养。

热身练习

在本章中，你将找到49个练习，可以帮助你的肌肉为任何活动做好准备，同时还提升你的柔韧性和灵活性。

开合跳

- 双脚并拢站立，双手放在身体两侧。
- 在双臂举过头的同时跳起来，高度足以让双脚分得更宽即可。
- 中间不停，快速回复动作并重复。

双腿快速踢向两侧。

分腿跳

- 采用前后脚交错的站姿，右脚在左脚前面。
- 在跳起的时候，右脚向后，左脚向前，同时右臂向前摆动到高于肩部，而左臂向后摆动。
- 在举起和放下手臂同时继续快速地来回换腿。
- 在30秒内尽可能重复更多次数。

双腿前后交互，如剪刀一般。

热身练习

蹲后伸腿

- 双脚与肩同宽站立，双手放在身体两侧。
- 向后推髋部，弯曲膝盖，并尽可能深地降低身体，呈深蹲姿势。
- 向后踢腿，从而转为标准俯卧撑姿势。
- 然后迅速让腿回到深蹲姿势。
- 快速站起，重复整个动作。

在蹲下时，双手放在面前的地面上，重心转移到双手支撑。

如果你想接受更大的挑战，可以在此环节加做一个俯卧撑。

靠墙滑动

- 头、上背和屁股靠在墙上。
- 将双手和双臂以"击掌"姿势靠在墙上，肘部弯曲90度，上臂与肩部平齐。
- 保持肘部、手腕和双手贴紧在墙上，双肘尽可能向下滑到身体两侧。将两侧肩胛骨向中间挤压。
- 手臂靠在墙上尽可能向高处滑动，同时保持双手与墙壁接触。
- 双手放下，并重复动作。

头、上背部或屁股始终不离开墙。

保持1秒。

当双手开始离开墙壁时，再次向下滑动手臂。

好处 增强肩胛骨的功能，这可以帮助改善身体姿势和肩部健康。

手臂交叉

- 抬起双臂，使它们呈一条直线，并与地面呈45度角。
- 左臂在高处，掌心朝前，拇指朝上。
- 右臂在低处，掌心朝后，拇指指下。
- 双臂跨过身体，好像它们在交换位置那样，但是保持每只手的掌心方向与开始时相同。
- 左右交互，来回交替，逐渐提高交叉的速度，让自己可以轻松、快速地摆动手臂，使其跨过身体。完成所有的重复次数，然后切换到起始位置，左右手互换并重复动作。

掌心朝后，拇指朝上。

掌心朝前，拇指朝上。

掌心朝后，拇指朝下。

掌心朝前，拇指朝下。

好处 增强肩膀的灵活性。

颈部绕圈

- 站直，双脚与肩同宽。
- 颈部以圆周运动向右转 10 次（或按规定次数）。
- 反方向，以圆周运动向左转 10 次。

侧卧胸椎旋转

- 面向左侧躺在地面上，髋部和膝盖弯曲呈 90 度。
- 伸直双手，与肩同高，手掌并拢。
- 保持左臂和双腿在原位，向上旋转右臂在身体上方，并向右旋转躯干，直到右手和上背部平放在地面上。
- 保持 2 秒，然后让右臂回到起始位置。
- 完成规定的重复次数，然后转身，在另一侧做同样的次数。

好处 放松背部中部和上部肌肉。

手臂和肩部应该接触地面。

跪姿胸椎旋转

- 四肢着地。
- 把右手放在头部后面。
- 核心收紧。
- 向下旋转上背部，使肘部朝下和朝左侧移动。
- 尽可能向上和向右转动头部和上背部，从而使右肘指向天花板。
- 完成规定的重复次数，然后在左侧完成同样的次数。

好处 增强上背部的灵活性，协助改善姿势。

腹肌收紧（就像腹部准备要挨一拳那样），确保旋转发生在上背部，而不是下背部。

前伸翻举手

- 跪在地上，肘部放在地面上，背部拱曲。
- 肘部弯曲 90 度。
- 手掌平放在地面上。
- 向前滑动右手，直到手臂伸直。
- 旋转右手掌，使掌心朝上。
- 尽可能高地抬起右臂。
- 完成所有的重复次数，然后换左臂重复动作。

好处 增强肩部和上背部的灵活性。

掌心转动朝上。

抬起手臂。

热身练习

俯身侧向伸手

- 保持下背部自然拱曲，髋部和膝盖弯曲，并降低躯干，直到它几乎平行于地面。
- 让手臂自然垂下，掌心相对。
- 收紧核心。
- 向右旋转躯干，同时右臂尽可能伸向高处。
- 停顿一下，然后返回起始位置，并向左执行动作。这是一次重复（为了获得更大好处，可以在两次重复之间双手向下触摸脚趾）。

好处 增强上背部的灵活性。

在整个动作过程中保持手臂伸直。

双脚与肩同宽。

肩部绕环

- 站直，双脚与肩同宽。
- 不要移动身体其他部分，肩部以圆周运动向后旋转绕环10次。

好处 增强肩部的灵活性。

肩部上下伸展

- 右手伸到头部后面，同时左手伸到背后，双手的手指交扣。保持10~15秒。
- 松手，双手位置互换，并重复动作。

双手相互不能碰到？那就拿一条毛巾辅助，双手抓住毛巾的两端。

好处 放松肩部旋转肌群，并增强肩部灵活性。

手臂划圈

- 站直，双臂向身体两侧伸出，并平行于地面。
- 首先用手臂划小圈，然后升级到更大的圈子。向前 10 次，向后 10 次。

好处 增强肩部的灵活性。

尽可能站直。

低位侧弓步

- 站立，双脚距离约两倍于肩宽，双脚朝正前方。
- 双手交叉在胸前。
- 把重心转移到右腿，同时向后推髋部，并降低髋部和弯曲膝盖，从而降低身体。
- 右小腿保持几乎垂直于地面。
- 左脚应保持平放在地面上。
- 不要回到站立姿势，直接向左侧逆向执行动作。左右来回交替，重复动作。

好处 增强髋部的灵活性，并有助于放松臀肌和大腿内侧肌肉。

左腿伸直。

左脚保持放在地面上。

向后推髋部。

热身练习

反向弓步加后伸

- 站直，双臂在身体两侧垂下。
- 保持核心收紧。
- 右腿向后弓步，降低身体，直到左膝弯曲至少90度。
- 在弓步时，双臂在肩部上方句后并向左伸出。
- 逆向执行动作，回到起始位置。
- 用右腿完成规定的重复次数，然后换左腿后退一步，完成同样的次数。
- 在整个动作过程中保持躯干挺直。

好处 增强髋部和上背部的灵活性，并帮助髋部和肩部之间的肌肉链活动更加协调。

始终在与前腿同侧的肩部上方伸手。

弓步斜线伸手

- 左手握住一个较轻的哑铃，并把它保持在"击掌"的位置——上臂垂直于身体，肘部弯曲90度。
- 右腿向前弓步，降低身体，直到右膝弯曲至少90度。
- 在弓步时，躯干向右旋转，左臂伸过身体，几乎就像试图把哑铃放进右后方的口袋里那样。
- 逆向执行动作，回到起始位置。
- 完成所有的重复次数，换另外一侧重复动作。

反向弓步加举手转体

- 站直，双臂在身体两侧垂下，掌心朝向大腿侧面。
- 收紧核心。
- 左腿向后退一步，并降低身体，直到右膝弯曲至少90度。
- 在弓步时，躯干向右旋转，同时双手伸向高处。
- 返回到起始位置。
- 先是左腿向后退一步，躯干向右旋转，完成规定的重复次数，然后右腿向后退一步，躯干向左旋转，完成同样的次数。

好处 放松大腿、髋部和斜肌。

旋转时保持躯干挺直。

收紧核心，并保持躯干尽可能挺直。

好处 增强髋部的灵活性，并帮助髋部和肩部之间的肌肉链活动更加协调。

弓步侧弯

- 站直，双臂在身体两侧垂下。
- 右腿向前一步，并降低身体，直到右膝弯曲至少呈90度。
- 在弓步时，左臂伸过头顶，同时躯干向右侧弯曲。
- 右手碰到地面。
- 返回到起始位置。
- 完成规定的重复次数，然后左腿弓步并向左侧弯曲，完成相同的重复次数。

向前腿相同的一侧弯曲。

保持核心收紧。

好处 放松大腿、髋部和腹内外斜肌。

手举过头弓步旋转

- 将横杆举在头部上方，双手距离约为两倍肩宽。
- 双臂应该完全伸直。
- 右腿向前一步，并降低身体，直到右膝弯曲至少90度。
- 在弓步时，躯干向右旋转。
- 逆向执行动作，回到起始位置。
- 完成规定的重复次数，然后左腿弓步并向左侧旋转，完成相同的重复次数。

好处 放松大腿、髋部和斜肌。

保持核心收紧。

保持躯干挺直。

向前跨步肘抵脚背

- 站直，双臂在身体的两侧垂下。
- 核心收紧，右腿向前弓步。
- 在跨步时，在髋部处身体向前倾斜，左手放在地面上，使它与右脚平齐。
- 将右肘放在右脚的脚背旁（或尽可能靠近），并保持2秒。
- 接下来，向上和向右旋转躯干，并且右手伸到尽可能高的地方。
- 随后，身体转回，把右手放在右脚外侧的地面上，然后向上推髋部，站起身来。这是一次重复。
- 换左腿在前，并重复动作。

好处 放松股四头肌、腘绳肌、臀肌和大腿内侧。

> **世界上最伟大的拉伸**
> 这是著名的体能教练，同时也是EXOS的创始人马克·沃斯特根先生设计并推广的动作，他称之为世界上最伟大的拉伸，一个动作涉及多个身体部位。

热身练习

蠕虫练习

- 双腿站直，俯身，双手碰到地面。
- 保持双腿直立，双手向前走。
- 然后双脚小步走到手的位置。这是一次重复。

好处 放松大腿、髋部和腹内外斜肌。

如果你在双腿伸直时手不能摸到地面，则可以弯曲膝盖至刚好让手可以摸到地面。随着柔韧性的提高，尝试让双腿伸直多一点。

双手走出尽可能远，并且保持髋部不要塌下。

保持核心收紧。

相扑式下蹲起立

- 双腿站直，双脚与肩同宽。
- 保持双腿伸直，俯身抓住自己的脚趾（如果你需要弯曲膝盖，你可以这样做，但只是弯曲到必要的程度）。
- 不要松开脚趾，降低身体呈深蹲姿势，同时挺胸抬肩。
- 保持深蹲姿势，高举右臂。接着举起左臂。
- 然后站起来。

好处 放松股四头肌、腘绳肌、臀肌、大腿内侧和下背部。

在肩的正上方举起一只手臂，然后再举起另一只手臂。

双臂伸直。

保持抬头挺胸。

燕式平衡

- 重心放在左腿上站立，膝盖稍微弯曲。
- 右脚稍微离地。
- 不改变左膝的弯曲角度，在髋部处弯身并降低躯干，直到它平行于地面。
- 当俯身时，在身体两侧抬起双臂，直到它们与躯干平齐，掌心朝下。
- 在降低躯干时，右腿应该保持与身体呈一条直线。
- 返回起始位置。左腿站立完成规定的重复次数，然后换右腿站立，完成相同的重复次数。

下背部保持自然拱曲。

双臂应与身体形成一个T形。

好处 放松腘绳肌。

侧向滑步

- 站立，双脚距离略大于肩宽。
- 向后推髋部，弯曲膝盖，身体下沉，直到髋部略高于膝盖。
- 向左侧滑步，首先用右脚向左踏一步，然后用左脚踏一步。向左滑行约3米。
- 用滑步回到右侧。
- 重复30秒，或计划规定的时间。

采用运动基本站姿。

双脚距离略大于肩宽。

好处 改善髋部旋转和侧向移动的灵活性。

行进高抬腿

- 站直，双脚与肩同宽。
- 不改变姿势，在向前一步时左膝要抬得尽可能高。
- 用右腿重复。继续来回交替。

好处 放松臀肌和腘绳肌。

下背部不要弓起。

行进摇篮式抱腿

- 双脚与肩同宽站立，双臂在身体两侧垂下。
- 左腿向前一步，同时抬起右膝，用右手抓住它，并用左手抓住右脚踝。
- 尽可能站直，并轻轻地将右腿拉向胸部。
- 松开腿，向前走三步，并抬起左膝重复。继续来回交替。

将腿拉向胸部。

好处 放松臀肌和腘绳肌。

行进抱膝

- 双脚与肩同宽站立，双臂在身体两侧垂下。
- 左腿向前走，弯曲膝盖，并在髋部处稍微向前倾斜。
- 把右膝抬向胸部，用双手抓住膝盖骨。然后把它拉到尽可能靠近胸部的中间，并保持站直。
- 松开腿，向前走三步，并抬起你的左膝重复。继续来回交替。

下背部不要弓起。

好处 放松臀肌和腘绳肌。

热身练习

侧向跨凳

- 身体右侧朝向训练凳站立。

- 向前面抬起右膝，然后旋转大腿，跨过训练凳。

- 然后左腿跟着跨过训练凳。

- 一旦左脚触地，就可以逆向执行动作，回到训练凳的另一侧。这是一次重复。

好处 增强大腿和髋部的灵活性。

侧向钻杆

- 将一个杠铃杆放在深蹲架或史密斯架上，稍高于腰部水平。
- 站在杠铃杆的旁边，身体右侧朝向杠铃杆。
- 在杠铃杆下方跨一大步，以一个连续的动作蹲下并在杠铃杆下方钻过去，同时重心转移到右腿。
- 在杠铃杆的另一侧站起来。
- 逆向执行动作，回到起始位置。

好处 增强大腿和髋部的灵活性。

你实际上不需要训练凳或杠铃来执行侧向跨凳或钻杆。只需想象它在那里，也可以执行动作。

侧卧抬腿

- 面向左侧卧，双腿伸直，右腿在左腿上面。左上臂在地面上支撑，并用左手支撑头部。
- 保持膝盖伸直，尽可能高地抬起右腿，呈一条直线。
- 降低右腿，回到起始位置。

好处 放松髋内收肌、大腿内侧肌。

仰卧直膝抬腿

- 仰卧在地面上，双腿伸直。
- 保持双膝伸直，尽可能向上抬起左腿（想象自己试图去踢一个悬挂在身体上方的球）。
- 用左腿完成规定的重复次数，然后用右腿完成同样的次数。

好处 放松腘绳肌。

保持腿部伸直。

非练习腿应始终保持平放在地面上。

行进脚后跟抵臀

- 站直，双臂在身体两侧垂下。
- 左腿向前一步，然后右脚踝朝屁股抬起，用右手抓住右脚踝。
- 将脚踝尽可能拉向屁股。
- 松开脚踝，向前走三步，并抬起左脚踝重复。

好处 放松股四头肌。

容易错误的训练
你只做慢的静态拉伸

这是20世纪的过时做法。为什么呢？静态拉伸（你在小学体育课上学到的那种）是以缓慢的速度、特定的姿势来提升你某个部位的柔韧性。这有助于从整体上改善活动范围并放松可能导致不良姿势的紧张肌肉。静态拉伸在全书每个章节最后中均有出现，每个肌肉群对应一个静态拉伸练习。而另一方面，动态拉伸可以提供当肌肉快速拉伸时和在各种身体姿势中所需要的柔韧性，十分适合重训和参加运动项目的时候。动态拉伸可以让中枢神经系统兴奋，加速血液循环，提升力量和爆发力，所以它们是任何体育活动的理想热身练习。这就是为什么它们组成了本章的大部分动作，也是为什么动态和静态拉伸都必须相互兼顾，定期进行。这样，你的身体将会通过这两种模式进行互补，获得最好的效果。

热身练习

前后摆腿

- 站直，左手扶住一个稳固的物体。
- 核心收紧。
- 保持右膝接近伸直，在舒适的情况下，向前尽量高地摆动右腿。
- 尽可能向后摆动右腿。这是一次重复。
- 连续地前后摆动。完成所有的重复次数，然后用左腿做同样的次数。

好处 放松腘绳肌和臀肌。

在整个动作过程中保持躯干挺直且绷紧。

左右摆腿

- 站直，双手扶住一个稳固的物体。
- 保持右膝伸直，在舒适的情况下，向侧面尽量高地摆动右腿。
- 接着右腿朝身体方向摆动，使它在左腿前面交叉。这是一次重复。
- 连续地来回摆动。完成所有的重复次数，然后用左腿做同样的次数。

好处 放松髋内收肌（或大腿内侧）以及臀部外侧。

保持腿部尽可能伸直。

行进高踢腿

- 站直，双臂在身体两侧垂下。
- 保持膝盖伸直，左腿向上踢（右臂伸出去迎接它），同时向前迈一步（想象自己是俄罗斯士兵）。
- 只要左脚碰到地面，立刻用右腿和左臂重复该动作。左右反复来回交替。

好处 放松臀肌和腘绳肌。

俯卧髋关节内旋

- 俯卧在地面上，双膝并拢，弯曲90度。
- 不允许髋部从地面上抬起，在舒适的情况下，双脚尽量向两侧张开。保持1秒或2秒，然后返回到起始位置。

好处 放松深层的髋部肌肉。

好处 放松髋内收肌或大腿内侧，并增强髋部灵活性。

俯卧撑弓步

- 进入俯卧撑姿势准备。
- 右脚向前，把它放在右手旁边（或尽可能接近），并降低髋部。
- 回到起始位置，用左腿重复。

向下推髋部。

抬头挺胸。

热身练习

脚踝绕环

- 站直，重心放在一只脚上，抬起左大腿，直到它平行于地面。双手在左膝下方握住，以支撑左腿。
- 小腿不动，顺时针旋转脚踝。每个圈是一次重复。
- 完成所有的重复次数，然后逆时针方向做同样的次数。用右腿重复。

好处 增强踝关节的灵活性。

脚踝屈曲

- 把前脚掌放在一个约5厘米高的平面上，脚跟在地面上。
- 站直，双腿几乎完全伸直。
- 弯曲膝盖，重心前移，直至在脚跟后侧感觉到拉伸的紧张感。保持2秒或3秒，然后返回到起始位置。这是一次重复。

好处 增强踝关节的灵活性。

膝盖弯曲。

脚跟放在地面上。

仰卧髋关节内旋

- 仰卧在地面上，膝盖弯曲90度。
- 双脚平放在地面上，并且距离约为两倍肩宽。
- 不允许双脚移动，在舒适的情况下尽可能向内收缩膝盖。保持1秒或2秒，然后返回到起始位置。

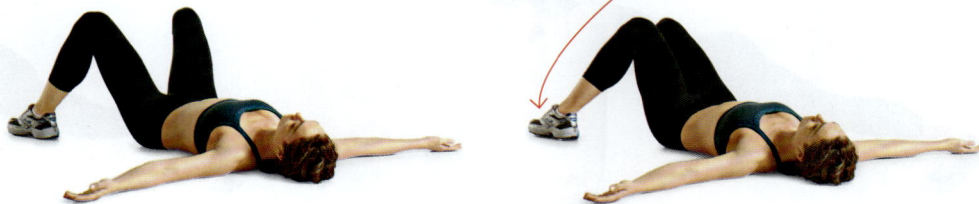

好处 放松大腿内侧和髋部的肌肉。

双脚保持静止。

泡沫轴练习

泡沫轴练习相当于肌肉的深层按摩。通过用硬的泡沫滚轴在大腿、小腿和背部等部位滚动，可以放松比较硬的结缔组织，减少肌肉的僵硬程度，从而提升你的柔韧性和灵活性，并保持肌肉正常功能。因此，在训练前后的泡沫轴练习都非常有价值，而且任何时候你都可以做这种练习。想一石二鸟？在看电视时把泡沫轴拿出来吧。

开始的时候，你可能觉得泡沫轴滚动是很不舒服的，这对于最需要它的肌肉尤其如此，越痛表示你需要的滚动越多。好消息是，如果规律进行的话，你会在随后的每一节训练课中注意到自己的肌肉疼痛会逐渐减轻。对于参加训练的每块肌肉，缓慢地来回滚动30秒。如果有某一个特别疼痛的点，在上面停留5~10秒。

重点在于用泡沫滚动最需要它的肌肉，也就是身体最紧的部分。相信我，只要你开始尝试下面的练习，就会知道哪些肌肉最需要放松。现在，你可以在网上买到各类泡沫轴。不得已时，也可以用篮球、网球或塑料管代替。

腘绳肌滚动

- 在右膝下放一根泡沫轴，双腿伸直。
- 左腿在右脚踝上方交叉。
- 双手平放在地面上作为支撑。
- 背部保持自然拱曲。
- 向前滚动身体，直到滚轴到达臀肌。然后来回滚动。
- 将滚轴放在左侧大腿下面重复。

从膝关节开始。

滚动到臀肌的底部。

如果这个动作感觉太难受，执行动作时双腿都在滚轴上。

臀肌滚动

- 坐在泡沫轴上，把它放在右大腿的背面，就在臀肌下面。
- 右腿在左大腿上方交叉。
- 双手平放在地面上作为支撑。
- 向前滚动身体，直到滚轴到达下背部。然后来回滚动。
- 将滚轴放在左侧臀肌下面重复。

从臀肌下面开始。

滚动到下背部。

热身练习

髂胫束滚动

- 面向左侧卧，把左髋放在泡沫轴上。
- 双手放在地面上作为支撑。
- 右腿在左腿上方交叉，并将右脚平放在地面上。
- 向前滚动身体，直到滚轴到达膝关节。然后来回滚动。
- 面向右侧卧，并把泡沫轴放在右髋下面重复动作。

从髋关节开始。

若练习变得太容易
将右腿放在左腿上，而不是让它撑在地面上。

滚动到膝关节。

滚走紧张的肌肉
髂胫束（通常称为IT Band）是一条韧带结缔组织，从髋骨开始，沿大腿侧面下去连接到膝盖下方。做泡沫轴滚动时，你可能会发现这条韧带是可以滚动的最敏感的区域之一，也许这是由于髂胫束有很高的张力。你应该把它列为最高优先级，因为该处如果长期紧绷的话，可能会导致膝盖疼痛。

小腿肌滚动

- 在右脚踝下放一根泡沫轴，右腿伸直。
- 左腿在右脚踝上方交叉。
- 双手平放在地面上作为支撑。
- 背部保持自然拱曲。
- 向前滚动身体，直到滚轴到达右膝的背面。然后来回滚动。
- 把泡沫轴放在左小腿下面重复动作。

如果太难
执行动作时双腿都放在滚轴上。

从踝关节开始。

滚动到膝关节。

股四头肌和髋部屈肌滚动

- 俯卧在地面上，泡沫轴放在右膝上方。
- 左腿在右脚踝上方交叉，并将肘部放在地面上作为支撑。
- 向前滚动身体，直到滚轴到达右大腿的顶部。
- 然后来回滚动。
- 把泡沫轴放在左大腿下面重复动作。

如果太难
执行动作时两条大腿都放在滚轴上。

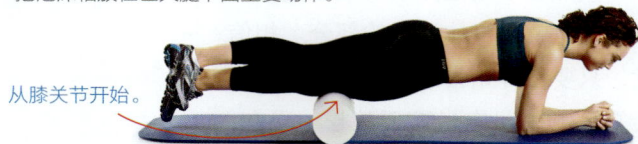

从膝关节开始。

滚动到大腿的顶部。

大腿内侧滚动

- 俯卧在地面上。
- 将泡沫轴平行于身体放置。
- 把肘部放在地面上作为支撑。
- 让右大腿几乎垂直于身体，大腿的内侧刚好在膝盖的水平之上，放在滚轴上面。
- 向右滚动身体，直到滚轴到达骨盆。然后来回滚动。
- 把泡沫轴放在左大腿下面重复动作。

从膝关节上方开始。

滚动到骨盆。

上背部滚动

- 仰卧，泡沫轴在中背部下面，位于肩胛骨的底部。
- 双手交叠置于在头部后面，将双肘相靠。
- 髋部稍微抬起，离开地面。
- 慢慢降低头部和上背部，使上背部在泡沫轴上方弯曲。
- 抬起，回到起始位置，并向前滚动5~10厘米（这样滚轴就位于上背部更高的位置）并重复。
- 再次向前滚动，并再做一次。这是一次重复。

开始时将滚轴放在肩胛骨的底部。

下背部滚动

- 仰卧，泡沫轴在中背部下面。
- 膝盖应该弯曲，双脚平放在地面上。
- 髋部稍微抬起，离开地面。
- 在下背部上来回滚动。

从中背部开始。

滚动到臀肌的上方。

肩胛骨滚动

- 仰卧，泡沫轴在上背部下面，位于肩胛骨的顶部。
- 双手在胸前交叉。
- 膝盖弯曲，双脚平放在地面上。
- 抬起髋部，稍微离开地面。
- 在肩胛骨、中背部和上背部上来回滚动。

从肩胛骨的顶部开始。

滚动到肩胛骨的底部。

热身练习

打造属于自己的热身练习计划

　　除了本章中的动作，本书其他地方出现的许多练习也可以兼作很好的热身运动。此处将这些相关练习加以整理，为你提供一个完整的练习清单，供你选择（为方便起见，动作名称后面是相应的页码）。

　　要打造自己的5分钟热身计划，可以使用来自加利福尼亚州圣克拉利塔健身中心的体能训练总监——麦克·文施的计划模板。只需按照指引进行搭配，从下列类别中选择你的动作。

类别1
从此列表中选择1个练习。
手臂交叉（第354页）
靠墙滑动（第354页）
前伸翻举手（第355页）
俯卧撑加强版（第64页）

类别2
从此列表中选择1个练习。
地板Y字平举（第87页）
地板T字平举（第88页）
上斜Y字平举*（第86页）
上斜T字平举*（第88页）
上斜W字平举*（第90页）
上斜L字平举*（第89页）
瑞士球Y字平举*（第87页）
瑞士球T字平举*（第88页）
瑞士球W字平举*（第90页）
瑞士球L字平举*（第89页）

类别3
从此列表中选择1个练习。
侧卧胸椎旋转（第355页）
跪姿胸椎旋转（第355页）
俯身侧向伸手（第356页）

类别4
从此列表中选择3个练习——每个小类各选1个。
股四头肌和髋内收肌
（大腿内侧）
行进脚后跟抵臀（第363页）
仰卧髋关节内旋（第366页）
俯卧撑弓步（第365页）
左右摆腿（第364页）

腘绳肌
行进高抬腿（第361页）
行进抱膝（第361页）
行进高踢腿（第365页）
仰卧直膝抬腿（第363页）
前后摆腿（第364页）

臀肌和髋外展肌（髋部外侧）
臀桥（第236页）
抱膝单腿臀桥（第241页）
弹力带横向行走（第267页）
行进摇篮式抱腿（第361页）
俯卧髋关节内旋（第365页）
蛤壳运动（第267页）
侧卧抬腿（第363页）

*在这些练习中，采用本书图示的姿势，但执行动作时不需要使用哑铃。

你可以每个练习重复5~10次，也可以每个练习执行30秒。将这些练习作为一个循环训练，每个练习各完成一组，中间不休息。

另外一种选择：如果你没有时间去健身房或没有时间规律训练，将这套热身计划作为快速的自重训练来做。遵循下列各组的动作指示，只是从类别6中选择3个练习（而不是只选1个练习），并且执行在类别7中的3个练习时，做到尽可能多的组数。

类别5

在第10章中，从"稳定性练习"部分选择任何核心练习。

例如，任何版本的平板支撑、侧平板支撑或登山式。

类别6

根据时间情况，从这个练习列表中选择1到3个动作。

开合跳（第353页）

分腿跳（第353页）

蹲后伸腿（第354页）

类别7

从这个练习列表中选择3个动作（每种动作类型选择1个）。因此，你将选择1个左右动作，1个前后动作以及1个旋转动作。

左右动作

低位侧弓步（第357页）

侧向滑步（第361页）

侧向跨凳（第362页）

侧向钻杆（第362页）

哑铃侧弓步＊（第221页）

前后动作

囚徒深蹲（第192页）

自重深蹲（第190页）

哑铃弓步＊（第216页）

反向哑铃弓步＊（第217页）

哑铃交叉弓步＊（第219页）

反向哑铃交叉弓步＊（第219页）

燕式平衡（第360页）

蠕虫练习（第360页）

向前跨步肘抵脚背（第359页）

相扑式下蹲起立（第360页）

旋转动作

反向弓步加后伸（第358页）

弓步斜线伸手（第358页）

弓步侧弯（第359页）

反向弓步加举手转体（第358页）

手举过头弓步旋转（第359页）

第13章
针对各种需求的科学健身方案

彻底改造身体的全面指南

你梦寐以求的各种体形塑造蓝图都在此章节。

无论你的目标是让双臂更紧实，缩减腰围，还是甩掉最后10磅体重，本章都有一个适合你的训练方案。这一章有很多训练方案，我邀请了世界顶级的健身专家为几乎所有的发展目标制定了科学、先进的训练计划——你想拥有能够自信穿上比基尼的性感身材，穿码数更小的牛仔裤，甚至以完美的形象出席婚礼。每一种生活方式都会有相应的训练方案。总是太忙，没时间去健身房？可以尝试一个高强度的15分钟的计划。总是出差？有一个你可以在宾馆房间里就可以完成的自重训练方案。从来没有做过重量训练？第376页的"12周新手预热形体恢复健身方案"正是最适合你的。

只需选择以下计划之一，然后遵循第375页上的指引，以确保做得正确无误。如果还有其他问题，你可能会在本书第2章中找到答案。

现在？赶紧开始训练吧。你的新身体正在等待着你。

科学锻炼方案集

开始之前：你需要了解的信息

为了确保你正确执行本章中的每个健身方案，请遵循以下指引。

如何执行这些健身方案

- 始终按照计划所列出的动作顺序执行练习。
- 当你看到动作名称前的数字旁边没有字母（例如是单独的"1"或"4"）时，将这些练习作为一个普通组来执行。也就是说，进行1组练习，间歇休息规定的时间，然后做另1组。完成这个练习的所有组数，然后再继续下一个练习。
- 当你看到数字旁边有字母（例如"2A"）时，表示该练习是作为一个组合练习的其中一项来执行（一个小组练习全部使用同一个数字，但每个练习都有不同的字母；例如："1A"、"1B"和"1C"）。做1组该练习，休息规定的时间，接着做1组在该小组中的下一个练习。例如，如果你在训练方案中看到"2A"和"2B"，先完成1组练习"2A"，休息规定的时间，然后做1组练习"2B"，然后再休息。反复做直到每个练习都完成了所有的组数。无论在小组中有多少个练习，都请按照此程序执行。

- 你会注意到，有时规定的休息时间实际上是"0"——零秒。这意味着，在动作之间不休息；直接进行下一项练习。
- 如果重复次数栏目里给出的是持续时间（例如:30秒）时，只需执行练习达规定的时间即可。所以，如果是平板支撑或侧平板支撑练习，在1组的持续时间内保持姿势即可。如果是通常按重复次数计算的练习，请在规定的时间段内完成尽可能多次重复次数。
- 缩写越多越好代表尽可能完成最多。所以当重复次数表格栏目列的是越多越好时，这意味着，你要完成尽可能多次的重复。当要做的组数列明是越多越好时，请在规定的时间内完成尽可能多的练习组。
- 缩写越少越好代表尽可能的少用时间。所以当在休息时间中列明越少越好时，这意味着，只休息自己觉得非常必须的时间，尽快回归训练。基本上，喘口气就得回去继续训练了。

科学锻炼方案

12周新手预热形体恢复健身方案
阶段1：第1~4周

无论你之前从来没有重训过，还是最近没有时间进行训练，这个来自体能训练师乔·杜威尔的12周训练计划都是考虑到你的需求而制定的。计划的目的是在你还没有完全恢复训练的情况下，帮你燃烧脂肪，并且让肌肉更结实。与此同时，它还改善久坐不动的生活方式所带来的虚弱——这种生活方式下的人往往训练见效慢，导致沮丧。因此，按照这个计划，你不但会改造身体，还会完成得比以前更快。

关于专家

乔·杜威尔，体能训练师，是纽约市巅峰体能中心的联合创始人。他的客户有大量知名模特、运动员和社会名流，与他合作过的名人包括安妮·海瑟薇、克莱尔·丹尼斯、莫莉·西姆斯和凯特·哈德森，还有"维多利亚的秘密"和《体育画报》的泳装模特。他被公认为是世界上最好的健身教练之一。

如何执行该训练方案

- 每周3天进行重量训练，每次训练课后至少休息1天。所以你可以在星期一、星期三和星期五进行重训。
- 每周进行2次心肺功能训练，选择穿插在重量训练之间的日子。所以你可以在星期二和星期四做心肺功能训练（如果你没有时间每周训练5天，那就在重量训练之后立即进行心肺功能训练）。
- 在每次重量训练之前，先完成热身练习。
- 有疑问？向前翻到第375页，可以在里面找到执行所有训练计划的完整说明。

热身练习

练习	组数	重复次数	休息
1A. 侧卧胸椎旋转（第355页）	1	5	0
1B. 自重弓步（第217页）	1	4	0
1C. 低位侧弓步（第357页）	1	4	0
1D. 臀桥加膝外推（第238页）	1	10~12	0
1E. 平板支撑（第278页）	1	4~6	0
1F. 瑞士球 W 字平举（第90页）	1	8~10	0

对于平板支撑和俯卧眼镜蛇式，保持姿势1秒，然后短暂放松并重复动作。如此为一次重复。

重量训练

练习	组数	重复次数	休息
1A. 杠铃或哑铃深蹲（第198或203页）	2~3	10~12	1分钟
1B. 俯卧撑（第34页）	2~3	10~12	1分钟
2A. 瑞士球臀桥（第239页）	2~3	10~12	1分钟
2B. 绳索划船至颈部加外旋（第95页）	2~3	10~12	1分钟
3A. 反向卷腹（第322页）	2~3	10~12	1分钟
3B. 俯卧眼镜蛇式（第295页）	2~3	10~12	1分钟

如果杠铃或哑铃深蹲太难，可以替换为自重深蹲。

如果你觉得难以完成俯卧撑，可以选择一个较容易，但仍然具有挑战性的变式，例如，跪姿俯卧撑或上斜俯卧撑。

心肺功能训练

计划

以轻松的步伐在跑步机上行走（约最大努力的30%~50%）3~5分钟，作为热身。然后执行以下间歇性训练程序。

- 调高跑步机的斜坡度，直到要以最大努力的40%~60%的强度训练。持续2分钟。
- 将斜坡度降低到零，再保持2分钟。这是1组。
- 总共做3组，然后放松3~5分钟，以轻松的步伐行走。
- 在这个为期4周的阶段中，尝试逐渐将练习组数提升到5组。

科学锻炼方案

12周新手预热形体恢复健身方案
阶段2：第5~8周

如何执行该训练方案

- 每周3天进行重量训练，每次训练课后至少休息1天。所以你可以在星期一、星期三和星期五进行重训。
- 每周进行3次心肺功能训练，选择穿插在重量训练之间的日子。在你前两次的训练中，进行间歇性训练。在最后一次的训练中，做有氧训练。所以你可以在星期二和星期四进行间歇性训练，星期六进行有氧训练。
- 有疑问？向前翻到第375页，可以在里面找到执行所有训练计划的完整说明。

热身练习

练习	组数	重复次数	休息
1A. 仰卧转髋（第303页）	1	5	0
1B. 向前跨步肘抵脚背（第359页）	1	4	0
1C. 哑铃侧弓步（第221页）	1	4	0
1D. 蛤壳运动（第267页）	1	8~10	0
1E. 侧平板支撑（第284页）	1	4~6	0
1F. 瑞士球T字平举（第88页）	1	8~10	0

重量训练

练习	组数	重复次数	休息
1A. 哑铃弓步蹲（第209页）	2~3	10~12	1分钟
1B. 哑铃卧推（第52页）	2~3	10~12	1分钟
2A. 瑞士球臀桥加屈腿（第243页）	2~3	10~12	1分钟
2B. 弹力带辅助反握引体向上（第98页）	2~3	10~12	1分钟
3A. 侧卷腹（第332页）	2~3	8~10	1分钟
3B. 猎鸟犬式（第283页）	2~3	8~10	1分钟

对于侧卷腹，在每次卷腹的高位保持2秒。

对于侧平板支撑（在热身中）和猎鸟犬式，保持姿势1秒，然后短暂放松并重复。如此为一次重复。

心肺功能训练

计划

以轻松的步伐在跑步机上行走（约最大努力的30%~50%）3~5分钟，作为热身。然后做下面其中一种训练，在每周前2次的心肺功能训练进行间歇性训练，并在第3次心肺功能训练中进行有氧训练。

间歇性训练

- 提高跑步机速度，达到自己要用最大努力的65%~75%的练习强度。持续60秒。
- 将速度降低至每小时3.5英里（约5.6公里），并持续2分钟。这是1组。
- 总共做4组，然后放松3~5分钟，以轻松的步伐行走。
- 在这个为期4周的阶段中，尝试将练习提升到6组。

有氧训练

- 增加跑步机的速度或斜坡度，执行练习的强度要使自己用到最大努力的40%~60%。保持这个速度15分钟。
- 在这个为期4周的阶段中，尝试将练习提升到25分钟。

科学锻炼方案

12周新手预热形体恢复健身方案
阶段3：第9~12周

如何执行该训练方案

- 每周在重量训练A和重量训练B之间交替训练3次，每次训练课后至少休息一天。所以如果你打算在星期一、星期三和星期五举重，就在星期一做重量训练A，星期三做重量训练B，星期五再做重量训练A。下一周，则在星期一和星期五做重量训练B，在星期三做重量训练A。

- 每周进行3次心肺功能训练，选择穿插在重量训练之间的日子。在你前两次的训练中，

进行间歇性训练。在最后一次的训练中，做有氧训练。所以你可以在星期二和星期四进行间歇性训练，星期六进行有氧训练。请注意，你要在前2周（第9周和第10周）进行间歇性训练A，在后2周（第11周和第12周）转换到间歇性训练B。

- 在每次训练之前，先完成热身练习。

- 有疑问？向前翻到第375页，可以在里面找到执行所有训练计划的完整说明。

热身练习

练习	组数	重复次数	休息
1A. 猫拱背式（第283页）	1	5~6	0
1B. 向前跨步肘抵脚背（第359页）	1	4	0
1C. 行进抱膝（第361页）	1	5	0
1D. 弹力带横向行走（第267页）	1	10~12	0
1E. 蠕虫练习（第360页）	1	3~5	0
1F. 瑞士球Y字平举（第87页）	1	8~10	0

重量训练A

练习	组数	重复次数	休息
1A. 杠铃硬拉（第248页）	3	8~10	1分钟
1B. 上斜哑铃卧推（第54页）	3	8~10	1分钟
2A. 部分单腿蹲（第197页）	3	8~10	1分钟
2B. 跪姿支撑式肘外展单臂哑铃划船（第80页）	3	8~10	1分钟
3A. 锤式弯举转推举（第159页）	3	8~10	1分钟
3B. 瑞士球卷腹（第318页）	3	8~10	1分钟

重量训练 B

练习	组数	重复次数	休息
1A. 哑铃登阶（第262页）	3	10~12	1分钟
1B. 哑铃卧推（第52页）	3	10~12	1分钟
2A. 杠铃直腿硬拉（第252页）	3	8~10	1分钟
2B. 俯身侧平举（第83页）	3	10~12	1分钟
3A. 哑铃仰卧肱三头肌伸展（第166页）	3	8~10	1分钟
3B. 背部伸展（第258页）	3	8~10	1分钟

心肺功能训练

计划

在每周前2次的心肺功能训练中进行相应的间歇性训练，并在第3次心肺功能训练中进行有氧训练。

间歇性训练 A

- 提高跑步机速度，达到自己要用最大努力的70%~80%的练习强度。持续45秒。
- 将速度降低至每小时3.5英里（约5.6公里），并持续2分钟。这是1组。
- 总共做5组，然后放松3~5分钟，以轻松的步伐行走。
- 在这个为期4周的阶段中，尝试将练习提升到7组。

间歇性训练 B

- 提高跑步机速度，达到自己要用最大努力的70%~80%的练习强度。持续30秒。
- 将速度降低至每小时3.5英里（约5.6公里），并持续90秒。这是1组。
- 总共做6组，然后放松3~5分钟，以轻松的步伐行走。
- 在这个为期4周的阶段中，尝试将练习提升到8组。

有氧训练

- 增加跑步机的速度或斜坡度，执行训练的强度要使自己用到最大努力的40%~60%。保持这个速度25分钟。
- 在这个为期4周的阶段中，尝试将训练提升到以最大努力的60%执行8组。

科学锻炼方案

拥挤健身房健身方案

健身房里面人太多？很多器械排不上队？其实你不需要排队等候，只要使用这3个训练计划，就可以快速减脂，塑造身型，达到你想要的效果。

训练计划1

如何执行该训练方案

- 你所需要的唯一器材：一对哑铃。这个计划甚至让你连哑铃重量也不需要换，训练就可以连续进行下去。
- 每个重量训练计划（重量训练A、重量训练B和重量训练C）每周进行一次，每次训练课后至少休息一天。
- 有疑问？向前翻到第375页，你可以在里面找到执行所有训练计划的完整说明。

重量训练A

练习	组数	重复次数	休息
1A. 哑铃卧推（第52页）	4	8	1分钟
1B. 跪姿支撑式肘外展单臂哑铃划船（第80页）	4	8~12	1分钟
2A. 上斜哑铃卧推（第54页）	3	5	0
2B. 哑铃深蹲（第203页）	3	12	1分钟

重量训练B

练习	组数	重复次数	休息
1A. 哑铃弓步蹲（第209页）	4	8	1分钟
1B. 单臂哑铃肩上推举（第122页）	4	12	1分钟
2A. 哑铃直腿硬拉（第256页）	3	10	0
2B. 单臂哑铃摆举（第268页）	3	15~20	1分钟

关于专家

克雷格·巴兰坦，硕士，体能训练师，担任《男士健康》的健身顾问已将近10年。克雷格住在多伦多。

重量训练 C

练习	组数	重复次数	休息
1A. 哑铃登阶（第262页）	4	8	1分钟
1B. 俯卧支撑式肘外展哑铃划船（第80页）	4	12	1分钟
2A. 站姿哑铃弯举（第154页）	4	10	0
2B. 哑铃仰卧肱三头肌伸展（第166页）	4	12	1分钟

训练计划2

如何执行该训练方案

- 这个独特的45分钟训练方案设计让你可以在每一个设备上停留10分钟，全过程使用相同的重量。这会让你可以在同一个地方努力训练完成整节训练课，不必反复改变练习或重量。

- 每个重量训练计划（重量训练A、重量训练B和重量训练C）在每周都分别进行1次，每次训练课后至少休息一天。所以你可以在星期一做重量训练A，星期三做重量训练B，星期五做重量训练C。执行过程中，请遵循以下指引。

- 对于每个训练中的练习1，选择让你可以完成10~12次重复的最大重量。这是你在进行每一组练习中所需要使用的重量。

- 将手机或秒表的计时器设置为10分钟。

- 做3次重复，休息10秒，并重复动作。以这种方式继续，直到不能完成所有3次重复。然后休息时间增加10秒，即，每3次重复后休息20秒。当你再次无法完成3次重复时，

将休息时间增加到30秒，依此类推。按照此步骤，直到10分钟结束，然后可以做下一个练习。

- 对练习2和练习3同样使用上述指引。

- 每周都对在每个练习中使用的重量增加5~10磅（2.5~5千克）。

- 对于练习4和5只需选择1个核心练习（本书第10章）和1个手臂练习（本书第7章）。两个动作都进行2组，每组10~12次重复，使用可以完成所有重复次数的最大重量，组间休息时间为60秒。附加说明：如果你所选择的核心练习是平板支撑或侧平板支撑，则保持姿势30秒。

- 在每次重量训练结束后立即进行心肺功能训练。

- 有疑问？向前翻到第375页，可以在里面找到执行所有训练计划的完整说明。

关于专家

尼克·尼尔森是在线个人训练公司BetterU的副总裁。尼克拥有运动人体科学学位，并担任私人体能训练师十多年。

科学锻炼方案

重量训练 A

练习
1. 哑铃卧推（第52页）
2. 反握引体向上（第96页）
3. 杠铃深蹲（第198页）
4. 核心练习：自选（第10章）
5. 手臂练习：自选（第7章）

重量训练 B

练习
1. 哑铃弓步蹲（第209页）
2. 杠铃卧推（第46页）
3. 杠铃划船（第76页）
4. 核心练习：自选（第10章）
5. 手臂练习：自选（第7章）

重最训练 C

练习
1. 杠铃硬拉（第248页）
2. 俯卧撑（第34页）
3. 杠铃前蹲（第199页）
4. 核心练习：自选（第10章）
5. 手臂练习：自选（第7章）

心肺功能训练

计划

- 你可以在跑步机、健身自行车或在外面的马路或跑道上进行这个训练。训练时间总共10分钟。
- 运动强度约为你的最大努力的90%。持续30秒。
- 休息30秒。然后重复进行训练，直到10分钟结束。

12周紧身牛仔裤挑战训练方案
阶段1：第1~4周

　　想在穿牛仔裤时看起来更性感吗？那么，这个由体能训练师瑞秋·科斯格罗夫提供的训练方案就正适合你。这个计划基于她在健身房进行的"紧身牛仔裤挑战赛（Skinny Jeans Challenges）"而设计，其中20名女性在8周内将牛仔裤减下了两个码（这些女士获得的奖励：设计师设计的新牛仔裤，由瑞秋个人买单）。如果你报名参加挑战，或者再给自己一个购物的理由，那就准备瘦下来并更加紧实吧。无论你是初学者还是长期锻炼者，这对于任何女性都是完美的训练程序，因为它的设计让你以适合自己身体的节奏开始。

如何执行该训练方案

- 每周在训练A和训练B之间交替训练3天，每次训练课后至少休息一天。所以如果你打算在星期一、星期三和星期五进行训练，就在星期一做训练计划A，星期三做训练计划B，星期五再做训练计划A。下一周，则在星期一和星期五做训练计划B，在星期三做训练计划A，如此类推。
- 如果你是初学者，或者你有一段时间停止了训练，执行推荐范围内的下限组数。即，如果你要做1~3组练习，则在第1周只做1组。然后每周增加执行的组数，使得在第4周可

以执行3组。当你开始一个新阶段时，回退到初级水平的组数。也就是说，在第2阶段，你将再次从1组开始，并逐渐增加到3组。

- 对于每个需要举起和降低重物的练习中，花2秒来降低重物或身体，在低位停顿，然后花2秒举起重物，全过程保持肌肉紧张。
- 如果你已经在规律训练，则可以从每个练习做3组开始。
- 在每次训练之前，先完成热身练习。
- 有疑问？向前翻到第375页，可以在里面找到执行所有训练计划的完整说明。

关于专家
　　瑞秋·科斯格罗夫，体能训练师，是位于美国加州圣塔克拉利塔的成果健身中心的老板，也是《健康女性》的健身专栏作家。你可以在瑞秋的最新佳作《女性身体突破》中找到更多的训练方案和建议，在各地的书店都可以找到这本书。

科学锻炼方案

12周紧身牛仔裤挑战训练方案
阶段1：第1~4周

热身练习

练习	组数	重复次数	休息
1A. 上背部滚动（第369页）	1	10	0
1B. 前伸翻举手（第355页）	1	10	0
1C. 相扑式下蹲起立（第360页）	1	10	0
1D. 俯身侧向伸手（第352页）	1	10	0
1E. 蠕虫练习（第356页）	1	10	0
1F. 弹力带横向行走（第267页）	1	10	0

训练计划A

在猎鸟犬式练习中，举起手臂和腿，并保持2秒，然后慢慢降低，并用另一侧手臂和腿完成动作。这是一次重复。

练习	组数	重复次数	休息
1A. 自重弓步（第217页）	1~3	10	60秒
1B. 上斜Y~T~W~L字平举（第86页）	1~3	10	60秒
2A. 单腿臀桥（第240页）	1~3	10	60秒
2B. 瑞士球哑铃肩上推举（第122页）	1~3	10	60秒
3A. 猎鸟犬式（第283页）	1~2	10	60秒
3B. 俯卧眼镜蛇式（第295页）	1~2	60秒	60秒

训练计划B

自重过头深蹲的执行同过头杠铃深蹲，但举着横杆或较轻的杆，而不是杠铃杆。每次降低身体时，都在低位停顿2秒。

练习	组数	重复次数	休息
1A. 自重过头深蹲（参考第202页）	1~3	10	60秒
1B. 上斜俯卧撑（第36页）	1~3	10	60秒
2A. 单腿哑铃直腿硬拉（第257页）	1~3	10	60秒
2B. 站姿支撑式直握划船（第81页）	1~3	10	60秒
3A. 瑞士球臀桥（第239页）	1~2	10	60秒
3B. 瑞士球前滚（第292页）	1~3	10	60秒
4. 瑞士球卷腹（第318页）	1~2	10	60秒

12周紧身牛仔裤挑战训练方案
阶段2：第5~8周

训练计划A

练习	组数	重复次数	休息
1A. 哑铃跳箱弓步（第218页）	1~3	8	60秒
1B. 反握俯身侧平举（第84页）	1~3	8	60秒
1C. 瑞士球俄罗斯旋转（第302页）	1~2	10	60秒
2A. 交替哑铃肩上推举（第121页）	1~3	5	60秒
2B. 平板支撑（第278页）	1~2	保持60秒	60秒
2C. 瑞士球臀桥加屈腿（第243页）	1~3	8	60秒
3. 俯卧眼镜蛇式（第295页）	1~2	保持90秒	60秒

训练计划B

练习	组数	重复次数	休息
1A. 单腿硬拉（第251页）	1~3	8	60秒
1B. 俯卧撑（第34页）	1~3	8	60秒
1C. 哑铃划船（第78页）	1~3	8	60秒
2A. 宽握拉力器下拉（第104页）	1~3	8	60秒
2B. 哑铃登阶（第262页）	1~3	8	60秒
2C. 单腿臀桥（第240页）	1~2	8	60秒
3. T字形固定（第287页）	1~2	6~8	60秒

如果单腿硬拉太难，可以在降低身体时让后脚的脚趾接触地面，为你提供额外的支撑。

科学锻炼方案

12周紧身牛仔裤挑战训练方案
阶段3：第9~12周

训练计划A

练习	组数	重复次数	休息
1A. 自重或哑铃侧弓步（第217或221页）	1~3	15	60秒
1B. 反向划船（第72页）	1~3	12~15	60秒
1C. 瑞士球单腿臀桥加屈腿（第244页）	1~3	15	60秒
1D. 交替哑铃肩上推举加转身（第123页）	1~3	15	60秒
2A. 瑞士球平板支撑（第281页）	1~2	保持60秒	60秒
2B. 核心稳定性练习（第334页）	1~3	15	60秒
3. 侧平板支撑（第284页）	1~2	保持30秒	60秒

在核心稳定性练习中，花2秒钟向左旋转，停顿2秒，然后再花2秒返回起始位置。

训练计划B

练习	组数	重复次数	休息
1A. 反向哑铃弓步（第217页）	1~3	15	60秒
1B. 站姿绳索划船（第95页）	1~3	15	60秒
1C. 部分单腿蹲（第197页）	1~3	15	60秒
1D. 窄握拉力器下拉（第105页）	1~3	15	60秒
2A. T形俯卧撑（第41页）	1~3	15	60秒
2B. 哑铃直腿硬拉（第256页）	1~2	15	60秒
3. 瑞士球屈腿卷体（第290页）	1~2	15	60秒

6周性感比基尼训练方案
阶段1：第1~3周

　　从平坦的腹部到结实的屁股，这个6周的计划将确保你穿比基尼时展示出最佳的状态，当然，在卧室也同样性感。这个计划是由众多名流的私人教练瓦莱丽·沃特斯设计的，她为包括詹妮弗·加纳、瑞秋·尼科尔斯、凯特·贝金赛尔和杰西卡·贝尔在内的几十位好莱坞明星设计了此处可以看到的塑身训练计划。将你的名字加入瓦莱丽的客户名单中吧，让全身紧致性感，并比以往任何时候都更加富有自信，光彩照人。

如何执行该训练方案

- 每周在训练A和训练B之间交替训练3天，每次训练课后至少休息一天。所以如果你打算在星期一、星期三和星期五进行训练，就在星期一做训练计划A，星期三做训练计划B，星期五再做训练计划A。下一周，则在星期一和星期五做训练计划B，在星期三训练计划A。

- 对于每个循环，连续地每个练习执行1组。休息规定的时间，并重复，直到完成每个练习的所有组数。然后转到下一个循环。

- 在每次训练之前，先完成热身练习。

- 有疑问？向前翻到第375页，可以在里面找到执行所有训练计划的完整说明。

热身练习

练习	组数	重复次数	休息
1A. 前后摆腿（第364页）	1	10	0
1B. 左右摆腿（第364页）	1	10	0
1C. 相扑式下蹲起立（第360页）	1	10	0
1D. 反向弓步加后伸（第358页）	1	8	0
1E. 低位侧弓步（第357页）	1	8	0

关于专家

　　瓦莱丽·沃特斯是好莱坞最抢手的教练之一。她是红毯就绪计划的创始人，她在其中分享了改造身体的所有秘密。

科学锻炼方案

6周性感比基尼训练方案
阶段1：第1~3周

训练计划A
循环练习1

练习	组数	重复次数	休息
1A. 单腿臀桥（第240页）	2~3	12	0
1B. 侧平板支撑（第284页）	2~3	保持30秒	0
1C. 平板支撑（第278页）	2~3	保持30~40秒	0
1D. 仰卧起坐（第310页）	2~3	12	1~2分钟

如果仰卧起坐太难，请改为执行逆向仰卧起坐。 →

循环练习2

练习	组数	重复次数	休息
2A. 自重深蹲（第190页），哑铃深蹲（第203页），或高脚杯深蹲（第204页）	3	15	0
2B. 单臂绳索划船（第95页）	3	12	0
2C. 哑铃直腿硬拉（第256页）	3	12	0
2D. 哑铃卧推（第52页）	3	15	1~2分钟

循环练习3

练习	组数	重复次数	休息
3A. 滑垫反向哑铃弓步（参考第217页）	3	12	0
3B. 哑铃肩上推举（第120页）	3	12	0
3C. 哑铃弓步（第216页）	3	10	0
3D. 肱三头肌下压（第171页）	3	12	0
3E. 站姿哑铃弯举（第154页）	3	12	1~2分钟

滑垫反向哑铃弓步的执行与反向哑铃弓步一样，但有一只脚在滑垫上。所以不是后退一步呈弓步，而是向后滑动呈弓步。没有滑垫？那就按说明执行反向哑铃弓步即可。

训练计划 B
循环练习 1

练习	组数	重复次数	休息
1A. 弹力带横向行走（第267页）	2~3	20	0
1B. 自重深蹲加膝外推（第192页）	2~3	20	0
1C. 哑铃登阶（第262页）	2~3	15	0
1D. 滑垫登山式（第289页）	2~3	20	0
1E. 滑垫交替前伸（第293页）	2~3	12	1~2分钟

对于滑垫登山式，双脚在滑垫上，一只脚向前滑动，同时另一只脚向后滑动。

循环练习 2

练习	组数	重复次数	休息
2A. 哑铃侧弓步（第221页）	3	15	0
2B. 哑铃划船（第78页）	3	15	0
2C. 俯卧撑（第34页）	3	10~12	0
2D. 卷腹（第314页）	3	20	0
2E. 反向卷腹（第322页）	3	20	1~2分钟

如果标准俯卧撑太难，可以选择较容易的变式，例如，跪姿俯卧撑或上斜俯卧撑。

循环练习 3

练习	组数	重复次数	休息
3A. 侧平举（第126页）	2~3	15	0
3B. 站姿扭转哑铃弯举（第155页）	2~3	15	0
3C. 哑铃俯身臂屈伸（第173页）	2~3	15	0
3D. 半跪姿旋转劈砍（第307页）	2~3	12~15	1~2分钟

对于侧平举，使用5磅（约2.5千克）的哑铃（如果太难，使用更轻的重量或徒手进行）。

对于扭转哑铃弯举和哑铃俯身臂屈伸，可以使用8磅（约4千克）的哑铃。如果感觉太难，则使用更轻的重量。

科学锻炼方案

6周性感比基尼训练方案
阶段2：第4~6周

训练计划A
循环练习1

练习	组数	重复次数	休息
1A. 脚踏泡沫轴单腿臀桥（第241页）	3	12	0
1B. 侧平板支撑下伸（第286页）	3	30~40秒	0
1C. 宽距平板支撑—单腿抬起（第280页）	3	保持30~40秒	0
1D. 瑞士球前滚（第292页）	3	15	1~2分钟

如果你没有泡沫轴，可以将脚放在一个矮的踏板上。

循环练习2

练习	组数	重复次数	休息
2A. 单腿蹲（第196页）	3	12	0
2B. 单臂绳索划船加旋转（第95页）	3	12	0
2C. 单腿哑铃直腿硬拉（第257页）	3	10	0
2D. 哑铃卧推（第52页）	3	12~15	1~2分钟

如果单腿蹲太难，则执行部分单腿蹲。

循环练习3

练习	组数	重复次数	休息
3A. 单臂反向弓步推举（第344页）	3	10	0
3B. 哑铃弓步行进（第217页）	3	12	0
3C. 肱三头肌下压（第171页）	3	12	0
3D. 站姿哑铃弯举（第154页）	3	12	1~2分钟

训练计划B
循环练习1

练习	组数	重复次数	休息
1A. 弹力带横向行走（第267页）	2~3	20	0
1B. 自重深蹲加膝外推（第192页）	2~3	20	0
1C. 侧向滑步（第361页）	2~3	12	0
1D. 单臂登高推举（第344页）	2~3	12	0
1E. 瑞士球屈体（第328页）	2~3	15	0
1F. 滑垫交替前伸（第293页）	2~3	15	1~2分钟

对于单臂登高推举，使用5磅（约2.5千克）的哑铃。

循环练习2

练习	组数	重复次数	休息
2A. 滑垫反向哑铃弓步（参考第217页）	3	20	0
2B. 哑铃侧弓步（第221页）	3	20	0
2C. 哑铃划船（第78页）	3	15	0
2D. T形俯卧撑（第41页）	3	10	0
2E. 脚高架俄罗斯旋转（第301页）	3	15	1~2分钟

滑垫反向哑铃弓步的执行与反向哑铃弓步一样，但有一只脚在滑垫上。所以不是后退一步呈弓步，而是向后滑动呈弓步。没有滑垫？那就按说明执行反向哑铃弓步即可。

如果T形俯卧撑太难，可以选择一个较容易的变式，如俯卧撑或上斜俯卧撑。

循环练习3

练习	组数	重复次数	休息
3A. 瑞士球L字平举（第89页）	2~3	12	0
3B. 站姿扭转哑铃弯举（第155页）	2~3	15	0
3C. 哑铃仰卧肱三头肌伸展（第166页）	2~3	12	0
3D. 半跪姿旋转反向劈砍（第309页）	2~3	15	1~2分钟

对于站姿扭转哑铃弯举，使用8磅（约4千克）的哑铃。如果太难，则使用更轻的重量。

对于哑铃仰卧肱三头肌伸展，使用8~10磅（约4~5千克）的哑铃，如果太难，则使用更轻的重量。

科学锻炼方案

8周完美婚礼训练方案
阶段1：第1~4周

什么是"完美婚礼训练方案"？就是让你在婚礼当天展示出最佳身材所需要进行的训练计划。这是来自夏洛特·奥德提供的8周计划的目标。它旨在让腿部和臀部更紧实，让腰部更苗条，并塑造你的肩部线条。这一切不仅让你在人生重要时刻穿上心仪的婚纱，走上红毯的时候风姿绰约，更加瞩目，在蜜月时也同样靓丽迷人。

关于专家

夏洛特·奥德是一位英国健身专家，专长是减脂，以及她称之为的"感觉良好的健身训练"。夏洛特参加了5项不同运动项目的国际赛事，包括曲棍球和马术等。

如何执行该训练方案

- 每周在训练计划A和训练计划B之间交替训练3天，每次训练课后至少休息一天。所以如果你打算在星期一、星期三和星期五进行训练，就在星期一做训练计划A，星期三做训练计划B，星期五再做训练计划A。下一周，则在星期一和星期五做训练计划B，在星期三做训练计划A，以此类推。
- 在每次训练前，先热身10分钟，可以在跑步机轻松地步行或在健身自行车上骑10分钟。
- 有疑问？向前翻到第375页，你可以在里面找到执行所有训练计划的完整说明。

训练计划 A

练习	组数	重复次数	休息
1A. 自重侧弓步（参考第221页）	1	5	0
1B. 蠕虫练习（第360页）	1	5	0
2. 哑铃弓步（第216页）	2	8	60秒
3A. 宽握拉力器下拉（第104页）	2	12	60秒
3B. 哑铃肩上推举（第120页）	2	12	60秒
4A. 平板支撑（第278页）	2	保持30秒	60秒
4B. 站姿旋转劈砍（第307页）	2	10	60秒
5A. 跳绳	2~3	30秒	0
5B. 药球下砸（第320页）	2~3	15	0
5C. 登山式（第288页）	2~3	20	30秒 ←

按照书中的指引执行登山式，但有一个调整：动作要快，同时交换双腿位置，就像以俯卧撑姿势执行分腿跳（第353页）那样。

训练计划 B

练习	组数	重复次数	休息
1A. 囚徒深蹲（第192页）	1	10	0
1B. 蠕虫练习（第360页）	1	6~8	0
2. 俯卧眼镜蛇式（第295页）	2	15	60秒 ←
3A. 反向划船（第72页）	2	8~10	60秒
3B. 哑铃卧推（第52页）	2	15	60秒
4A. 仰卧转髋（第303页）	2	5	0
4B. 坐姿反向哑铃弯举（第156页）	2	10	0
4C. 瑞士球前滚（第292页）	2	30秒	60秒
5A. 自重深蹲跳（目的是减脂）（第194页）	2~3	15	0
5B. 俯卧撑（第34页）	2~3	10	0
5C. 蹲后伸腿（第354页）	2~3	10	30秒

对于俯卧眼镜蛇式，请按照指引执行，但要在高位保持2秒后，然后再降低。这算一次重复。

科学锻炼方案

8周完美婚礼训练方案
阶段2：第5~8周

训练计划A

练习	组数	重复次数	休息
1A. 低位侧弓步（第357页）	1	10	0
1B. 蠕虫练习（第360页）	1	8	0
1C. 单腿臀桥（第240页）	1	5	0
2. 单腿蹲（第196页）	2	5	60秒
3A. 窄距反握引体向上（第99页）	2	5	60秒
3B. 哑铃借力推举（第121页）	2	12	0
4A. 侧平板支撑下伸（第286页）	2	20	60秒
4B. 反向卷腹（第322页）	2	6	60秒
5A. 跳绳	2~3	30秒	0
5B. 肘碰膝卷腹（第315页）	2~3	20秒	0
5C. 深蹲推举（第343页）	2~3	10	60秒

如果单腿蹲太难，则执行部分单腿蹲。

如果窄距反握引体向上太难，请执行逆向反握引体或弹力带辅助反握引体向上。

训练计划B

练习	组数	重复次数	休息
1A. 相扑式下蹲起立（第360页）	1	10	0
1B. 蠕虫练习（第360页）	1	8	0
2. 杠铃硬拉（第248页）或哑铃硬拉（第250页）	2	12	60秒
3A. 上斜哑铃卧推（第54页）	2	12	60秒
3B. 哑铃划船（第78页）	2	12	60秒
4A. 平板支撑（第278页）	2	保持30秒	60秒
4B. 上斜Y-T-W-L字平举（第86、88、89、90页）	2	每个姿势6次重复	60秒
5A. 高箱跳（第195页）	2	10	0
5B. 哑铃劈砍（第304页）	2	12	0
5C. 哑铃弓步蹲（第209页）	2	12	30秒

6周全身紧致训练方案

如果你想要紧致结实的身体，请尝试这个来自私人教练珍·希斯的6周训练方案。它使用微型循环训练来塑造你的肩部、胸部、背部、臀部、腿部和腹部，同时让你保持高心率。所以一旦你开始起来，就要坚持下去——直到身体的每一部分在每个方向都得到训练。目标是给你一个完整的全身训练，让你随时准备去海滩。

如何执行该训练方案

关于专家

珍·希斯是得到美国运动医学学会认证的私人教练。除了帮助她的客户塑造体型外，珍自身也是广告模特和健身模特，并且是经常在Figure Athlete.com发表健身文章的专家级撰稿人。

- 每个训练计划（训练计划A、训练计划B和训练计划C）在每周都分别进行1次，每次训练课后至少休息一天。所以可以在星期一做训练计划A，星期三做训练计划B，星期五做训练计划C。

- 有疑问？向前翻到第375页，可以在里面找到执行所有训练计划的完整说明。

训练计划A

练习	组数	重复次数	休息
1A. 过头杠铃或哑铃深蹲（第202或205页）	2	12	0
1B. 俯卧撑（第34页）	2	12	0
1C. 保加利亚式哑铃弓步蹲（第210页）	2	12	0
1D. 上斜哑铃卧推（第54页）	2	12	0
1E. 悬垂举腿（第329页）	2	12	60秒
2A. 高脚杯深蹲（第204页）	2	12	0
2B. 哑铃卧推（第52页）	2	12	0
2C. 哑铃弓步（第216页）	2	12	0
2D. 哑铃仰卧飞鸟（第60页）	2	12	0
2E. V字两头起（第316页）	2	12	60秒

科学锻炼方案

6周全身紧致训练方案

按前面指引执行单腿侧平板支撑，但有一个调整：不是全过程保持上面的腿抬高，而是在保持侧平板支撑时慢慢地抬高和降低它。每次恢复标准的侧平板支撑时，算作一次重复。如果这对于你太难，则在执行该动作时，身体的背面靠着墙，以获得支撑。

如果瑞士球臀桥加屈腿太容易，则使用该练习的单腿版本（第244页）。

训练计划 B

练习	组数	重复次数	休息
1A. 单腿哑铃直腿硬拉（第257页）	2	12	0
1B. 正握引体向上（或辅助式正握引体向上）（第99页）	2	12	0
1C. 绳索硬拉（第259页）	2	12	0
1D. 绳索划船（第92页）	2	12	0
1E. 单腿侧平板支撑（第285页）	2	12	60秒
2A. 杠铃划船（第76页）	2	12	0
2B. 反握拉力器下拉（第104页）	2	12	0
2C. 瑞士球臀桥加屈腿（第243页）	2	12	0
2D. 俯身侧平举（第83页）	2	12	0
2E. 站姿绳索卷腹（第321页）	2	12	60秒

训练计划 C

练习	组数	重复次数	休息
1A. 单腿哑铃直腿硬拉（第257页）	2	12	0
1B. 窄距俯卧撑（第38页）	2	12	0
1C. 上斜哑铃卧推（第54页）	2	12	0
1D. 哑铃登阶（第262页）	2	12	0
1E. 侧平板支撑加划船（第286页）	2	12	60秒
2A. 侧平举（第126页）	2	12	0
2B. 拉力器下拉（第102页）	2	12	0
2C. 保加利亚式哑铃弓步蹲（第210页）	2	12	0
2D. 俯卧撑加划船（第43页）	2	12	0
2E. 瑞士球前滚（第292页）	2	12	60秒

8周减脂训练方案

执行这个来自北卡罗来纳州的教练李·皮尔的8周训练计划，可以永远甩掉那些脂肪。计划目的是帮助你最终摆脱最后那一点难以减掉的体重。

如何执行该训练方案

- 每周有3天进行重量训练，每次训练课后休息至少1天。
- 在重量训练后立即进行心肺功能训练。
- 在每次训练前，先做热身练习。
- 有疑问？向前翻到第373页，你可以在里面找到完整的使用说明。

关于专家

李·皮尔是美国国家运动医学协会认证的私人教练。她被其客户称为"减脂疑难杂症专家"，因为她拥有独特的专长，可以帮助妇女突破长期难以解决的减肥瓶颈，实现她们想要的身材。

热身

练习	组数	重复次数	休息
1A. 反向弓步加举手转体（第358页）	1	12	15秒
1B. 行进摇篮式抱腿（第361页）	1	12	15秒
1C. 头顶肱三头肌拉伸（第181页）	1	10	15秒
1D. 瑞士球Y-T-W-L字平举（第87~91页）	1	8	15秒

对于头顶肱三头肌拉伸，按照指示执行，但是只保持拉伸1秒，然后放手。再用另一只手臂进行。这是一次重复。

重量训练：第1~4周

练习	组数	重复次数	休息
1A. 脚踏训练椅单腿臀桥（第241页）	3	15	15~30秒
1B. 绳索划船（第92页）	3	15	15~30秒
1C. 站姿绳索髋关节内收（第222页）	3	12	15~30秒
1D. 上斜哑铃仰卧飞鸟（第61页）	3	12	15~30秒
1E. 哑铃肩上推举（第120页）	3	12	15~30秒
1F. 哑铃仰卧肱三头肌伸展（第166页）	2	15	15~30秒
1G. 平板支撑（第278页）	3	保持30秒	15~30秒
1H. 侧平板支撑（第284页）	3	保持30秒	2~3分钟

如果平板支撑太难，尝试跪姿平板支撑。

如果侧平板支撑太难，尝试改版侧平板支撑。

科学锻炼方案

8周减脂训练方案

重量训练：第5~8周

练习	组数	重复次数	休息
1A. 单腿哑铃直腿硬拉（第257页）	4	15	15~30秒
1B. 绳索面拉加外旋（第108页）	4	15	15~30秒
1C. 绳索硬拉（第259页）	4	12	15~30秒
1D. 哑铃卧推（第52页）	4	12	15~30秒
1E. 俯身侧平举（第83页）	4	12	15~30秒
1F. 肱三头肌下压（第171页）	4	15	15~30秒
1G. 单腿侧平板支撑（第285页）	4	保持30秒	15~30秒
1H. "T"字形固定（第287页）	4	30秒	2~3分钟

按指引执行单腿侧平板支撑，但不是全过程保持上面的腿抬高，而是在保持姿势时慢慢地抬高和降低它。

心肺功能训练

计划

你可以在跑步机、健身自行车、外面的马路或跑道上执行这个训练。在每次训练之前，先通过快走或骑车热身5分钟。该训练分为3个部分。

第1部分：以最大努力75%左右的强度运动5分钟。

第2部分：以最大努力85%左右的强度运动2分钟。

第3部分：以最大努力65%左右的强度运动3分钟。

● 连续执行每个部分，中间不停下休息。只要每个部分都分别完成了一次，就从第1部分重新开始。整个过程再重复2次，即你已经完成了该项训练的每个部分各3次。在最后一轮中，第3部分额外增加5分钟。也就是说，不是做3分钟，而是做8分钟。

迈克·鲍伊尔运动表现提升训练方案

有一个流行的说法：如果像运动员一样训练，就会看起来像一个运动员。这是真的。因此，请了世界上最好的体育运动表现教练之一，著名的体能训练师，迈克·鲍伊尔来制定一个训练方案，帮助你提高比赛成绩并增强体格，让你看起来会像职业网球运动员一样，哪怕你从来没有踏上过球场。

如何执行该训练方案

- 每周连续2天分别做一次训练计划A和训练计划B。然后休息一两天，再连续2天分别做训练计划C和训练计划D。再休息一两天，并在下一周从头开始。所以你可以星期一做训练计划A，星期二做训练计划B，星期四做训练计划C，星期五做训练计划D。

- 有疑问？向前翻到第375页，你可以在里面找到执行所有训练计划的完整说明。

关于专家

迈克·鲍伊尔，世界知名的体能训练师，是位于美国马萨诸塞州波士顿MBSC体能训练中心（Mike Boyle Strength and Conditioning）的创始人，该中心在温彻斯特和北安多弗均有分店。多年来，他训练过许多NBA（美国职业篮球联赛）、NFL（美国国家橄榄球联盟）和NHL（美国国家冰球联盟）等各个级别的运动员，还曾经担任过波士顿红袜队和美国国家冰球队的体能教练，出版过《体育运动中的功能性训练（第2版）》（*New Functional Training for Sports 2nd Edition*）等多部著作，是功能性训练领域的代表性人物之一。

科学锻炼方案

迈克·鲍伊尔运动表现提升训练方案

训练计划 A

练习	第1周			第2周			第3周		
	组数	重复次数	休息	组数	重复次数	休息	组数	重复次数	休息
1A. 单臂壶铃摆举（第268页）	3	10	1分钟	3	10	1分钟	3	10	1分钟
1B. 绳索核心前推（第295页）	2	12	1分钟	2	14	1分钟	2	16	1分钟
2A. 反握引体向上（第96页）	2	8	1分钟	3	8	1分钟	3	8	1分钟
2B. 单腿蹲（第196页）	2	8	1分钟	3	8	1分钟	3	8	1分钟
2C. 侧平板支撑（第284页）	2	保持30秒	30秒	2	保持40秒	30秒	2	保持50秒	30秒
3A. 哑铃划船（第78页）	2	8	30秒	2	8	30秒	2	8	30秒
3B. 单腿杠铃直腿硬拉（第254页）	2	8	30秒	2	8	30秒	2	8	30秒
3C. 绳索面拉加外旋（第108页）	2	8	30秒	2	8	30秒	2	8	30秒
3D. 半跪姿稳定反向劈砍（第299页）	2	8	30秒	2	8	30秒	2	8	30秒

训练计划 B

练习	第1周			第2周			第3周		
	组数	重复次数	休息	组数	重复次数	休息	组数	重复次数	休息
1A. 哑铃卧推（第52页）	2	8	1分钟	3	8	1分钟	3	8	1分钟
1B. 瑞士球前滚（第292页）	2	20	1分钟	2	30	1分钟	2	40	1分钟
2A. 锤式弯举转推举（第159页）	2	8	1分钟	2	8	1分钟	2	8	1分钟
2B. 靠墙滑动（第354页）	2	10	0	2	12	0	2	14	0
2C. 平板支撑（第278页）	2	保持30秒	30秒	2	保持40秒	30秒	2	保持50秒	30秒
3A. 登山式（第288页）	2	10	1分钟	2	12	1分钟	2	14	1分钟
3B. 上斜Y-T-W-L字平举（第86、88、89、90页）	2	8	1分钟	2	10	1分钟	2	12	1分钟
3C. 站姿绳索髋关节内收（第222页）	2	10	1分钟	2	12	1分钟	2	14	1分钟

训练计划 C

练习	第1周			第2周			第3周		
	组数	重复次数	休息	组数	重复次数	休息	组数	重复次数	休息
1A. 单臂壶铃摆举（第268页）	3	5	1分钟	3	5	1分钟	3	5	1分钟
1B. 绳索核心前推（第295页）	2	12	1分钟	2	14	1分钟	2	16	1分钟
2A. 单腿蹲（第196页）	2	8	1分钟	3	8	1分钟	3	8	1分钟
2B. 反向划船（第72页）	2	15	1分钟	3	15	1分钟	3	15	1分钟
2C. 侧平板支撑（第284页）	2	保持30秒	30秒	2	保持40秒	30秒	2	保持50秒	30秒
3A. 拉力器下拉（第102页）	2	15	30秒	2	15	30秒	2	15	30秒
3B. 哑铃弓步（第216页）	2	8	30秒	2	12	30秒	2	15	30秒
3C. 瑞士球臀桥加屈腿（第243页）	2	8	30秒	2	10	30秒	2	12	30秒
3D. 半跪姿稳定劈砍（第297页）	2	8	30秒	2	8	30秒	2	8	30秒

训练计划 D

练习	第1周			第2周			第3周		
	组数	重复次数	休息	组数	重复次数	休息	组数	重复次数	休息
1A. 窄握杠铃卧推（第47页）	2	8	1分钟	3	8	1分钟	3	8	1分钟
1B. 瑞士球前滚（第292页）	2	20	1分钟	2	30	1分钟	2	40	1分钟
2A. 组合肩部平举（第129页）	2	10	1分钟	2	10	1分钟	2	10	1分钟
2B. 靠墙滑动（第354页）	2	10	0	2	12	0	2	14	0
2C. 平板支撑（第278页）	2	保持30秒	30秒	2	保持40秒	30秒	2	保持50秒	30秒
3A. 登山式（第288页）	2	10	1分钟	2	12	1分钟	2	14	1分钟
3B. 上斜Y-T-W-L字平举（第86、88、89、90页）	2	8	1分钟	2	10	1分钟	2	12	1分钟
3C. 站姿绳索髋关节内收（第222页）	2	10	1分钟	2	12	1分钟	2	14	1分钟
3D. 绳索核心前推（第295页）	2	8	1分钟	2	8	1分钟	2	8	1分钟

科学锻炼方案

3练习燃脂训练方案

　　只需三个动作就可以让你的腹部平坦，并紧致你的臀部。这要感谢健身教练盖莉亚·塔金顿。她设计了三个不同的燃脂训练方案，让你可以随意其中之一，每个方案都将帮助你让全身更结实紧致，比以往的训练更加便捷。

如何执行这些训练方案

- 选择以下3个训练方案之一，并每周3天执行它，持续4周。然后改用另一个训练方案练习4周。
- 以循环的方式进行这些练习，连续各进行1组动作，然后休息规定的时间。总共完成3个循环。为了保持身体不断在接受挑战，逐渐升级到4个或5个循环，并减少休息时间。随着你的进步，你应该在各个练习之间不安排休息时间。

训练计划1

练习	组数	重复次数	休息
1A. T形俯卧撑（第41页）	3	8~10	30秒
1B. 哑铃弓步加旋转（第219页）	3	6~8	30秒
1C. 哑铃直腿硬拉（第256页）	3	10~12	30秒

如果T形俯卧撑太难，可以从本书第4章中选择任意俯卧撑变式，比如上斜俯卧撑或跪姿俯卧撑。

训练计划2

练习	组数	重复次数	休息
1A. 瑞士球哑铃胸部推举（第56页）	3	8~10	30秒
1B. 瑞士球Y字平举（第87页）	3	10~12	30秒
1C. 瑞士球臀桥加屈腿（第243页）	3	6~8	30秒

训练计划3

练习	组数	重复次数	休息
1A. 交替哑铃划船（第78页）	3	6~8	30秒
1B. 相扑式深蹲（第204页）	3	10~12	30秒
1C. 登山式（第288页）	3	10	30秒

10分钟燃脂情侣训练方案

　　这个脂肪燃烧计划旨在让你可以与自己的伴侣一起训练，同时确保各自获得想要的结果。重量训练是作为循环练习执行的。两人可以同时做，或者共享训练设备，按"跟随领先者"的方式来执行练习，其中一个人完成第一个练习，然后另一个人开始。在完成主要训练后，你可以选择一个可选的训练，按照各自需求定制计划，以获得自己想要的身材。

如何执行该训练方案

- 每个重量训练（训练计划A，训练计划B和训练计划C）在每周都分别进行1次，每次训练课后至少休息一天。所以你可以在星期一做训练计划A，星期三做训练计划B，星期五做训练计划C。
- 在每次重量训练之前，先完成热身练习。
- 每个重量训练设计为持续10分钟。只需在这个时间范围内将每个练习完成尽可能多的组数。注意，将这些练习作为一个循环来执行。所以完成1组第一个练习，然后立即执行第二个练习，以此类推。当10分钟时间结束时，停止训练。
- 每次重量训练后，你还可以选择其中一个4

分钟的附加训练。这些附加训练是可选的，所以，只在你们有时间的时候才做。它们旨在燃烧脂肪，并对你可能想炫耀的肌肉给予一些额外的关注。因此，你会发现，男性和女性都有着不同的训练程序（但你可以选择其中的任意一个）。

- 每周进行2次心肺功能训练，选择穿插在重量训练之间的日子。所以你可以在星期二和星期四做心肺功能训练。（如果你没有时间每周训练5天，只需在重量训练后立即进行心肺功能训练。）
- 有疑问？向前翻到第375页，你可以在里面找到执行训练计划的完整说明。

重量训练
热身练习

关于专家

　　埃德·斯高，私人训练师，是位于内布拉斯加州林肯市的ELS按摩和私人训练中心的老板。埃德擅长帮助工作忙碌的人快速减脂。

练习	组数	重复次数	休息
1A. 开合跳（第353页）	越多越好	15	0
1B. 囚徒深蹲（第192页）	越多越好	10	0
1C. 俯卧撑（第34页）	越多越好	8	0

科学锻炼方案

训练计划 A

练习	组数	重复次数	休息	持续时间
1A. 上斜哑铃卧推（第54页）	越多越好	8	0	
1B. 哑铃划船（第78页）	越多越好	8	0	8分钟
1C. 单臂哑铃摆举（第268页）	越多越好	8	0	
2. 蹲后伸腿（第354页）	越多越好	20秒	10秒	2分钟

训练计划 B

练习	组数	重复次数	休息	持续时间
1A. 深蹲推举（第343页）	越多越好	8	0	
1B. 俯身侧平举（第83页）	越多越好	8	0	
1C. 俯卧撑（第34页）	越多越好	12	0	10分钟
1D. 反向哑铃弓步（第217页）	越多越好	8	0	
1E. 登山式（第288页）	越多越好	30秒	0	

训练计划 C

练习	组数	重复次数	休息	持续时间
1A. 跪姿支撑式肘外展哑铃划船（第80页）	越多越好	10	0	
1B. 上斜哑铃卧推（第54页）	越多越好	10	0	
1C. 蹲后伸腿（第354页）	越多越好	8	0	10分钟
1D. 哑铃借力推举（第121页）	越多越好	10	0	
1E. 单臂哑铃摆举（第268页）	越多越好	12	0	

- 这个训练分为两个独立的程序。第一个程序持续8分钟，另一个程序执行2分钟。只需要在给定的时间范围内，每个练习都做尽可能多的组数。
- 对于8分钟的程序，你将在8分钟的循环中执行3个练习。即，完成1组第一个练习，然后立即执行第二个练习，以此类推。当时间到时，继续执行2分钟的程序。
- 对于2分钟的程序，你只需做1个练习。在20秒内做尽可能多次重复，休息10秒，然后继续重复，直到用完2分钟。

女性4分钟附加训练
选项1：髋部、肱三头肌和核心

练习	组数	重复次数	休息	持续时间
1A. 瑞士球臀桥（第239页）	越多越好	20秒	10秒	
1B. 登山式（第288页）	越多越好	20秒	10秒	
1C. 哑铃仰卧肱三头肌伸展（第166页）	越多越好	20秒	10秒	4分钟
1D. 登山式（第288页）	越多越好	20秒	10秒	

选项2：髋部、大腿和核心

练习	组数	重复次数	休息	持续时间
1A. 瑞士球屈腿卷体（第290页）	越多越好	20秒	10秒	
1B. 瑞士球单腿臀桥加屈腿（第244页）	越多越好	20秒	10秒	
1C. 瑞士球屈腿卷体（第290页）	越多越好	20秒	10秒	4分钟
1D. 哑铃分腿跳（第211页）	越多越好	20秒	10秒	

选项3：髋部、大腿、肩部和手臂

练习	组数	重复次数	休息	持续时间
1A. 哑铃深蹲（第203页）	越多越好	20秒	10秒	
1B. 单臂哑铃摆举（第266页）	越多越好	20秒	10秒	
1C. 锤式弯举转推举（第159页）	越多越好	20秒	10秒	4分钟
1D. 单臂哑铃摆举（第268页）	越多越好	20秒	10秒	

科学锻炼方案

10分钟燃脂情侣训练方案

男性4分钟附加训练
选项1：手臂和核心

练习	组数	重复次数	休息	持续时间
1A. 站姿哑铃弯举（第154页）	越多越好	20秒	10秒	
1B. 蹲后伸腿（第354页）	越多越好	20秒	10秒	4分钟
1C. 哑铃仰卧肱三头肌伸展（第166页）	越多越好	20秒	10秒	
1D. 蹲后伸腿（第354页）	越多越好	20秒	10秒	

选项2：髋部、手臂和核心

练习	组数	重复次数	休息	持续时间
1A. 窄距俯卧撑（第38页）	越多越好	20秒	10秒	
1B. 单臂哑铃摆举（第268页）	越多越好	20秒	10秒	4分钟
1C. 锤式弯举转推举（第159页）	越多越好	20秒	10秒	
1D. 单臂哑铃摆举（第268页）	越多越好	20秒	10秒	

选项3：手臂和核心

练习	组数	重复次数	休息	持续时间
1A. 瑞士球屈腿卷体（第290页）	越多越好	20秒	10秒	
1B. 下斜式锤式弯举（第156页）	越多越好	20秒	10秒	4分钟
1C. 瑞士球屈腿卷体（第290页）	越多越好	20秒	10秒	
1D. 哑铃仰卧肱三头肌伸展（第166页）	越多越好	20秒	10秒	

16分钟心肺功能训练

计划

- 你可以在跑步机、健身自行车、外面的马路或跑道上进行这个训练。
- 首先以轻松的步伐（大约30%的最大努力）步行4分钟。然后做下面的间歇性训练。
- 运动强度约为你的最大强度的80%，持续30秒。
- 减慢速度，直到强度约为你的最大强度的40%，持续60秒。这是1组。做6组。
- 一旦完成所有的组数，减慢到最大强度的30%，持续3分钟。

科学锻炼方案

超简单徒手自重训练方案

并不一定需要健身房才可以塑造出漂亮的身材。事实上，甚至不需要器材。以下这些超级简单的自重训练可以帮助你让手臂、腿和腹部更紧致，并燃烧所有部位的脂肪。

如果前4个练习中有任意一个让你觉得太难，请随意替换为让你可以执行规定重复次数的动作变式。同样，如果你觉得练习太容易，请改用较难的变式。

对于地板Y-T-I字平举，每个字母做10次重复。即做10次地板Y字平举，然后是10次地板T字平举和10次地板I字平举。

对于分离爆发式自重深蹲跳和分离爆发式俯卧撑，在每次重复中都一定要在低位保持5秒。

如果分离爆发式俯卧撑太难，请使用较容易的动作变式。

第一次尝试这个程序时，每个练习做2组。在以后的训练中，逐渐努力增加到每个练习做5组。

如果T形俯卧撑太难，请使用该练习较容易的变式。

训练计划1

练习	组数	重复次数	休息
1. 自重保加利亚式弓步蹲（第210页）	3	10~12	1分钟
2A. 俯卧撑（第34页）	3	12~15	1分钟
2B. 臀桥（第236页）	3	12~15	1分钟
3A. 侧平板支撑（第284页）	3	保持30秒	30秒
3B. 地板Y-T-I平举（第87、88和91页）	3	10	30秒

训练计划2

练习	组数	重复次数	休息
1. 分离爆发式自重深蹲跳（第194页）	4	6~8	1分钟
2A. 分离爆发式俯卧撑（第42页）	3	6~8	1分钟
2B. 单腿臀桥（第240页）	3	12~15	1分钟
3A. 反向肩上推举（第123页）		越多越好	1分钟
3B. 俯卧眼镜蛇式（第295页）	2	保持1分钟	1分钟

训练计划3

练习	组数	重复次数	休息
1A. 开合跳（第353页）	2~5	30秒	0
1B. 囚徒深蹲（第192页）	2~5	20	0
1C. 窄距俯卧撑（第38页）	2~5	20	0
1D. 哑铃弓步行进（第217页）	2~5	12	0
1E. 登山式（第288页）	2~5	10	0
1F. 燕式平衡（第360页）	2~5	8	0
1G. T形俯卧撑（第41页）	2~5	8	0
1H. 原地跑	2~5	30秒	0

15分钟超级省时训练方案

准备好开始塑造更精干、更强壮的身体吗？其实它不需要花很长时间。堪萨斯大学的科学家研究指出，只需每周3次15分钟的重量训练就可以使初学者的力量增倍。此外，与那些在一个月内就放弃新的重量训练计划的一般人不同，96%的受试者很容易就将这个15分钟的超级省时训练方案融入了自己的生活。以下10个训练计划，你也可以做到——所有这些训练计划都是为了帮助你塑造肌肉，同时消除脂肪。

训练计划1

练习	组数	重复次数	休息
1A. 高脚杯深蹲（第204页）	3	15	0
1B. 俯卧撑（第34页）	3	越多越好	0
1C. 臀桥（第236页）	3	12~15	0
1D. 哑铃划船（第78页）	3	10~12	0
1E. 平板支撑（第278页）	3	保持30秒	0

训练计划2

练习	组数	重复次数	休息
1A. 瑞士球臀桥加屈腿（第243页）	3	越多越好	0
1B. 俯卧撑加强版（第64页）	3	越多越好	0
1C. 瑞士球屈腿卷体（第290页）	3	越多越好	30秒
2A. 反握引体向上（第96页）	2~3	越多越好	30秒
2B. 哑铃肩上推举（第120页）	2~3	8~10	30秒

科学锻炼方案

15分钟超级省时训练方案

开始之前

如果在这些训练计划中的任何练习太难或太容易，请任意替换让你可以执行规定重复次数的动作变式。但是记住，每一组都应该让肌肉受到挑战，让你开始感觉吃力，但又未达到完全失败的程度。（有关此概念的更详细解释，请参阅本书第2章）。

不要误会：这些训练并不轻松。它们节奏快，强度大。所以如果在最初开始时觉得太难，请坚持，并且在组间休息更长的时间，在15分钟内完成尽可能多的练习。在接下来的训练中，尝试每次进步一点，直到能够完成整个程序。

如何执行这些训练方案

- 选项1：选择一个训练计划，每周做3次，每次训练课后至少休息一天。2周或3周后，更换一个新的训练计划。
- 选项2：选择2个训练计划，每周交替训练3天。每次训练课后至少休息一天。所以，你可以在星期一和星期五做训练1，在星期三做训练2。第二周，在星期一和星期五做训练2，在星期三做训练1，以此类推。4周后，选择2个新的训练计划。

训练计划3

练习	组数	重复次数	休息
1. 单臂反向弓步推举（第344页）	3	10~12	1分钟
2A. 反握引体向上（第96页）	3	越多越好	0
2B. 侧平板支撑（第284页）	3	保持30秒	0
2C. 俯卧撑（第34页）	3	越多越好	45秒

训练计划4

练习	组数	重复次数	休息
1A. 单臂哑铃摆举（第268页）	3	12	30秒
1B. 俯卧撑加划船（第43页）	3	12	30秒
2A. 深蹲推举（第343页）	2	12	30秒
2B. 瑞士球屈腿卷体（第290页）	2	12~15	30秒

训练计划5

练习	组数	重复次数	休息
1. 侧弓步推举（第345页）	3	10~12	1分钟
2A. 单腿直握哑铃划船（第79页）	3	12~15	0
2B. 单腿臀桥（第240页）	3	越多越好	0
2C. T形俯卧撑（第41页）	3	越多越好	30秒

训练计划6

练习	组数	重复次数	休息
1A. 过头哑铃弓步（第219页）	3	10~12	0
1B. 单臂直握哑铃划船加旋转（第82页）	3	10~12	0
1C. 单臂登高推举（第344页）	3	10~12	0
1D. 俯卧撑（第34页）	3	越多越好	0
1E. 俯卧眼镜蛇式（第295页）	3	保持30秒	60

训练计划7

练习	组数	重复次数	休息
1. 宽握杠铃硬拉（第249页）	4	5	90秒
2A. 上斜哑铃卧推（第54页）	2	10~12	0秒
2B. 瑞士球俄罗斯旋转（第302页）	2	10~12	0秒
2C. 哑铃弓步（第216页）	2	10~12	1分钟

科学锻炼方案

15分钟超级省时训练方案

训练计划8

练习	组数	重复次数	休息
1A. 杠铃躬身（第254页）或背部伸展（第258页）	3	8	0
1B. 哑铃卧推（第52页）	3	8	0
1C. 自重深蹲（第190页）	3	30秒	0
1D. 哑铃划船（第78页）	3	10	0
1E. 登山式（第288页）	3	30秒	15~30秒

训练计划9

练习	组数	重复次数	休息
1A. 哑铃硬拉（第250页）	4	6	0
1B. 跳绳	4	45秒	0
1C. 哑铃借力推举（第121页）	4	6	0
1D. 跳绳	4	45秒	1分钟

训练计划10

练习	组数	重复次数	休息
1. 高脚杯深蹲（第204页）	3	6~8	1分钟
2A. 杠铃划船（第76页）	3	6~8	0
2B. 核心稳定性（第334页）	3	30秒	0
2C. 单臂哑铃摆举（第268页）	3	10~12	0
2D. 下斜俯卧撑（第36页）	3	越多越好	30秒

斯巴达克斯勇士训练方案

有没有想过好莱坞演员如何获得如此迷人的身材？这背后绝非一朝一夕之功，而是遵循运动科学前提下长期努力的结果。因此，当Starz电视台的高管要求我以该电视网络的新节目斯巴达克斯（Spartacus）为灵感制定一个训练计划为其首映做准备时，我清楚地知道需要咨询谁：瑞秋·科斯格罗夫，世界顶级健身专家之一，以其融合最前沿的增肌和减脂科学并实现惊人成果的能力而闻名全业界。

为了制定斯巴达克斯训练方案，我们选择了10个练习，它们可以配合训练身体的每一部分，然后，我们将每个练习设计为持续60秒，以挑战心肺功能和肌肉。这项先进的循环训练计划会帮你剥离脂肪，塑造肩部、手臂和腿，并让你的身体健美水平飙升。按照此计划训练，你会塑造出苗条而紧实的运动型身材，同时让自己的生活进入最佳状态。

如何执行该训练方案

- 每周3天做这个训练。你可以将它作为自己的主要的重量训练动作，或者在常规的重量训练之间的日子里作为一个"心肺功能"训练。这种方法将帮助你更快地减脂。

- 以循环的方式来执行该训练计划，连续地将每个练习（或"站"）做1组。循环中的每一站需持续60秒。在该持续时间内执行尽可能多次重复，然后继续做循环中的下一站。在两站之间给自己15秒过渡时间，在完成一个循环中的所有10个练习后，休息2分钟。然后再重复2次。如果你在自重练习中不能坚持完整的1分钟，请坚持尽量长的时间，休息几秒，然后再执行练习，直到自己在那一站的时间结束。

科学锻炼方案

- 在每次训练前，完成5至10分钟的热身练习。请遵循第12章中的"打造属于自己的热身练习计划"指南来设计你的程序。

第1站

高脚杯深蹲（第204页）

第2站

登山式（第288页）

第3站

单臂哑铃摆举（第268页）

如果T形俯卧撑太难，请使用较容易的俯卧撑版本。 →

第4站

T形俯卧撑（第41页）

第5站

哑铃分腿跳（第211页）

第6站

哑铃划船（第78页）

第7站

哑铃侧弓步加触地（第221页）

对于俯卧撑姿势划船，请参阅第43页的俯卧撑加划船。只需执行该练习的划船部分，无需做俯卧撑。 →

第8站

俯卧撑加划船（第43页）

第9站

哑铃弓步加旋转（第219页）

第10站

哑铃借力推举（第121页）

第14章
科学心肺功能训练

每一次都坚持到底

让我们澄清一下。

术语 Cardio 不仅仅意味着"有氧运动"。毕竟，Cardio是心肺功能训练（Cardiovascular Conditioning）的缩写。其实，重量训练和短时间冲刺训练也对心脏和肺部有很大的好处。所以，你会在本书中看到各种非常好的心肺训练计划。

但是在本章中你会找到十多种独特的快速训练计划，它们可能会永远改变你对心肺训练的看法。无论你是想突破现在刻板乏味的训练方式，来一个 10 公里长跑训练，或者只想来个快速冲刺，都可以在这里找到一个适合自己的先进训练计划。

让你跑得更快的8种世界级方法

如果你厌倦了长时间无聊的跑步，可以尝试这些短时间的快速训练，它们来自埃德·艾斯通，运动科学硕士，两次奥运马拉松参赛选手，杨百翰大学男子越野队的主教练。这些程序不仅有助于打破千篇一律的训练方式，还可以将你的速度和耐力提升到历史最高点。有一个很好的练习搭配方法：在前半周做前三个跑法（1~3）训练之一，然后在后半周从4~7跑法中选择一个训练。在周末跑最后一种跑法。

1. 节奏跑

概念： 4英里（约6.44公里）慢跑的加速版本，跑步节奏保持"身体可适应的难度"。

原因： 节奏跑训练可以清除身体那些导致肌肉"烧灼感"，并因此迫使你慢下来的代谢废物。因此，你可以更加用力，坚持更长时间。

方法： 估计一下自己完成3英里（约4.83公里）最快的时间（回想一下你的5公里最佳成绩）。计算每英里的速度，并在此基础上加30秒。所以，如果你认为自己跑3英里（约4.83公里）的最快速度是24分钟（即8分钟每英里的速度），可尝试以每英里8分30秒的节奏速度来完成4英里（约6.44公里）跑。

提示： 保持精确速度控制，佩戴手表。

2. 1 000米节奏跑

概念： 以节奏速度完成一系列的1 000米跑，中间有休息。

原因： 短距离的节奏跑可以帮助你保持严格固定的速度，而短暂的恢复让你保持高能量水平。

方法： 以4英里（约6.44公里）的节奏速度（在"1. 节奏跑"中确定的速度）跑1 000米（大约是2.5圈标准跑道），然后休息60秒，再重复。开始的时候总共间歇性跑6次1 000米，并在随后每次执行训练时增加1次，逐渐升级到10次。

提示： 如果愿意，也可以计量时间，而不是距离。每次跑3.5分钟，然后休息。

3. 法特莱克降速跑法

概念： 法特莱克是瑞典语的"任意变速"，意味着你可以根据自己的感觉加速和减速。非常"欧洲范"的方式。

原因： 在法特莱克降速跑法中，间隔时间更结构化，而这是非常"美国范"的方式，跑步的末段会变得更难。在疲惫的时候更加激烈训练的话，会让你在精力充沛的时候跑得更快。

方法： 开始的速度约为最大努力的75%，并且持续5分钟。然后减慢到约40%，持续5分钟。继续这种先快后慢的模式，但每次都减少1分钟快跑的时间，同时提高速度。在最后1分钟的爆发里，速度应该接近于冲刺。

提示： 每周都将第一阶段增加1分钟，但继续执行相同的降速顺序，直到第一个间歇跑的时间为10分钟。

4. 1英里循环跑

概念： 多次艰苦的1英里（约1.61公里）跑，中间有休息时间。这是认真跑者的终极方式。

原因： 1英里（约1.61公里）循环跑的长度和强度迫使你到达自己的有氧极限的边缘，增强你的耐力和意志品质，这是长时间艰苦跑步所必需的素质。

方法：以5公里赛跑的速度跑3或4次1英里（约1.61公里）间歇跑。每次跑完1英里（约1.61公里）后，休息4分钟。

提示：要做好体力分配预算，使自己每个1/4英里（约0.4公里）都以相同的速度跑完。

5. 800米循环跑

概念：尽力快跑穿插慢跑来恢复体力。

原因：最好的方式就是以最大摄氧量的方式跑步。

方法：热身，直到出汗。将1英里（约1.61公里）跑循环的速度减去10秒，并以该速度保持800米（相当于2圈标准跑道）。在每次跑完800米后，在重复之前绕着跑道慢跑一圈。

提示：开始时，每节训练课跑4次，并在之后的每次训练中增加1次，直到你可以在不勉强的情况下完成8次。

6. 400米循环跑

概念：尽力快跑穿插慢跑来恢复体力。

原因：训练你的结尾加速能力。

方法：以你最快的1英里（约1.61公里）跑速度来跑（所以如果你的1英里（约1.61公里）个人纪录，缩写为PR，是7分钟，则需要以105秒或1分45秒完成每次400米）。每次跑完400米后，慢跑1分钟或2分钟，然后重复。开始时，每节训练课只有6趟间歇训练跑，

并在之后每次走上跑道训练时增加1趟间歇，直至增加到10趟。

提示：在开始之前先算好时间。并且首先要热身！

7. 交叉跑法

概念：快跑与200米稍慢一点的快跑交替进行，总共跑2英里（约3.22公里）。

原因：这个训练迫使你在跑动中恢复，让你以更高的总体强度训练更长的距离，这是其他训练方法无法提供的。

方法：以你的1英里（约1.61公里）跑个人纪录速度跑200米，然后减速，以多花10秒的速率完成接下来的200米。继续在这两种速度之间交替变化，直到跑完2英里（约3.22公里）。

提示：如果在快跑或慢跑的阶段速度有所下降，导致在快段或慢段的时间超过2秒，就以轻松的速度跑完整个2英里（约3.22公里）。

8. 后半加速长跑

概念：后半段速度激增的长跑。

原因：经过训练后，你的身体可以坚持长距离，并且可以在后程加速，更加有力地冲线。

方法：将可以正常轻松跑完的距离增倍。先以你正常的速度跑一半，在中途点提升速度，将完成每英里的时间缩短5到10秒。

提示：要储备或携带一些水，以帮助你完成后半段距离。

终极10公里训练计划

利用这个8周的速度训练计划，在下一个10公里跑中甩开对手，它来自莱恩·可拉威士

博士（新墨西哥大学的运动科学教授）。这个训练方法有一个特别之处，就是通过"美国效忠

宣言"，没错，就是在美国小学里人人都会背诵的誓词，来帮助你跑得比以往任何时候更快。在美国威斯康辛大学拉科罗斯分校的一项研究中，研究人员发现，一个人在跑步时背诵"美国效忠宣言"（共31个单词）的能力，是一个测量强度相当准确的方式。学习如何有策略地使用这个诀窍，就可以无论在长距离、轻松跑还是高强度间歇跑当中，确保自己在每一次训练中都保持理想的跑速。最终结果：你会打破自己过去的最佳10公里跑步纪录。

当然，此处的"美国效忠宣言"，也可以用其他30~50字中文诗词、名言、长句等内容代替。

速度的科学

在我们进入背诵"誓词"之前，先了解一下乳酸阈的知识。乳酸是身体代谢供能的缓冲机制，乳酸在跑步时会在腿部堆积，这种酸使双腿在跑步过程中有烧灼感（这种"酸"通常被认为是乳酸，但科学家有很多更新的研究和假设）。你跑得越快，体内的酸性积累得越快，到某个程度，当酸性过高无法中和时候，你就必须减速。这就是你到达所谓的乳酸阈强度的时候。

你也可以认为乳酸阈是让你能够从头到尾维持不变的最快跑步速度，而且不会造成酸疼的临界点。因此，如果提高乳酸阈就可以更快地跑完更长的距离。这就是背诵"誓词"可以发挥作用的地方：它是一个帮助你提高乳酸阈的工具。

训练日

在这个计划中，你将每周跑步3天或4天，并且每次训练的距离和强度均有所不同。按照以下指引，以理想的强度进行每次训练。

大运动量训练： 在大运动量训练日里，你只有一个目标：完成总长度距离。该训练的目的旨在培养执行长时间练习的能力，并让肌肉和关节为跑步的反复冲击做好准备。跑步时，以自己可以轻松背诵誓词的速率进行。

最大稳态训练： 这些跑步训练强度应尽可能接近你的乳酸阈值。最大稳态训练模拟比赛的速度，并提高身体清除血液和肌肉酸性的能力，突破速度限制。以较难背诵的誓词的速度跑步，一次顶多只能吐出三四个字。

间歇性训练： 你将穿插高于乳酸阈的短距离跑和低于阈值的长距离跑。间歇性训练让身体可以耐受更高的酸性。首先以大运动量训练的强度跑5分钟。然后提高速度，直到无法念出誓词的一个字。保持这个速度30秒，然后在下一个3分钟降低到起始速度，再开始另一个30秒的高强度冲刺。最初间歇跑5次，并尝试在每次训练中增加次数，同时缩短慢跑恢复的时间。

多级别10公里跑计划

确定哪个程序适合你的水平，然后使用下表作为你的日常训练参考。每个英里数旁边有一个相应的字母，表示你在当天是执行大运动量训练（V）、最大稳态训练（M）还是间歇性训练（I）。完成整个计划，然后重复此计划，继续提升自己的水平。

初学者： 如果你每周最多有2或3天进行有氧练习或运动，则遵循初学者计划。

高级： 如果每周有3天或以上，每天至少跑步20分钟或2英里（约3.22公里）的话，则执行高级计划。

周		星期一	星期二	星期三	星期四	星期五	星期六	星期日
第1周	初学者	2英里（V）	休息	2.5英里（V）	休息	3英里（V）	休息	3.5英里（V）
	高级	3英里（V）	休息	3.5英里（V）	休息	4英里（V）	休息	4.5英里（V）
第2周	初学者	休息	4英里（V）	休息	4英里（V）	休息	4英里（V）	休息
	高级	休息	5英里（V）	休息	5英里（V）	休息	5英里（V）	休息
第3周	初学者	4.5英里（V）	休息	4.5英里（V）	休息	4.5英里（V）	休息	5英里（V）
	高级	5.5英里（V）	休息	5.5英里（M）	休息	5.5英里（V）	休息	6英里（V）
第4周	初学者	休息	5英里（M）	休息	5英里（V）	休息	5.5英里（V）	休息
	高级	休息	6英里（V）	休息	5英里（M）	休息	6英里（V）	5英里（I）
第5周	初学者	4英里（V）	休息	4.5英里（M）	休息	4.5英里（V）	休息	4.5英里（V）
	高级	休息	6.5英里（V）	休息	5英里（M）	休息	6英里（V）	5英里（I）
第6周	初学者	休息	5英里（I）	休息	6英里（V）	休息	5英里（M）	6英里（V）
	高级	休息	7英里（V）	休息	5英里（M）	休息	6英里（V）	5英里（I）
第7周	初学者	休息	5英里（I）	休息	6英里（V）	休息	5英里（M）	6英里（V）
	高级	休息	7英里（M）	休息	6英里（V）	休息	5英里（I）	6英里（V）
第8周	初学者	休息	5英里（V）	休息	4英里（V）	休息	休息	竞赛
	高级	休息	6英里（V）	休息	5英里（V）	休息	休息	竞赛

（注：1英里 ≈ 1.61公里）

随时可做的快捷心肺功能训练

时间很紧张？尝试由顶级体能教练阿尔文·科斯格罗夫及其团队在加利福尼亚州圣克拉丽塔的成果健身中心（Results Fitness）使用的这些最新颖的心肺功能训练方案。它们实际上被称为"新陈答谢循环训练"，旨在挑战你的心血管系统并加速减脂，就像快速冲刺所实现的效果一样。两者的重要差异：你可以在地下室做这项训练。此外，它们还可以提高你的有氧能力，效果就像以中等速度慢跑几英里。然而，这些训练方案只需要一小段时间，因为其训练强度要高得多。

混合体能训练

按照如下所示的顺序，每个练习分别执行一组。每个动作执行15秒，然后休息15秒。在5分钟内执行尽可能多次循环。有一点要注意：对于哑铃深蹲跳的执行，每次重复都要将身体降低到大腿至少平行 于地面，然后再跳得尽可能高。

- 冲刺或爬楼梯
  休息
- 哑铃深蹲跳（第205页）
  休息
- 哑铃劈砍（第304页）
  休息
- 单臂哑铃或壶玲摆举（第268页）
  休息

收尾程序

这些快速的心肺功能训练程序，你可以将它们放在每次训练的末尾。它们之所以被称为收尾程序，不仅因为它们是非常适合用于结束训练课，而且因为它们一样会帮助你甩掉脂肪。

腿部练习

每个练习各做1组，中间不休息，并记录完成一次循环所需的时间。然后休息，休息时间为循环持续时间的2倍，并重复1次。当你可以在90秒内完成一次循环时，取消休息时间。

- 自重深蹲（第190页）：24次重复。
- 自重哑铃弓步（第217页）：每条腿12次重复。
- 哑铃分腿跳（第211页）：每条腿12次重复。
- 自重深蹲跳（减脂）（第194页）：24次重复。

深蹲系列

每个练习各做1组，中间不休息。这是1轮。总共完成3轮。

- 自重深蹲跳（减脂）（第194页）：在20秒内做尽可能多次重复。
- 自重深蹲（第190页）：在20秒内做尽可能多次重复。
- 静力训练式深蹲：降低身体，直到大腿平行于地面。保持该姿势30秒。

倒数计时

两个练习来回交替（选择选项1或选项2），中间不休息。在第1轮中，每个练习做10次重复。在第2轮中，做9次重复。然后在第3轮做8次重复。尽你所能地做下去（如果你达到零次，就完成了）。每周都增加开始时的重复次数，所以，在第2周，你将从11次重复开始"倒数"。

选项1

- 单臂哑铃摆举（第268页）
- 蹲后伸腿（第354页）

选项2

- 自重深蹲跳（减脂）（第194页）
- 爆发式俯卧撑（第42页）

第15章
营养秘诀

释放食物的驱动力

食物就是驱动力。

　　事实上，它对我们大多数人的驱动和影响太强了。但这就是为什么了解良好的营养规则可以让人解脱。第一课：拒绝食物不会让你苗条。相反，要想想如何做出聪明的食物选择——选择让你享受美味又营养丰富的食物，让你饱腹，却又不会让你大腹便便。一旦学会了聪明的吃，就可以控制自己的身体，让自己的腹部平坦，并且每吃一口都会改善自己的健康。所以，请深入研读本章的营养秘诀，利用并驾驭食物的影响力，来改善自己的整个生活。

史上最简单的饮食计划

关于减肥有一条真理性法则是恒古不变的：你燃烧的热量必须多于吃进去的热量。当然，有几十种方法来实现这个逆差，但它不一定需要那么复杂。而下面的饮食计划就可以让你轻松做到。它旨在减少你的日常摄入量，以营养天然的健康食品取代造成暴饮暴食的高热量食物。最终的结果是，你会减掉赘肉，而不觉得自己在节食。你需要做的就是按照下面的计划一步一步来——就像1–2–3一样简单。

三步计划

遵循这三个准则，你会很快发现，在说到吃出健康的苗条身材时，一切重要的都是细节。从第1步开始，坚持2周。你可能会发现体内的脂肪开始在消融。如果没有，请将第1步中的建议与第2步中的准则相结合。还是有问题？请继续至第3步，以确保获得想要的结果。

第1步：杜绝添加糖

这一步是快速整顿任何饮食的最简单方法。根据USDA（美国农业部）的调查，一个普通美国人平均每天吃82克添加糖，差不多是20茶匙的量，空热量约为317卡路里。研究人员报告说，这些添加糖的91%可归因于碳酸饮料（33%）、烘焙食品和早餐谷物（23%）、糖果（16%）、水果饮料（10%）以及甜的奶制品（9%），如巧克力牛奶、冰淇淋和调味酸奶。

哪些食物没有添加糖呢？肉类、蔬菜、水果和蛋类及未加糖的全谷物和乳制品。这就是你的菜单。现在，从中选择吧，此外，为了满足你的馋虫，每周可以安排一顿随心所欲的大餐——好的结果并不一定要在100%的时间内都完美。

这里的关键信息是：不要过度分析饮食或担心太多的细节。只需避免含有添加糖的食物，就可以自动淘汰大多数垃圾食品，你的饮食会立即变得更健康。对于大多数人来说，这种策略也显著降低了卡路里摄入量。所以你不需要计算热量或限制整个食物类别就会开始减重。尝试2周。如果这没有减脂效果，请继续执行下面第2步。

第2步：减少淀粉

淀粉是面包、意大利面和大米中的主要碳水化合物。它不仅仅存在于加工产品（如，白面包）中，还存在于100%的全谷物中。当然，你可能已经被告知，你实际上需要更多的这些食物。但你其实不需要。为什么？对于刚开始调节饮食的人来说，太多的淀粉会扰乱血糖。

这里有一个更深入的解释：只要4个小时不吃东西，你的血糖就可能会降得很低。发生这种情况的时候，自己会知道；你会变得容易发脾气，疲惫，甚至会颤抖。因此，你开始渴望碳水化合物，特别是淀粉和糖，这两种都可以快速提高血糖（蛋白质和脂肪对血糖几乎没有影响）。

现在，你很可能不会只吃少量的淀粉或糖就满足了，你更有可能会没有节制地吃，让自己的血糖迅速升高。血糖的快速上升触发胰腺释放胰岛素，这种激素会将血糖重新降低到正常水平。不幸的是，在将近一半的人口中，胰岛素倾向于分泌"过量"，这是一种会导致血糖崩溃的功能障碍。这加强了无节制的狂吃暴食的习惯，因为它让你再次渴望淀粉和糖，这就是问题所在。

在塔夫茨大学的人体营养研究中心的一项研究发现，摄取如面包、面食、大米和糖等碳水化合物，会促进总热量消耗的增加。但是通过减少淀粉并杜绝含有添加糖的食物，你就可以更好地控制自己的血糖，也就不容易导致饮食失控以及对碳水化合物的强烈渴望。

那么，你可以吃多少淀粉呢？这要视情况而定。作为一般性指导，限制自己每天吃两份。一份是约20克碳水化合物——等于约为一片面包、一杯热或冷的麦片、半个大土豆，或半碗煮熟的意大利面、大米或豆类。如果要更准确地测量食物中的淀粉和糖，要从总碳水化合物中减去纤维的分量即可。因此，选择含有高纤维、且少加工的版本。比如，用"100% 全麦"制成的面包、意大利面和谷类食品；用糙米代替精制白米；整个含皮的土豆等。

要进一步解决问题，请在不训练的日子里，将淀粉摄取量减少到零，重训当天摄取一份；在你运动强度较大的日子里，摄取量增加到2份。因为在训练的日子里，你会燃烧更多的碳水化合物。所以，在训练日，给身体提供更多的燃料，而在不需要的日子里则尽量减少摄取。

至于其他饮食部分，请遵循以下指引。

关于碳水化合物

简单碳水化合物（即，糖）

糖有许多种类，但在饮食中的两个主要种类是葡萄糖和果糖。这些被称为单糖，并且它们彼此结合可以产生双糖，例如蔗糖（更熟悉的名称是食糖）。通常，大多数含糖的食物都含有葡萄糖和果糖的组合。无论是苹果还是碳酸饮料都是如此。

- **葡萄糖：** 这是身体的主要能量来源。它也是血糖中的"糖"。因为它已经是身体所需要的形式，所以它很快就会被吸收到血液中。因此，葡萄糖是最快提高血糖的碳水化合物类型。

- **果糖：** 与葡萄糖不同，果糖不会让血糖飙升。这是因为，为了使用果糖，身体必须首先将它从肠道送到肝脏。然后，身体在那里将它转换为葡萄糖并存储它。但是，如果肝脏的葡萄糖储备已经饱和，那么果糖将被转化为脂肪。这就是为什么过量的果糖可以导致体重增加，而它对血糖几乎没有影响。

复杂碳水化合物

这些碳水化合物的定义很简单：由多于两个糖分子所组成的任何碳水化合物。

- **淀粉：** 这是葡萄糖在植物食品中的储存形式。在谷物、豆类和根菜类（如，土豆）中都有大量的淀粉。基本上，淀粉是由弱化学键结合在一起的一堆葡萄糖分子。所以当你吃它时，它很容易就分解了，给你留下纯葡萄糖。结论：在没有和脂肪或纤维一起吃的时候，它会快速提高血糖。

- **纤维：** 也称为不能消化的碳水化合物，纤维是植物的叶、茎和根中的结构材料，大量存在于在蔬菜、水果和谷物中。纤维是由糖分子束组成的，但与淀粉不同，它对血糖没有影响。这是因为人类消化酶不能破坏将这些糖分子束结合在一起的键。此外，纤维可以减慢淀粉被吸收到血液中的速度，并且被认为可以帮助你在用餐后保持更长时间的饱腹感。

不要限制农产品摄入量。在饮食行业有一个流行的说法："没有人因为吃农产品而发胖。"这是真的。大多数水果和蔬菜都含有非常少的热量，非常少的淀粉，以及让人有饱腹感的丰富纤维。不必担心，你并不需要一个清单来仔细检查哪些农产品符合这些条件。由于土豆、豆类、玉米和豌豆等富含淀粉，你可以只将它们作为例外排除，并享受自己喜欢的其余农产品。当然，其他根菜类，如南瓜和欧州防风草，也可以归类到淀粉食物。但是，你很有可能不会每天都吃这些食物——更不用说过量了。

每餐都摄取一些蛋白质。即使你在减肥，吃一些蛋白质也有助于确保在减少脂肪的时候，身体始终有原材料去组成和维持肌肉。此外，伊利诺伊大学的研究人员发现，吃更多蛋白质的节食者与那些吃最低营养量的节食者相比，前者可以减掉更多的脂肪，并且满足感更强。所以，在每一顿正餐和零食中，都会有意识地吃1份或2份蛋白质，形式可以是酸奶、奶酪、牛奶、牛肉、火鸡、鸡肉、猪肉、鸡蛋、坚果或蛋白质饮品等。

如果想要一个确切数字，理想的量是每磅目标体重大约1克蛋白。例如，如果你希望体重是120磅，则每天吃120克蛋白质。当然，对于一些女性来说，那么多蛋白质可能会是难以下咽的，甚至她们只是觉得计算麻烦。如果你也有这两种情况，可以考虑蛋白质最低要求是每天大约125克。请使用下表作为选择食物的指引。

食物	蛋白质（克）
1只鸡蛋	6
3盎司牛肉、猪肉、鸡肉或鱼肉	25~30
8盎司牛奶或酸奶	9
1盎司（1片）奶酪	7
1盎司果仁酱，坚果或种子	6

不要害怕脂肪。如果你摄入的总热量没有过多，身体并不会存储脂肪。例如，研究表明，就减肥而言，含有60%脂肪的饮食与那些脂肪只提供20%热量的饮食一样有效（这两种方法都可以降低心脏病的风险）。事实是，脂肪可以提供饱腹感，并且它可以提升饭菜的味道，这两点都帮助你避免感觉吃得不够。这意味着，你可以吃肉、奶酪、牛奶、黄油、鳄梨、坚果和橄榄油中的天然脂肪。因为你已经排除了含添加糖的食物，避开了在一般人的饮食中提供过多的脂肪和热量的许多垃圾食品。

吃到有饱腹满足感，而不是吃撑。集中食用提供健康份量的蛋白质、纤维和脂肪的食物，让你有饱腹满足感，并调节你的血糖。这些好处有助于降低你的食欲，通常也能自动减少你消耗的卡路里，加速减脂。然而，如果你无意识地乱吃一通，不太可能减脂。所以，要注意自己的感觉，不要因习惯而吃光盘子里的所有东西。在康奈尔大学的一项营养调查中，体重最大的人说，他们通常在认为自己吃下的是"正常份量"（比如说，一道餐馆的主菜）的时候，才停下来，而不是在他们开始感觉饱的时候停止。

第3步：关注你的卡路里

如果你已经削减糖和淀粉一个月，牛仔裤还是不合身，问题的真相只有一个：你还是吃太多了。这可能是因为，不吃到撑你不会感觉到饱足。也许只是你很难打破旧习惯。怎么办呢？你需要分量控制。

请使用这个方法，它来自美国加利福尼亚州千橡市的营养师艾伦·艾瑞刚，艾伦也是《男士健康》的顾问专家。只需将目标体重乘以10~12。其结果就是每天要摄入的卡路里数。有一点要注意：要按自己的活动量选择乘数（10、11或12）。比如如果你的目标体重是180磅，每周训练5天，则180乘以12——你的目标是每天2160卡路里。运用你自身的判断力，如果没有达到你想要的结果，可以随时进一步调整摄入量。

为了确保达到目标卡路里，可以写2周的饮食记录。估计自己吃的每种食物的份量，并写下来（请诚实记录；否则没有成效）。然后在其他免费的营养分析工具中记录每一餐和零食。这不仅让你保持适当的食量，还可以迅速教会你如何看到食物就可以大概估计出卡路里数。你会开始对饮食的适当分量有更清楚的认识。一旦达到了自己想要的体重，就可以将卡路里摄入量提高到每磅体重摄入14~16卡路里。

糖分藏在哪里

细看产品的成分列表，看看其中是否含有糖，这是聪明的做法，但你需要扩大自己的词汇量。这里有20个甜食的别名，它们都没有包括sugar这个词。

- 大麦芽
- 糙米糖浆
- 玉米糖浆
- 右旋糖
- 浓缩甘蔗汁转化糖浆
- 果糖
- 果汁
- 半乳糖
- 葡萄糖
- 粒状水果葡萄浓缩汁
- 高果糖玉米糖浆
- 蜂蜜
- 乳糖
- 麦芽糖糊精
- 枫糖浆
- 糖浆
- 有机甘蔗汁
- 高粱
- 蔗糖
- 分离砂糖

你没有在吃的最健康食物

吃得更好的真正秘密是让美味的健康食物出现在你的饮食餐单上。这里有8种食物，使这项任务比以往任何时候都更容易。

猪排

味道并不是猪肉的唯一优点。与其他肉类相比，猪排含有相对较多的硒，这是一种与降低癌症风险有关的矿物质。在每克蛋白质中，猪排中含有的硒几乎是牛肉的5倍，鸡肉的2倍以上。它们也带有核黄素和硫胺素，这两种B族维生素帮助身体更有效地将碳水化合物转化为能量。但最重要的是，普渡大学的研究人员发现，在用低热量饮食来减重时，每天6盎司的猪排可以帮助人们维持肌肉。

蘑菇

不要担心，这些食用真菌中超过90%是水分，另外至少有700个不同品种的蘑菇具有各类药效。这要归功于它们的代谢物，即蘑菇在消化过程中被分解时产生的产物。荷兰研究人员最近报告说，蘑菇代谢物已被证明可以提高免疫力和阻止癌症发展。

红辣椒片

这些火辣的小玩意可能帮你压制胃口。荷兰研究人员发现，在餐前30分钟食用1克红辣椒（约半茶匙）可将总热量摄入量减少14%。科学家认为，食欲降低的影响来自于辣椒素，这种化合物使红辣椒有辣味。新研究表明，辣椒素也许可以帮助杀死癌细胞。

全脂奶酪

除了帮西兰花提味，奶酪还是一个很好的酪蛋白来源——这是一种可以缓慢消化的优质蛋白质，也是日常饮食当中的最佳增肌营养素。此外，根据《美国营养学会杂志》（*Journal of the American College of Nutrition*）的一项研究，酪蛋白会加速身体吸收奶酪中有助于强健骨骼的钙质。担心胆固醇太高？不必。丹麦研究人员发现，即使男性在2周中每天吃7至10片1盎司的全脂奶酪，他们的低密度脂蛋白胆固醇指数也没有改变。

卷心莴苣

很多人认为这种蔬菜完全缺乏营养，但这种说法是毫无根据的。事实证明，半个卷心莴苣具有大量对抗疫病的强效抗氧化剂 α 胡萝卜素，比长莴苣或菠菜都还要丰富。而且一大杯才提供10卡路里热量，你可以认为它就是一个免费的营养赠品。

扇贝

这些软体动物几乎完全由蛋白质组成。事实上，一份3盎司的扇贝就可以提供18克营养素，并且只有93卡路里。所以，这是一种美味的优质蛋白食物，蛤蜊和牡蛎也提供了类似的好处。

醋

瑞典科学家发现，若人们食用高碳水化合物时配2汤匙醋，他们的血糖比不使用这种富含抗氧化剂的液体时低23%。同时他们也会感到更有饱腹感。醋含有多酚，根据亚利桑那州立大学的科学家报告，这种强大的化学物质已被证明可以改善心血管健康。除了将其与橄榄油混合做沙拉酱，你还可以使用它来提升你的烹饪厨艺：在蛋黄酱中加一点意大利黑醋，再将酱涂到三明治上；或者在炒蔬菜时洒儿汤匙红曲醋或白醋（特别是炒焦糖洋葱时），或者把一杯雪利酒醋加入你刚做好的番茄汤里，这些都是很好的烹制秘方。

鸡大腿

如果你厌倦了吃鸡胸肉，可以改变一下，尝试鸡大腿。当然，鸡腿的脂肪多一点，但这就是为什么它们的味道这么好。从营养角度看，以每盎司为单位，鸡大腿只是比鸡胸多1克脂肪和多11卡路里热量。当然，如果你用每盎司的热量来判断所有的食物，最终就只能吃芹菜了。分量才是关键：如果你喜欢鸡腿大腿（或上肋，就此而言），调整吃的分量，使它符合你的热量预算。不要忘记脂肪可以带来更多的饱腹感，并导致你在下一顿吃少一点。

跟踪你的成果

研究表明，对于你所减掉的每一磅体重，你的腰部会减少1/4英寸。你自己或者请其他人帮助测量一下：用软尺绕着腹部，让软尺的底部碰到髋部骨骼的顶部。因为随着你的体重减轻，肚脐会移动，所以用髋部作为参照物可以确保始终测量完全相同的位置。注意软尺应该平行于地面和贴身，但不要压挤皮肤。

吃起来毫无负罪感的脂肪食物

你吃的脂肪不应来自糖果、饼干和蛋糕，而应该来自撷取自完整的、天然的食物。重要的是要记得，热量控制依然很重要。考虑到这一点，只要保持合理的份量，你可以再次开始吃以下这7种食物。

调味肉类

这里说的是牛肉（肋眼）、家禽（深色肉）和猪肉（熏肉和火腿）。脂肪可以增加热量，但它也会触发身体分泌胆囊收缩素，一种饱腹感激素，可以帮助你将餐后的饱腹感维持更长的时间，可以减少你在下一餐的热量摄入。

全脂牛奶

虽然你可能总是被告知要喝低脂牛奶，但大多数科学研究表明，喝全脂牛奶对于改善胆固醇其实较有帮助，只是不如脱脂牛奶的功效那么好，所以根据自己的口味去选择牛奶吧，低脂牛奶的选择可以省下几个卡路里，但如果你的总卡路里数还在许可范围内，你就不应该认为必须选择低脂奶。有趣的是，得克萨斯大学医学院的科学家发现，在重训之后饮用全脂牛奶可以促进肌肉蛋白质合成，其效果是饮用脱脂牛奶的2.8倍。

黄油

吃下一篮子涂着厚厚黄油的面包，这是不健康的。虽然有许多营养学家提出黄油使膳食整体热量提高，但实际上，一小块黄油只包含36卡路里。研究表明，黄油中的脂肪能改善身体对脂溶性维生素A、维生素D、维生素E和维生素K的吸收能力。黄油也是烹饪的理想选择，尤其是相比于多元不饱和性脂肪酸，如植物油（玉米或大豆）。加拿大研究人员指出，在高温下，多元不饱和性脂肪酸更容易氧化，这可能会引发心脏病。

酸味奶油

多年来，你都被告知要避免酸奶油，或者要吃低脂酸奶油。这是因为，乳制品的90%的热量来自脂肪，其中至少一半是饱和性脂肪。当然，脂肪的比例很高，但总量不多。假定1份酸奶油是2汤匙。这只能提供52卡路里，仅相当于1汤匙蛋黄酱的一半，比喝一杯12盎司含脂量为2%的牛奶所获得的饱和性脂肪还少。此外，全脂的味道远远优于低脂或脱脂产品，它们同样都添加了碳水化合物。

椰子

每盎司的椰子油甚至含有比黄油更多的饱和性脂肪酸。因此，健康专家警告说，它会堵塞你的动脉。但研究表明，其实椰子中的饱和性脂肪酸对心脏病风险因子有积极的影响。其中一个原因：其饱和性脂肪酸含量的50%以上是月桂酸。最近对在《美国临床营养学杂志》

上发表的60篇研究报告的分析表明，即使月桂酸会提高低密度脂蛋白（"坏"）胆固醇，但它使高密度脂蛋白（"好"）胆固醇提高得更多。总体而言，椰子油可以降低心血管疾病的风险，椰子中的其他饱和性脂肪被认为对胆固醇水平几乎没有效果。

鸡皮

不是那种扁平油炸的那种，而是烤鸡胸上的鸡皮，使鸡肉的味道更好，并且提供你每天所需要硒元素的一半份量。

蛋类

在最近一次对几十项研究的科学性查证中，维克森林大学的研究人员发现，蛋的摄取量和心脏病之间并没有联系。越来越多的研究表明，蛋黄中的营养素对健康是有益的。

鸡蛋甚至可能是完美的节食食物，圣路易斯大学的科学家发现，在早餐中吃鸡蛋的人与那些吃面包圈的人相比，前者在一天的其余时间中吃的热量更少。即使两种早餐都含有相同的卡路里数，吃鸡蛋的人在一整天内少吃了264卡路里。

特别报告

饱和性脂肪的秘密：坏脂肪对你有好处吗？

你可能越来越相信，饱和性脂肪是高脂肪的健康危害因子。但是，你真的了解事实吗？

其实，人类已知有超过13种饱和性脂肪。虽然几十年来，健康专家一直将它们作为一个整体来定罪，但其中的一些的确对心脏是有好处的。你没看错：饱和性脂肪并不是营养的恶魔。

以牛肉中的饱和性脂肪为例。其中的大多数实际上可以降低低密度脂蛋白胆固醇（"坏"胆固醇），或可以降低总胆固醇对高密度脂蛋白胆固醇（"好"胆固醇）的比例，从而降低心脏病风险。

让我们把牛里脊肉细分成它的各种脂肪酸，看看它们对心脏健康的影响。虽然这种分析是针对特定的牛肉，但是若我们对鸡肉和火鸡（考虑深色肉和鸡皮）、猪肉（包括火腿和培根）和鸡蛋进行同样的分析，所得到的结果的差异会很少。这是因为，几乎所有来自动物的脂肪在成分上都是相似的。乳制品（如，黄油和奶油）比牛肉、家禽和猪肉具有更高的饱和性脂肪比例。然而，乳制品中的大部分饱和性脂肪（约70%）来自于棕榈酸和硬脂酸，两者都不会引起心脏病风险。

单元不饱和脂肪：49%

油酸：45%[+]

棕榈油酸：4%[+]

饱和性脂肪：47%

棕榈酸：27%[+]

硬脂酸：16%[0]

肉豆蔻酸：3%[−]

月桂酸：1%[+]

多元不饱和性脂肪：4%

亚麻油酸：4%[+]

+= 对胆固醇有正面影响

−= 对胆固醇有负面影响

0= 对胆固醇无影响

因此，一个简单的分析显示，牛肉中97%的脂肪对心脏病没有影响，甚至可以降低其风险。你会注意到并可能吃惊的是，事实上，牛肉中的脂肪并非100%都是饱和性脂肪。因为天然的食物通常都是由多种脂肪组成的。

以猪油为例：因为它在室温下是固态（饱和性脂肪是固态；不饱和性脂肪是液态），所以它通常被认为是"饱和的"。然而，就像在牛肉、鸡肉和猪肉中那样，猪油的脂肪含量中约40%是被称为油酸的不饱和性脂肪。在橄榄油中也可以同样发现这种有益于心脏健康的脂肪，但大多数人从来没有听说过这件事。

但是，所有那些表明饱和性脂肪会导致心脏病的有力科学证据又如何呢？这种证据力度实际上很弱。食用饱和性脂肪导致心脏病的假说在20世纪50年代首先提出。直到今天，近60年后，这一假设仍然没有得到证明。更不用说花了数十亿纳税人的钱试图去证明这件事了。例如，"女性健康促进计划"是由美国政府资助的最大规模和最昂贵的饮食研究项目，结果表明，遵循总脂肪和饱和性脂肪摄入量较低的饮食平均8年后的女性，与没有改变其饮食习惯的女性进行比较，两者在心脏病和中风方面的几率相当（低脂饮食者少摄入了29%的饱和性脂肪）。

此外，身体总是在制造饱和性脂肪。因为饱和性脂肪是身体内每个细胞膜的组成部分，还需要它们来产生激素，并作为燃料的重要来源。所以，即使你完全不吃饱和性脂肪，你身体还是会制造出足够的量来满足这些功能需求。总之：不管你原本被引导并相信什么，饱和性脂肪并不是身体内的毒物。

当然，你也不想吃太多。有多项研究表明，血液中饱和性脂肪含量越高，心脏病风险越高。这是否意味着食用饱和性脂肪可能提高患心脏病的机会？不太可能，前提是你摄入的总热量不要太多。

在最近的一项研究中，康涅狄格大学的研究人员对采用低碳水化合物、高脂饮食（不限制饱和性脂肪）饮食的人与采用低脂、高碳水化合物方法的人进行比较。结果：两组人都摄入了更少的热量，减轻了体重，并且血液中饱和性脂肪的含量也降低了。这显示了控制热量的好处，并且与所采用的饮食方法无关。然而，低碳水化合物饮食者（比低脂饮食者摄入的饱和性脂肪多3倍）的血液中的饱和性脂肪水平降幅是另一组的2倍。低碳水化合物组还改善了他们的高密度脂蛋白胆固醇（"好"胆固醇）水平，并且没有提高他们的低密度脂蛋白胆固醇（"坏"胆固醇）水平，从而降低了罹患心脏病的风险。

原来，碳水化合物很容易在肝脏中转化为饱和性脂肪。事实上，吃碳水化合物会使肝脏所产生的饱和性脂肪增加，而吃饱和性脂肪则会降低身体内部的脂肪生产。所以如果你经常贪婪地吃碳水化合物，你的血脂水平可能会飞涨——即使你不吃任何饱和性脂肪。

要记住的关键信息：摄入太多的热量比吃任何特定的脂肪或碳水化合物都更糟糕。根据科学研究，没有充分的理由证明含有饱和性脂肪的天然食物不应该是健康饮食的一部分。所以请继续享受脂肪——只是不要过度放纵。这可以作为食用所有食物的黄金法则。

南瓜子：你没有吃的最佳零食

这些制作万圣节南瓜灯剩下的"垃圾"是摄入更多微量元素镁的最简单方法。这很重要，因为法国研究人员已经确定，血液中镁含量最高的人比含量最低的人早逝的风险低40%。平均而言，人们每天摄入343毫克（mg）这种矿物质，远低于美国医学研究所建议的420毫克。

要怎么吃呢？最好是连壳带肉完整的。因为壳可以提供更多的纤维。每盎司烤南瓜子含有150毫克的镁，这将确保你轻松达到日常目标定量。在超市的零食区就可以找到它，通常就在坚果和葵瓜子旁边。

健康食品的骗局

仅因为食品标签上写着它对你有好处，并不意味着就是事实。下面告诉你如何看出营销炒作背后的真相。

有水果在底部的酸奶

优点：酸奶和水果是人类已知的两种最健康的食物。

缺点：玉米糖浆可不是健康食品。但正是它使这些产品变得超甜。例如，1盒6盎司的水果味酸奶中包含32克糖，其中只有约一半是在酸奶和水果中的天然成分。其余的都来自玉米糖浆，这是一种"添加"糖，或者我们称之为"不必要"的糖。

更健康的选择：混合半杯原味酸奶与半杯新鲜水果，如蓝莓或覆盆子。你会消除多余的糖，同时增加摄入的水果。

糖焗豆子

优点：豆类富含纤维，帮助保持饱腹感，并减缓糖被吸收到血液的速度。

缺点：烤豆通常都被红糖和白糖制成的酱汁包裹着。因为纤维位于豆的内部，所以它没有机会干扰糖衣被消化的速度。考虑到1杯烤豆含有24克糖：大约与8盎司软饮料中的量相同。不喝普通的汽水？那么你也不应该吃糖焗豆子。

更健康的选择：泡在水中的红芸豆。你可以获得豆类的营养益处，又没有额外的糖。你甚至不需要加热它们：只要打开罐头，冲洗掉上面的液体和多余的盐，并盛入盘子上桌。可以加一点酱在上面，增加一点味道即可。

加州卷

优点：它包裹的海藻含有必需的营养素，如碘、钙和 ω–3 脂肪。

缺点：它基本上就是一个日式方糖。这是因为它的另外两个主要成分是白米和蟹肉棒，两者都含有快速消化的碳水化合物，几乎没有蛋白质。

更健康的选择：选择真正的寿司，比如选择用金枪鱼或鲑鱼做的卷。这会自动减少让血糖快速升高的碳水化合物，并同时补充大量优质蛋白质。或者更好的是，不要米饭，直接吃生鱼片。

无脂沙拉酱

优点：去除脂肪，减少了沙拉酱中包含的热量。

缺点：添加调味用的糖。也许更重要的是，去除脂肪会降低身体吸收沙拉蔬菜中的许多维生素的能力。在最近的一项研究中，俄亥俄州立大学的研究人员发现，与无脂沙拉酱相比，吃含脂沙拉酱时可以吸收多15倍的 β–胡萝卜素和多5倍的叶黄素——两种都是相当强效的抗氧化剂。

更健康的选择：选择用橄榄油或菜籽油制成，并且每份提供少于2克碳水化合物的一种全脂沙拉酱。或者保持简单、鲜味，并且完全无糖，只需在沙拉上洒下大量的香醋或橄榄油。

低脂花生酱

优点： 即使低脂版本也含有健康的单元不饱和性脂肪。

缺点： 许多商业品牌都用"糖霜"来增加甜度——这是用来装饰纸杯蛋糕的那种精细研磨的糖。其实低脂花生酱是最糟糕的，因为它们不只抽走了健康的脂肪，而又注入了更多的糖霜。事实上，每汤匙低脂花生酱中含有半茶匙的甜食，和蛋糕无异。所以标签上不如改成，"在我上面插上一支生日蜡烛吧"。

更健康的选择： 不含添加糖的全天然全脂花生酱。

玉米油

优点： 一般人认为玉米油有好处是因为它含有高水平的 $\omega-6$ 脂肪酸——这是一种不会升高胆固醇的必需的多元不饱和性脂肪。

缺点： 玉米油中含有的 $\omega-6$ 脂肪酸比 $\omega-3$ 脂肪酸多 60 倍，这种健康脂肪主要存在于鱼、核桃和亚麻籽中。但有一个问题，因为研究表明，相对于 $\omega-3$ 脂肪，较高的 $\omega-6$ 脂肪摄入量与某些炎症的发病率上升有关，而这些炎症会增加癌症、关节炎和肥胖症的风险。

更健康的选择： 橄榄油或菜籽油，它们的 $\omega-6$ 和 $\omega-3$ 脂肪有更好的平衡。它们还具有更高比例的单元不饱和性脂肪，这已经证明可以降低低密度脂蛋白胆固醇。

为什么节食计划会有效

密苏里大学的研究人员说，即使是大量的运动也比不上不良的饮食习惯。在最近的一项研究中，一群人通过严格的饮食和每周 5 天的充满活力的训练计划，减掉了他们的肚腩。然后他们被分成 2 组：一组不运动，另一组继续执行其训练方案。然而，他们每天平均都多摄取 500 卡路里。结果？每个人的大肚腩都回来了。科学家指出，无论是否训练，只要摄取的热量多于燃烧的热量，腹部脂肪就会回来。因此，如果你减掉的体重又开始恢复，很可能解决方案就在你的餐盘里。

你应该打破的 5 条食物迷思

来自《男士健康》的营养专家顾问艾伦·艾瑞刚告诉你，如何打破这些关于营养说法错误谣传的迷思。

迷思 #1：摄取高蛋白对肾脏有害

起源： 早在 1983 年，研究人员就首次发现，吃更多的蛋白质会增加肾小球滤过率（GFR）。我们可以将 GFR 视为肾脏每分钟过滤的血量。许多科学家从这个研究结果推断，更高的 GFR 会让肾脏承受更大的压力。

科学实证： 近 20 年前，荷兰研究人员发现，虽然富含蛋白质的膳食确实会提高 GFR，但它对整体肾脏功能并没有不良影响。事实上，没有任何公开发布的研究显示，吃下大量蛋白质（具体来说，按每磅体重计算，每天高达 1.27 克蛋白质）会损害肾脏的健康。

结论： 通常法则是，以目标体重作为每天摄入蛋白质的克数。例如，如果你比较丰满，体重 200 磅，并希望减成苗条的 180 磅，那么每天就吃 180 克的蛋白质。

迷思 #2：蓝莓比香蕉更好

起源： 研究表明，以 1 杯为单位，蓝莓的抗氧化剂含量几乎是所有水果中最高的。所以市场营销说它们优于其他水果，特别是香蕉。

科学实证： 两种水果都对你有好处，只是体现在不同的方面。例如，以每卡路里计算，香蕉的钾和镁是蓝莓的 4 倍。所以并不是一种食物优于另一种食物那么简单；这一切都与你评判的角度有关。而且，食物多样性才是最好的。例如，科罗拉多州立大学的科学家发现，吃多种水果和蔬菜的人比那些吃份量同样多，但品种较少的农产品的人所获得的健康益处更多。

结论： 农产品对你有好处。为了获得最大的好处，你应该吃最喜欢的品种的组合——不要基于抗氧化排名来限制自己。

迷思 #3：红肉致癌

起源： 在 1986 年的一项研究中，日本研究人员在被喂食杂环胺的大鼠中发现了癌症，这些化合物是通过高温烹煮得过熟的肉类产生的。从那时起，一些对大样本人口进行调查的研究暗示了肉类和癌症之间有潜在的联系。

科学实证： 没有任何研究曾发现食用红肉和癌症之间有直接的因果关系。至于上述相关研究，它们远不是结论性的。它们依赖于对人们的饮食习惯和健康问题的广泛调查，而其找到的是趋势，而不是原因。

结论： 无需停止烧烤。担心烤肉的潜在风险的肉类爱好者不需要避开汉堡和牛排；相反，他们应该只剪掉烧焦或过熟的那部分肉。

迷思 #4：高果糖玉米糖浆（HFCS）比普通的糖更容易让人发胖

起源： 2002 年，加州大学戴维斯分校的研究人员发表了一份广为人知的论文，指出美国人对果糖的消费量（包括 HFCS 的消费量）增加，与我们直线上升的肥胖症成正比。

科学实证：HFCS 和蔗糖（更熟悉的名称是食糖）含有的果糖量相近。事实上，它们在化学组成上几乎是相同的，因为它们都由约 50% 的果糖和 50% 的葡萄糖组成。这就是为什么加州大学戴维斯分校的科学家从 HFCS 和蔗糖来确定果糖摄取量。事实是，没有证据表明这两种糖有任何不同。当过量食用时，两者都将导致体重增加。

结论：HFCS 和普通的糖都是空热量碳水化合物，应当限量食用。

迷思 #5：盐会导致高血压，应该要避免

起源：在 20 世纪 40 年代，杜克大学的一位名叫沃尔特·肯普纳（医学博士）的研究员因为用限制盐摄入量的方法来治疗高血压患者而闻名。后来，有研究确认，减少盐是有帮助的。

科学实证：大规模的科学性查证已经确定，没有理由让血压正常的人限制钠的摄入量。如果你已经有高血压，你可能会对盐敏感。因此，减少你摄入的盐量可能会有帮助。然而，20 年来，我们一直知道，不想降低盐摄入量的高血压患者可以简单地通过食用更多的富含钾的食物来实现相同的健康益处。为什么？因为更重要的是这两种矿物的平衡：荷兰科学家发现，钾摄入量低与盐摄入量高对血压有着相同的影响。结果显示，普通人每天食用 3 200 毫克的钾——比建议量少 1 500 毫克。

结论：通过吃大量水果、蔬菜和豆类，争取在饮食中有丰富的钾。例如，每份菠菜（煮熟的）、香蕉和大多数豆类中都分别含有 400 毫克以上的钾。

三思而后食

在下一次吃零食之前，先回想之前的那顿饭吃了什么。英国研究人员确定，使用这种策略的人比没有停下来先想一下的人少吃 30% 的热量。其理论是：只是记住自己已经吃过的食物，就会让自己不会过度放纵。

特别收录

关于训练营养的秘密

无论你想减脂还是增肌，都可以通过确保肌肉得到充分的营养来实现最好的效果。这意味着，在训练前后要食用健康分量的蛋白质。这可以为身体提供修复和重组肌肉的原材料，提升实际功效。

此外，训练后还是一天中食用碳水化合物的最佳时间。为什么呢？请想象你吃下去的碳水化合物进入了一个桶。

当桶满时，碳水化合物会溢出并转化为脂肪。这就是在你的身体里的实际情况，桶代表着你的肌肉。但是当你训练时，就会燃烧碳水化合物，把它们从桶里拿出来。因此，在训练之后就有更多的空间可以存储吃下去的碳水化合物。这使得训练后的碳水化合物不太可能最终存储为腹部脂肪。同样重要的是，这些碳水化合物有助于加快肌肉的修复。

结论：你可以有策略地吃淀粉和糖，在即将训练之前或训练之后马上补充当日定量中的大部分，或者你可以坚持在训练前后吃纯蛋白质零食，让碳水化合物的桶接近于空桶，从而让身体全速燃烧脂肪。

你只需选择自己最喜欢的那种方法。

纯蛋白类的训练零食

选项#1：

简单方便的摇杯饮品。准备一杯蛋白粉饮品（与水混合），提供至少20克蛋白质，稍微多一点也可以。选择蛋白粉产品时，要挑选只

含少量碳水化合物和脂肪的产品。以下是3个声誉良好的产品（它们都有乳清和酪蛋白的混合物），但其他品质相当的蛋白粉也可以。

At Large Nutrition Nitrean

每份的成分（做2份）：24克蛋白质，2克碳水化合物，1克脂肪。

Biotest Metabolic Drive Super Protein Shake

每份的成分（做2份）：20克蛋白质，4克碳水化合物，1.5克脂肪。

MET-Rx Protein Plus蛋白粉（46克 Metamyosyn专利配方蛋白）

每份的成分（做1份）：46克蛋白质，3克碳水化合物，1.5克脂肪。

选项#2：

普通食物。以固态食物的形式，摄取至少20克优质蛋白质。

- 1个小罐头（3.5盎司）的金枪鱼。
- 3至4盎司的瘦熟肉。
- 一副扑克牌大小（长度、宽度、厚度）的1份任何瘦肉。
- 3个鸡蛋——例如，一份煎蛋卷。

蛋白质加碳水化合物类的训练零食

选项#1：

简单方便的摇杯饮品（含碳水化合物）。准备一杯蛋白粉饮品（与水或牛奶混合），提供40至80克的碳水化合物，以及至少40克的乳清和

酪蛋白的混合物。当选择产品时，挑选包含这两种类型的蛋白质的产品。至于碳水化合物，这一次完全可以接受糖。这是因为，它可以在训练过程中立即用于产生能量，也有助于在训练后加速肌肉生长。以下是符合标准的3种产品。

At Large Nutrition Opticen

每份的成分（做1份）：52克蛋白质，25克碳水化合物，1.7克脂肪。

Biotest Surge Recovery

每份的成分（做1份）：25克蛋白质，46克碳水化合物，2.5克脂肪。

MET-Rx Xtreme Size Up

每份的成分（做1份）：59克蛋白质，80克碳水化合物，6克脂肪。

选项#2：

普通食物（含碳水化合物）。利用身体训练后半空的"碳水化合物桶"，享受几份碳水化合物，而不必担心对腰围的影响。从普通食物中摄取至少20克优质蛋白质和40克碳水化合物。你可以根据需要混搭食物，或遵循一般的指引来选择自己喜欢的食物。（想想或许是：披萨！）

含有20克蛋白质的食物。

- 1个小罐头（3.5盎司）的金枪鱼。
- 3至4盎司的任何肉类。
- 3个鸡蛋。

含有15至20克碳水化合物的食物的分量和类型（你需要2份）。

- 1片面包。
- 半杯熟的面食或米饭。
- 半杯谷物。
- 半个中等大小的土豆。
- 1杯浆果或切开的水果。
- 1整个苹果、橙子或桃子。
- 半根大香蕉。

同时含有蛋白质和碳水化合物的乳制品（每8盎司杯，约220克）。

乳制品	蛋白质（克）	碳水化
牛奶	8	12
巧克力奶	8	25
原味酸奶	8	12
水果酸奶	8	25
酸牛乳	14	12
风味酸牛乳酒	14	25
农家干奶酪	31	8

令人惊讶的健身食物

肉、鱼和鸡蛋都富含蛋白质，所以它们非常利于肌肉。但下面这4种不那么明显的食物也可以帮助身体变得更结实。

杏仁

用力嚼杏仁，让你更结实。杏仁是 α-生育酚维生素E（身体吸收得最好的一种形式）的最佳来源之一。这对于肌肉非常重要，因为维生素E是一种有效的抗氧化剂，可以帮助防止在大量训练后自由基的损害。被自由基伤害得越少，肌肉就会更快恢复和生长。要嚼多少杏仁呢？每天大概2把。多伦多大学的一项研究发现，人们可以每天吃这个分量而不会增加体重。

此外，杏仁还有保护大脑的作用。在《美国医学协会杂志》（*Journal of the American Medical Association*）上发表的一项研究发现，与维生素E吃得最少的人相比，那些摄取最多维生素E（来自天然食物，而不是补充剂）的人患阿尔茨海默症的风险低67%。

橄榄油

橄榄油中的单元不饱和性脂肪似乎可充当抗代谢分解营养素。换句话说，它通过降低肿瘤坏死因子（一种与肌肉萎缩相关的细胞蛋白）的水平来防止肌肉分解。单元不饱和性脂肪也与较低的心脏发病率相关。

菠菜

好吧，菠菜和任何其他蔬菜或水果。澳大利亚研究人员发现，连续2周减少抗氧化剂摄入量（每天只吃1份水果和2份蔬菜）的人会感觉自己做练习的力量会比坚持富含抗氧化剂的饮食时期更大。看来，每天吃几份水果和蔬菜似乎可以让训练更轻松，并帮助你坚持完成最后的那几次重复。

水

无论是在小腿胫部还是在肩部，肌肉中大约80%的部分都是水。身体水分减少1%就可以削弱运动表现，并且对恢复有负面影响。例如，德国研究发现，与缺水细胞相比，在水分充盈的肌肉细胞中会以更高的速度促进蛋白质合成。用直白的话来表述：你越是感到干渴，身体使用蛋白质来组建肌肉的速度就越慢。此外，洛马琳达大学的研究人员发现，每天饮用至少5杯（每杯约8盎司，220ml）水的人与最多喝2杯水的人相比，前者罹患致命心脏病的概率要低54%。

蛋白粉入门

这是你使用营养补充剂的入门导航指南。

最佳成分：乳清蛋白和酪蛋白

它们是什么？在牛奶中发现的主要蛋白质。事实上，牛奶中约20%的蛋白质是乳清蛋白，另外80%是酪蛋白。

有何区别？两者都是优质蛋白质，这意味着，它们包含了身体所需的所有必要氨基酸。然而，乳清蛋白被称为"快速蛋白质"。这是因为它很快就能被分解成氨基酸并被吸收到血液中。这使它非常适合于在训练后食用，可以立即被提供给肌肉。另一方面，酪蛋白的消化速度较慢，因此，它非常适合于在更长时间里为身体提供较少量蛋白质的稳定供应，比如两顿饭之间或睡觉的时候。可以认为它是一种缓释蛋白质。

哪一种好？混合物。两者都可以为肌肉提供生长的原材料，但是，无论你什么时候喝蛋白粉饮品，它们的组合都可以让你优化自己的蛋白质摄入。

标签解码器

对大多数人来说，蛋白粉的成分列表就像是用梵文写的一样难懂。这是因为，它通常包含乳清蛋白和酪蛋白的几种子类型。下面介绍如何像化学家一样读懂标签。

浓缩物：大多数蛋白质的最便宜的形式。相较于更纯的版本，它的脂肪和碳水化合物含量稍高一点，并且可能会结块、难以手工混合；然而，它同样提供基本的增肌益处。在有酪蛋白的情况下，它也被称为酪蛋白酸盐。

分离物：一种比浓缩物更纯的蛋白质，这意味着，它含有较少量的脂肪和碳水化合物，并且也更容易混合。

水解产物或水解蛋白质：蛋白质被分解成比浓缩物或分离物更小的部分，使得它可以更快地被吸收到血液中。然而，当涉及酪蛋白水解产物时，这违背了原意，因为酪蛋白的好处在于其缓慢吸收。

胶束酪蛋白或分离的酪蛋白肽：一种昂贵但易于混合的蛋白质，几乎是纯酪蛋白，确保缓慢而稳定的吸收。

乳蛋白：一种成分，其组成与天然牛奶蛋白相同——80%是酪蛋白，20%是乳清蛋白。

卵清蛋白：像乳清蛋白和酪蛋白那样，是极好的优质蛋白质。有时在标签上称之为预配制卵清蛋白。

搭配更好的早餐

不要吃冷冰冰的谷物了：在早上吃鸡蛋和培根可以帮助你控制自己的饥饿感。在最近的一项研究中，印第安纳大学的科学家发现，与在午餐或晚餐时吃更多蛋白质的人或者在各餐中平均分配蛋白质份额的人相比，在早餐时食用其每日蛋白质摄入量中的最大份额的饮食者会维持更长时间的饱腹感。研究人员说，在早餐时吃更多的蛋白质，会使你不太可能在当天的其余时间里吃得过多。很多女性在早餐时只食用其每天蛋白质摄入量的一小部分。尝试将目标设定为至少20克。

25种对抗肥胖的零食

用这些完美的组合取代胡乱嗨吃

每当在两顿正餐之间需要补充能量时，只需从下面的两个类别中分别选择一个项目，混合搭配起来。遵循建议的份量，你可以得到25个选项，全都是约200卡路里营养均衡的选择。每个选项都含有足够的蛋白质、脂肪和纤维，以及对抗疾病的抗氧化剂。

吃这种…	份量	配那种…	份量
杏仁或花生酱、坚果或种子	1汤匙	苹果	1个中等的
原味酸奶	3/4杯	桃子	1个大的
火腿片或火鸡片	3片	芹菜*	5根叶柄
硬质奶酪	1盎司/1片	蓝莓	1杯
2% 白干酪	1/2杯	小胡萝卜*	1杯

* 芹菜、胡萝卜都是非常低热量的食物，你可以将搭配它们的"吃这种"小吃的分量加倍。